React Native

Zu diesem Buch – sowie zu vielen weiteren O'Reilly-Büchern – können Sie auch das entsprechende E-Book im PDF-Format herunterladen. Werden Sie dazu einfach Mitglied bei oreilly.plus⁺:

www.oreilly.plus

React Native

Native Apps parallel für Android und iOS entwickeln

Erik Behrends

Erik Behrends

Lektorat: Ariane Hesse
Korrektorat: Sibylle Feldmann, www.richtiger-text.de
Herstellung: Susanne Bröckelmann
Umschlaggestaltung: Michael Oréal, www.oreal.de
Satz: III-satz, www.drei-satz.de
Druck und Bindung: Media-Print Informationstechnologie,
mediaprint-druckerei.de

Bibliografische Information der Deutschen Nationalbibliothek
Die Deutsche Nationalbibliothek verzeichnet diese Publikation in der Deutschen Nationalbibliografie;
detaillierte bibliografische Daten sind im Internet über *http://dnb.d-nb.de* abrufbar.

ISBN
Print: 978-3-96009-066-3
PDF: 978-3-96010-201-4
ePub: 978-3-96010-202-1
mobi: 978-3-96010-203-8

Dieses Buch erscheint in Kooperation mit O'Reilly Media, Inc. unter dem Imprint »O'REILLY«.
O'REILLY ist ein Markenzeichen und eine eingetragene Marke von O'Reilly Media, Inc. und wird mit
Einwilligung des Eigentümers verwendet.

1. Auflage 2018
Copyright © 2018 dpunkt.verlag GmbH
Wieblinger Weg 17
69123 Heidelberg

Die vorliegende Publikation ist urheberrechtlich geschützt. Alle Rechte vorbehalten. Die Verwendung der Texte und Abbildungen, auch auszugsweise, ist ohne die schriftliche Zustimmung des Verlags urheberrechtswidrig und daher strafbar. Dies gilt insbesondere für die Vervielfältigung, Übersetzung oder die Verwendung in elektronischen Systemen.

Es wird darauf hingewiesen, dass die im Buch verwendeten Soft- und Hardware-Bezeichnungen sowie Markennamen und Produktbezeichnungen der jeweiligen Firmen im Allgemeinen warenzeichen-, marken- oder patentrechtlichem Schutz unterliegen.

Die Informationen in diesem Buch wurden mit größter Sorgfalt erarbeitet. Dennoch können Fehler nicht vollständig ausgeschlossen werden. Verlag, Autoren und Übersetzer übernehmen keine juristische Verantwortung oder irgendeine Haftung für eventuell verbliebene Fehler und deren Folgen.

5 4 3 2 1 0

Inhalt

	Einleitung	IX
1	**React Native kurz vorgestellt**	**1**
	React Native: viele Vorteile, wenige Einschränkungen	1
	Architektur und Funktionsweise des Frameworks	4
	Zusammenfassung	7
2	**Erste Schritte mit React Native**	**9**
	Vorbereitungen und Installation	10
	Einen Editor für die Programmierung auswählen	10
	Die App Expo auf das Smartphone laden	11
	Node.js auf dem Rechner installieren	12
	Installation von create-react-native-app	13
	Entwicklung der ersten App	14
	Ein Projekt für React Native erstellen	14
	Die App auf dem Smartphone mit Expo testen	15
	Aufbau und Inhalt des Projekts	17
	Texte ändern und Button einfügen	17
	Styling der App anpassen	21
	Verhalten des Buttons zum Setzen des Zählers	26
	Zusammenfassung	28
3	**React Native: die Grundlagen**	**29**
	Relevante Neuerungen in JavaScript	29
	Aus Modulen importieren und exportieren	30
	Klassen	32
	Konstanten und Variablen (const und let)	36
	Pfeilfunktionen	37
	Netzwerkzugriff mit fetch und asynchrone Funktionen	40
	Weitere nützliche Neuerungen in Version ES2015 und später	41

	React: ein deklaratives Programmiermodell für UI-Komponenten.....	44
	Deklarative Komponenten mit JSX und props.................	45
	Das Programmiermodell von React-Komponenten............	50
	Zusammenfassung	53

4 Plattformübergreifende UI-Komponenten verwenden 55
View und Text 56
    Texte darstellen mit Text... 57
    Komponenten mit View zusammenfassen..................... 58
Benutzereingaben mit TextInput 59
Einfache Listen mit FlatList 64
Bedienbarkeit von TextInput verbessern 69
    Sichtbarkeit mit KeyboardAvoidingView gewährleisten 69
    Referenzen auf Komponenten mit ref setzen 70
SectionList für Listen mit Abschnitten 72
Button und die Touchable-Komponenten 77
Code durch Komponenten strukturieren 84
Zusammenfassung 88

5 Styling des Layouts und des Erscheinungsbilds 91
Styling allgemein... 91
    Styles in JavaScript-Objekten definieren und verwenden 92
    Von Inline-Styles zur StyleSheet-API 92
Größe und Anordnung von Komponenten..................... 94
    Breite und Höhe... 94
    Flexbox-Layout 99
    Text zentrieren und Eingabefeld am unteren Rand darstellen..... 103
Gestaltung und Erscheinungsbild................................ 105
    Farben und Schrift.. 105
    Rahmen um Komponenten darstellen 107
    Äußere und innere Abstände (margin und padding) 110
    SectionList stylen 112
    Komponenten absolut positionieren 116
Zusammenfassung 119

6 Fotos mit der Kamera aufnehmen 121
Tagebucheintrag als Komponente 121
Code der eigenen Komponenten im Projektordner organisieren 124
Einträge mit Uhrzeit und mehrzeiligem Text 125
Bilder mit Image einbinden...................................... 126
Texteingabe und Icon als kombinierte Komponente 130
Kamera ansteuern und Foto übernehmen 135
Foto im Tagebucheintrag darstellen............................. 140
Zusammenfassung 147

7 Daten lokal speichern und aus dem Web laden — 149
- Lokale Datenspeicherung mit AsyncStorage — 149
- Löschen der Daten ermöglichen — 154
- Bemerkungen zu AsyncStorage — 159
- Daten aus dem Web mit fetch einbinden — 160
- Aktuelle Wetterdaten für den Standort anfordern — 162
- Zusammenfassung — 165

8 Navigation zwischen mehreren Screens mit Tabs — 167
- Die Bibliothek react-navigation — 168
- Screens für Tagebuch, Fotogalerie und Einstellungen vorbereiten — 170
- Die Funktionsweise von TabNavigator — 172
- Eine Tableiste für MyJournal — 176
- Einheitliche Tableiste in Android und iOS — 178
- Fotogalerie und Einstellungen umsetzen — 184
- Zusammenfassung — 187

9 Detailansicht und Editor mit StackNavigator einbinden — 189
- Funktionsweise von StackNavigator — 189
- StackNavigator in die Navigationsstruktur aufnehmen — 190
- Eine Route im StackNavigator ansteuern — 193
- Styling der Kopfleiste in StackNavigator anpassen — 196
- Tagebucheintrag in der Detailansicht darstellen — 198
- Von der Fotogalerie zur Detailansicht navigieren — 201
- Editor für Tagebucheinträge erstellen — 202
- Bearbeiten von Tagebucheinträgen ermöglichen — 209
- Wetterdaten und Standort im Editor anfragen — 212
- Zusammenfassung — 214

10 Auf Touchgesten reagieren und Animationen anzeigen — 215
- Gesture Responder System — 216
- Auf Touchgesten mit PanResponder reagieren — 217
- Wischbewegung auf Tagebucheinträgen erkennen — 220
- Animationen in React Native einsetzen — 223
- Eine Wischbewegung animieren — 227
- Listeneintrag mit Animation ausblenden und löschen — 232
- Zusammenfassung — 235

11 Abschluss und Ausblick — 237

Index — 239

Einleitung

Smartphones sind inzwischen allgegenwärtig, und wir sind es gewohnt, ständig einen leistungsfähigen Computer mit Internetzugang bei uns zu haben, den wir überall bedienen können. Von Apps erwarten wir ein hohes Maß an Bedienkomfort, das oftmals nur von nativen Apps gewährleistet werden kann. Dies betrifft nicht nur die Interaktion auf dem Multitouchscreen durch bestimmte Gesten, sondern auch die Unterstützung besonderer Gerätefunktionen wie z. B. die Verarbeitung von Sensordaten.

Soll mit einer nativen App eine möglichst große Anzahl von Smartphone-Benutzern erreicht werden, muss die App für Android-Geräte und iPhones entwickelt werden, denn der Markt für Smartphones wird von diesen beiden Plattformen nahezu vollständig abgedeckt. Die Technologien zur Entwicklung einer nativen App für Android und iOS sind komplex und unterscheiden sich in vielerlei Hinsicht. Ein Softwareunternehmen, das eine native App jeweils für Android und iOS entwickeln möchte, wird deshalb in der Regel auf zwei verschiedene Programmierteams angewiesen sein, wobei jedes dieser Teams sich auf eine Plattform spezialisiert. Diese Verdopplung des Entwicklungsaufwands ist ein erheblicher Kostenfaktor.

Um dieser Herausforderung zu begegnen, kann ein plattformübergreifender Ansatz gewählt werden, um mit weniger Aufwand eine App für Android und iOS entwickeln zu können. Für diesen Zweck stellt React Native ein äußerst attraktives Framework dar. Dabei ist die Tatsache, dass sich mit React Native echte native Apps für Android und iOS mit größtenteils identischem Code entwickeln lassen, nur ein positiver Aspekt von weiteren Vorteilen. React Native zeichnet sich zusätzlich durch eine hohe Produktivität aus, denn bei der Programmierung sind die Reaktionszeiten viel kürzer als bei den herkömmlichen Ansätzen, native Apps zu entwickeln. Darüber hinaus wird in React Native mit JavaScript programmiert, wodurch das Framework unter anderem für Webentwickler relativ leicht zugänglich ist. Neben Android und iOS gibt es z. B. mit Apple TV und Microsofts Universal Windows Platform weitere Zielplattformen, und es besteht die Möglichkeit, nativen Code für Android (Java) und iOS (Swift/Objective-C) einzubinden.

Ziele dieses Buchs

Zunächst möchte ich mit diesem Buch zeigen, dass React Native einen niedrigschwelligen Einstieg in die Entwicklung nativer mobiler Apps bietet. Nach nur wenigen Minuten können Sie Ihre erste App direkt auf dem Smartphone benutzen.

Um komplexere Apps zu programmieren, ist ein grundlegendes Verständnis verschiedener Technologien nötig, auf denen React Native basiert. Dazu gehören neue Features von JavaScript und die deklarative, auf Komponenten basierende Programmierung mit React. Diese Grundlagen stelle ich Ihnen vor.

In der täglichen Arbeit mit dem Framework React Native müssen Sie mit seinen Komponenten und APIs umgehen können. Ich werde einige davon vorstellen und mit praktischen Beispielen beschreiben. Ein übergeordnetes Ziel dieses Buchs ist, Sie in die Lage zu versetzen, dass Sie eigenständig das Framework verwenden können, um z. B. Komponenten einsetzen zu können, die nicht in diesem Buch behandelt werden.

Schließlich bringen mobile Apps einige Besonderheiten mit sich, auf die ich teilweise eingehen möchte. So erfordert die geringe Bildschirmgröße von Smartphones spezielle Ansätze in Bezug auf die Navigation, und für die Bedienung von Apps durch Berührung des Touchscreens sind besondere Formen der Interaktion nötig. Dazu wird es jeweils eigene Kapitel geben.

Über mehrere Kapitel hinweg werden wir eine App für Android und iOS entwickeln, mit der Sie ein Tagebuch führen können. Sie können die App bereits jetzt auf Ihrem Smartphone ausprobieren, wenn Sie neugierig sind, welche Funktionalitäten wir in diesem Buch behandeln werden. Unter *expo.io/@behrends/myjournal* ist die App *MyJournal* zu finden. Dort finden Sie auch Links zur App *Expo*, mit der MyJournal auf Android und iOS ausgeführt werden kann.

Zielgruppe und benötigte Vorkenntnisse

Dieses Buch richtet sich an Entwickler, die lernen möchten, wie mit React Native plattformübergreifend native Apps für Android und iOS programmiert werden können. Dabei wird vorausgesetzt, dass Sie bereits Programmiererfahrung haben, wobei grundlegende JavaScript-Kenntnisse von Vorteil sind. Außerdem sollte Ihnen bekannt sein, wie mit HTML oder XML hierarchische Dokumentstrukturen erstellt werden können und was die dazugehörigen Begriffe wie z. B. Element, Tag oder Attribut bedeuten.

Verwendung und Aufbau dieses Buchs

Mir ist wichtig, dass Sie von Anfang an praktische Erfahrungen mit React Native sammeln. Ich glaube, dass ein wirklicher Lernerfolg nur durch das eigenständige

Programmieren möglich ist. Daher möchte ich Sie ermutigen, die Codebeispiele selbst im Editor einzugeben und die so programmierten Apps zu testen. Das nötige Hintergrundwissen für das konzeptuelle Verständnis wird selbstverständlich an passender Stelle geliefert und aufgebaut.

Ab Kapitel 4 werden wir schrittweise eine App namens *MyJournal* entwickeln, mit der Sie auf dem Smartphone ein Tagebuch führen können. Wir werden verschiedene Aspekte von React Native direkt in dieser App umsetzen. Für die Kapitel 1 - 10 folgt nun eine kurze Beschreibung ihrer Inhalte:

Kapitel 1: React Native kurz vorgestellt
Zu Beginn stelle ich React Native kurz vor, wobei ich insbesondere verschiedene Vorteile und die Funktionsweise des Frameworks grundlegend beschreibe.

Kapitel 2: Erste Schritte mit React Native
Hier zeige ich Ihnen, wie eine einfache App in React Native entwickelt werden kann. Einige Konzepte werden zunächst kurz vorgestellt. Im weiteren Verlauf des Buchs gehen wir dann detaillierter auf sie ein.

Kapitel 3: React Native: die Grundlagen
Dieses Kapitel behandelt relevante Features in JavaScript, die seit der Version ECMAScript 2015 (ES6) eingeführt wurden, und beschreibt die Prinzipien der Webbibliothek React, auf der React Native basiert. Sie können dieses Kapitel auslassen, wenn Sie bereits als Webentwickler mit React gearbeitet haben.

Kapitel 4: Plattformübergreifende UI-Komponenten verwenden
Wichtige UI-Komponenten von React Native wie TextInput und Listen werden behandelt. Zur Veranschaulichung beginnen wir mit der Entwicklung einer App namens MyJournal, mit der Sie ein Tagebuch auf dem Smartphone führen können.

Kapitel 5: Styling des Layouts und des Erscheinungsbilds
Die Gestaltung von Apps mit der StyleSheet-API und das Flexbox-Layout sind die Themen in diesem Kapitel.

Kapitel 6: Fotos mit der Kamera aufnehmen
Hier lernen Sie, wie Sie Fotos mit der Kamera aufnehmen und durch die Image-Komponente in MyJournal darstellen können.

Kapitel 7: Daten lokal speichern und aus dem Web laden
Die lokale Speicherung der Daten von MyJournal wird in diesem Kapitel mithilfe der API AsyncStorage umgesetzt. Zusätzlich besprechen wir, wie der Standort eines Nutzers bestimmt werden kann und wie aktuelle Wetterdaten aus dem Web zur Anzeige in die App integriert werden.

Kapitel 8: Navigation zwischen mehreren Screens mit Tabs
Zusätzliche Screens für eine Fotogalerie und Einstellungen werden durch eine Navigation mit Tabs in MyJournal eingebaut. Wir verwenden hierfür TabNavigator aus der Bibliothek *react-navigation*.

Kapitel 9: Detailansicht und Editor mit StackNavigator einbinden
> Die Navigation wird um eine Detailansicht und einen Editor für Tagebucheinträge erweitert. Dies geschieht mittels `StackNavigator`.

Kapitel 10: Auf Touchgesten reagieren und Animationen anzeigen
> Sie lernen, wie mit den APIs `PanResponder` und `Animated` ein Tagebucheintrag durch eine Wischbewegung gelöscht werden kann.

Entwicklung und Abbildungen der Beispiel-Apps

Ich gehe davon aus, dass Ihnen ein Android-Smartphone oder ein iOS-Gerät zur Verfügung steht, damit Sie die Beispiel-Apps in diesem Buch testen können. Im Prinzip werden die Apps parallel für Android und iOS entwickelt. Es genügt, dass Sie die Apps hauptsächlich auf einem Gerät Ihrer Wahl testen und nur gelegentlich einen Test auf der anderen Plattform durchführen (sofern ein entsprechendes Gerät vorhanden ist). Bitte beachten Sie, dass die Beispiel-Apps nur für Smartphones entwickelt werden – für Tablets mit größeren Bildschirmen werden wir keine speziellen Layouts der Apps erstellen.

Abbildungen dienen regelmäßig der Veranschaulichung der Funktionalitäten, die wir in den Apps implementieren werden. Diese zeigen in der Regel nebeneinander Screenshots der Android-Version und der iOS-Variante an.

Verwendung von Codebeispielen

Im Buch gibt es viele Auszüge aus Programmcode, mit denen relevante Änderungen in den Beispiel-Apps aufgezeigt werden. Dabei werden oftmals nur die Passagen im Code gezeigt, die geändert wurden. Mit Kommentaren wird angedeutet, welche Abschnitte im Code unverändert bleiben:

```
// ... die import-Anweisungen bleiben unverändert ...

render() {
  return <Text>Hello World</Text>;
}

// ... der Rest bleib unverändert ...
```

Von der Webseite zum Buch (*www.behrends.io/react-native-buch*) können Sie für jedes Kapitel die relevanten Codebeispiele herunterladen. Dabei werden die von Änderungen betroffenen Dateien nach einem größeren Entwicklungsschritt zusammengefasst, das heißt, einzelne Beispiele stehen nicht als Download bereit, sondern sind in den Dateien eines bestimmten Stands der Entwicklung enthalten.

Der Code zur Beispiel-App MyJournal, die über den Großteil der Kapitel entwickelt wird, ist online in einem github-Repository zu finden (*github.com/behrends/MyJournal*). Die Commit-Historie spiegelt im Prinzip die im Buch beschriebenen Änderungen wider, sodass Sie diese im Code nachvollziehen können.

Übungen

Am Ende einiger Abschnitte oder Kapitel finden Sie Übungen. Diese geben Ihnen die Möglichkeit, die vorgestellten Konzepte zu wiederholen, anzuwenden und schließlich zu vertiefen. Lösungsansätze und Code zu den Übungen finden Sie auf der Webseite zum Buch (*www.behrends.io/react-native-buch*).

Konventionen, denen dieses Buch folgt

Die folgenden typografischen Konventionen werden in diesem Buch verwendet:

Kursiv
> Kennzeichnet neue Begriffe, URLs, E-Mail-Adressen, Dateinamen und Dateiendungen.

`Konstante Zeichenbreite`
> Wird für Programmlistings und für Programmelemente in Textabschnitten wie Namen von Variablen und Funktionen, Datenbanken, Datentypen, Umgebungsvariablen, Anweisungen und Schlüsselwörter verwendet.

`Konstante Zeichenbreite, fett`
> Kennzeichnet Befehle oder anderen Text, den der Nutzer wörtlich eingeben sollte.

> Dieses Symbol steht für einen Tipp oder eine Empfehlung.

> Dieses Symbol steht für einen allgemeinen Hinweis.

> Dieses Symbol steht für eine Warnung oder erhöhte Aufmerksamkeit.

Errata und Updates

Ein Buch ist niemals vollständig fehlerfrei. Sie finden daher auf der Webseite unter *www.behrends.io/react-native-buch* eine Liste mit Errata zu diesem Buch.

Wie bei vielen Open-Source-Projekten üblich, kann es sich ergeben, dass sich bestimmte Aspekte in der Konfiguration oder Funktionsweise von React Native nach Erscheinen dieses Buchs grundlegend ändern, sodass es zu Abweichungen gegenüber den Buchinhalten kommen kann. Dabei kann es sich um planmäßige Änderungen und dokumentierte *Breaking Changes* in React Native, aber auch in Android oder iOS handeln. Sollten Sie also auf Probleme bei der Einrichtung von React Native oder im Zusammenhang mit Codebeispielen stoßen, empfiehlt sich ebenfalls ein Blick auf die Webseite zum Buch, auf der ich hierzu nützliche Hinweise geben werde (*www.behrends.io/react-native-buch*).

Wenn Sie in den Codebeispielen zur App MyJournal einen Fehler finden und mir diesen mitteilen wollen, können Sie gern einen *Issue* im entsprechenden github-Repository einstellen (*github.com/behrends/MyJournal*) oder Verbesserungsvorschläge per *Pull Requests* einreichen.

Die Codebeispiele in diesem Buch wurden mit den Versionen 0.48.3 von React Native und 21.0.0 von Expo entwickelt.

Danksagungen

Mein Dank gilt allen, die dieses Buch ermöglicht und bei seiner Erstellung mitgeholfen haben. Dem Verlag O'Reilly danke ich für die Möglichkeit, ein Fachbuch zu React Native zu schreiben und dies im deutschsprachigen Raum zu veröffentlichen. Allen Mitarbeitern des Verlags, die an diesem Projekt beteiligt waren, sei hiermit herzlich gedankt. Ein großes Dankeschön geht an die Lektorin Ariane Hesse, die das Buchprojekt von Anfang an begleitet und in vielerlei Hinsicht unterstützt hat. Mein besonderer Dank gilt meinem Bruder Knut, der sich als erster Leser des Buchs mit den Codebeispielen auseinandergesetzt und dabei viele Unstimmigkeiten gefunden hat, die ich hoffentlich beseitigen konnte. Und natürlich danke ich meiner Frau und meiner Tochter – nicht nur dafür, dass sie mich manchmal nach dem frühmorgendlichen Schreiben vom Laptop losgeeist haben.

Kontakt

Für Rückmeldungen jeder Art können Sie gern direkt mit mir in Kontakt treten. Meine E-Mail-Adresse lautet:

erik@behrends.io

Ich wünsche Ihnen viel Spaß und Erfolg mit React Native!

KAPITEL 1
React Native kurz vorgestellt

React Native ist ein Framework zur plattformübergreifenden Entwicklung nativer Apps mit JavaScript. Es wurde im Frühjahr 2015 zunächst für iOS als Open-Source-Projekt veröffentlicht. Seit 2015 wird auch Android als Zielplattform unterstützt. Zwar wurde React Native von Facebook initiiert, aber seit seiner Veröffentlichung hat sich eine große Gemeinschaft von Programmierern und Unternehmen gebildet, die an der Weiterentwicklung des Frameworks arbeitet.

React Native basiert auf der Webbibliothek React und folgt im Wesentlichen den gleichen Prinzipien zur Erstellung deklarativer Benutzeroberflächen mit JavaScript, wodurch der Zugang zur Entwicklung nativer Apps insbesondere für Webentwickler attraktiv und relativ einfach ist. Nicht zuletzt deswegen hat React Native ähnlich wie React in den letzten Jahren eine große Beliebtheit und eine kritische Masse von Nutzern erreicht. Sowohl React als auch React Native gehören zu den 20 populärsten Projekten auf GitHub.com.[1] Es gibt einige Beispiele von bekannten und viel genutzten Apps, die mit React Native entwickelt wurden. Dazu gehören unter anderem Apps von Facebook, Instagram, Airbnb, Tesla, Uber und Walmart.[2]

Weshalb begeistert und fasziniert React Native? Die wichtigsten Gründe werde ich im Folgenden skizzieren. Anschließend beschreibe ich, wie das Framework prinzipiell funktioniert und wie es dadurch möglich wird, native Apps mit JavaScript zu programmieren.

React Native: viele Vorteile, wenige Einschränkungen

Es gibt verschiedene Vorgehensweisen, um mobile Apps für die beiden wesentlichen Plattformen Android und iOS zu entwickeln. Für die Entwicklung nativer Apps stellen Google und Apple mächtige Werkzeuge zur Verfügung. Die Unter-

---

[1] Ende November 2017 hatten React und React Native mehr als 81.000 bzw. 56.000 Sterne.
[2] Weitere Beispiele sind auf der offiziellen Webseite von React Native unter *facebook.github.io/react-native/showcase.html* zu finden.

schiede zwischen den beiden herkömmlichen Ansätzen, eine native App für Android bzw. iOS zu entwickeln, sind jedoch beträchtlich. Dies illustriert folgende Auflistung, die allerdings keinen Anspruch auf Vollständigkeit erhebt:

Tabelle 1-1: Unterschiede in der nativen App-Entwicklung zwischen Android und iOS

	Android	iOS
Programmiersprache	Java oder Kotlin	Objective-C oder Swift
Entwicklungsumgebung	Android Studio	XCode
Unterstützte Betriebssysteme	Linux, macOS, Windows	macOS
Erstellung von UIs	deklarativ mit XML-Layout oder programmatisch mit Java	hauptsächlich durch grafische Tools in XCode (Interface Builder)

Soll nun eine native App für Android und iOS mit den herkömmlichen Ansätzen der Hersteller entwickelt werden, ist es offensichtlich, dass dies in der Regel nur mit eigenständigen Teams möglich sein wird, die sich auf die jeweilige Plattform spezialisieren. Dadurch werden nicht bloß hohe Kosten verursacht, sondern es wird auch ein erhöhter Aufwand in Bezug auf die Projektkoordination erforderlich sein. Dies ist die größte Herausforderung, wenn eine native App für beide Plattformen auf herkömmliche Weise entwickelt werden soll.

Ein weiterer Nachteil der herkömmlichen Ansätze entsteht aus der Tatsache, dass jede Änderung an einer App dazu führt, dass die App kompiliert werden muss. Bevor die Änderung auf dem Smartphone getestet werden kann, vergehen für eine Android-App mindestens einige Sekunden und in einem iOS-Projekt oftmals sogar deutlich mehr Zeit (von den häufig berichteten Abstürzen von XCode ganz zu schweigen). Je komplexer die App wird, desto mehr Zeit verbringt ein Programmierer mit Warten. Den meisten Programmierern ist sicherlich bewusst, dass sich dies negativ auf ihre Produktivität auswirken und eine Belastungsprobe für ihre Gelassenheit darstellen kann.

React Native bietet Abhilfe und reduziert sowohl den Entwicklungsaufwand als auch die Reaktionszeiten bei der Entwicklung nativer Apps. Es ist einerseits ein plattformübergreifendes Framework für Android und iOS, wodurch ein Team in die Lage versetzt wird, eine App für beide Plattformen parallel mit nur einer Codebasis zu entwickeln. So werden wir auch in diesem Buch bei der Entwicklung der App *MyJournal* ab Kapitel 4 vorgehen. Andererseits wird bei der Programmierung mit React Native jede Änderung am Code fast augenblicklich in der App sichtbar. Ermöglicht wird dies durch Features wie *Live Reload* und *Hot Reloading*, die Sie im Laufe des Buchs kennenlernen werden. Neben diesen wichtigen Eigenschaften hat React Native weitere Vorteile, auf die ich kurz eingehen möchte:

Native Benutzeroberflächen
 React Native erzeugt performante Apps mit nativen UI-Elementen für Android und iOS. Dies ist ein großer Vorteil gegenüber hybriden Frameworks wie z. B. Cordova und Ionic, deren Anwendungscode in einem WebView aus-

geführt wird. Die Benutzeroberfläche wird dort mit Webtechnologien erstellt, wodurch UI-Elemente lediglich nachgebildet werden, was sich negativ auf das Erscheinungsbild und die Performance einer App auswirken kann.

Die Basis: JavaScript und React
Da JavaScript die Programmiersprache für React Native ist, können Webentwickler mit weniger Aufwand Apps erstellen, als wenn sie zuerst eine andere Programmiersprache lernen müssten. Durch JavaScript wird es prinzipiell möglich, allgemeine Geschäftslogik ohne spezifischen Code für die App in Webprojekten wiederzuverwenden. Zusätzlich profitiert React Native von dem deklarativen Programmiermodell in React, das einen eleganten und produktiven Ansatz zur Erstellung von Benutzeroberflächen bietet. Gerade dieser Vorteil ist ein Grund für die wachsende Popularität von React Native in den letzten Jahren.

Aktives Umfeld mit vielen Erweiterungen und Werkzeugen
React Native wird von vielen Entwicklern und mehreren Unternehmen aktiv weiterentwickelt. Es stehen viele nützliche Erweiterungen und Bibliotheken zur Verfügung, die z. B. UI-Komponenten implementieren, die nicht direkt von React Native angeboten werden. Hervorzuheben ist hierbei das Start-up Expo (*expo.io*), das verschiedene nützliche quelloffene Werkzeuge für React Native bereithält. Um nur ein Beispiel zu nennen: Die Expo-App ermöglicht es in Kombination mit React Native, native Apps für das iPhone ohne Apple-Rechner zu entwickeln. Diese App werden wir daher auch in diesem Buch vorstellen und verwenden.

Weitere Plattformen neben Android und iOS
Apps plattformübergreifend mit einer Codebasis für Android und iOS programmieren zu können, ist bereits ein großer Produktivitätsgewinn. Es gibt jedoch zusätzliche Plattformen, für die Apps mit React Native entwickelt werden können. Dazu gehören z. B. Apple TV und Microsofts Universal Windows Platform. Architektur und Funktionsweise von React und React Native erlauben es sogar, Anwendungen im zukunftsträchtigen Bereich der virtuellen Realität umzusetzen (siehe React VR unter *facebook.github.io/react-vr*).

Nativer Code kann eingebettet werden
In React Native kann einerseits nativer Code für Android und iOS eingebettet werden, sodass native Bestandteile anderer Projekte oder Bibliotheken wiederverwendet werden können. Umgekehrt ist es möglich, React Native in bestehenden App-Projekten einzusetzen, die bisher mit den herkömmlichen Ansätzen von Google bzw. Apple entwickelt wurden. Somit ist es möglich, neue Funktionalitäten in diesen Projekten prototypisch und plattformübergreifend mit React Native umzusetzen.

Meines Erachtens ist React Native das einzige Framework für die plattformübergreifende Entwicklung nativer Apps, das solch eine Fülle von Möglichkeiten und Funktionen bietet. Es gibt aber auch Einschränkungen bei dem Framework, die es zu beachten gilt.

Manche Rahmenbedingungen erfordern nativen Code
> Es kann Situationen geben, in denen es nicht möglich ist, bestimmte Funktionalitäten einer App mit React Native umzusetzen. Dies könnte ein besonderes Bedienelement sein, für das es (noch) keine Komponente im Framework gibt. Auch decken die APIs von React Native nicht alle Gerätefunktionen ab, sodass z. B. bestimmte Sensordaten nicht abgefragt werden können. In diesen Fällen kann zwar nativer Code eingebettet werden, aber es bedeutet auch, dass mindestens ein Teammitglied sich mit den nativen Aspekten der App-Entwicklung auskennen sollte. Dieses Wissen wird außerdem dann relevant, wenn tiefer liegende Fehler im Code einer App untersucht werden müssen, falls zukünftig Abwärtskompatibilität sichergestellt werden muss und wenn die App in den App-Stores veröffentlicht werden soll.

Das Framework hat noch keine stabile Version erreicht
> Auch mehr als zwei Jahre seit seiner Einführung befindet sich React Native in aktiver Entwicklung mit monatlichen Veröffentlichungen neuer Versionen. Dabei kommt es gelegentlich zu Änderungen am Framework, wodurch APIs sich ändern oder sogar entfernt werden. Wann eine stabile Version »1.0« erreicht wird, ist im Herbst 2017 noch nicht absehbar. Dennoch bin ich überzeugt davon, dass React Native bereits jetzt ohne große Risiken für App-Projekte eingesetzt werden kann – was auch dadurch belegt wird, dass das Framework von vielen namhaften Unternehmen verwendet wird.

Insgesamt stellt React Native eine faszinierende Technologie dar, und wie das Beispiel von React VR zeigt, könnte es in Zukunft noch weitere spannende Zielplattformen und Anwendungsmöglichkeiten geben. Am Beispiel der in diesem Buch entwickelten App MyJournal können Sie sich ein Bild davon machen, wie eine recht umfangreiche Anwendung komplett mit React Native in JavaScript umgesetzt werden kann, ohne dass nativer Code benötigt wird.

Architektur und Funktionsweise des Frameworks

JavaScript wird in verschiedenen Frameworks zur App-Entwicklung als primäre Programmiersprache eingesetzt. Beispiele beliebter Frameworks sind Cordova und Ionic, die den JavaScript-Code der App in einem WebView ausführen und dort die Benutzeroberfläche mit HTML und CSS ähnlich wie in einem Browser darstellen. Eine solche App entspricht daher vereinfacht gesagt einer lokalen Webanwendung, was zu Einschränkungen in der Verfügbarkeit nativer Funktionalitäten führt. Im Gegensatz dazu erhalten wir mit React Native in JavaScript programmierte Apps, die zur Laufzeit vollen Zugriff auf die nativen UI-Elemente und APIs der jeweiligen Plattform haben. Ermöglicht wird das durch die Architektur des Frameworks React Native. Sein Aufbau lässt sich in drei Ebenen unterteilen:

Laufzeitumgebung des Anwendungscodes (JavaScript)
> In einer React-Native-App werden Anwendungscode und Geschäftslogik in JavaScript programmiert. Für diesen Code muss auf der Zielplattform eine

Laufzeitumgebung für JavaScript existieren. In Android und iOS stehen uns solche Umgebungen zur Verfügung, die es ermöglichen, JavaScript in einer nativen App auszuführen.[3] Dieser Code läuft in einem eigenen Thread. Im JavaScript-Code wird insbesondere die Benutzeroberfläche gemäß den Prinzipien von React deklariert, was zu einer Darstellung echter, nativer UI-Elemente führt.[4]

Bridge

Die Anweisungen zur Verwendung nativer UI-Elemente oder APIs werden aus der JavaScript-Umgebung als Nachrichten über die sogenannte *Bridge* an native Module kommuniziert. Umgekehrt treten verschiedene Ereignisse (*Events*) in den nativen Modulen der App auf (z.B. das Antippen eines Icons). Diese Events müssen wiederum zur Verarbeitung an den Code in der JavaScript-Umgebung weitergegeben werden, damit das gewünschte Verhalten für eine Benutzeraktion ausgeführt wird (z.B. das Versenden einer E-Mail). Die Kommunikation zwischen JavaScript und den nativen Modulen findet in React Native also in beide Richtungen über die Bridge statt.

Native Module

Aus der JavaScript-Umgebung gelangen Anweisungen über die Bridge in den nativen Teil der App, in dem insbesondere auf mobilen Plattformen der native UI-Thread läuft. Die Anweisungen werden hier an die zuständigen nativen Module delegiert und von diesen verarbeitet. Dabei kann es sich um native UI-Elemente handeln. Beispielsweise könnte ein Texteingabefeld mit einem bestimmten Wert befüllt werden. Eine Anweisung könnte auch Daten von einer nativen API abfragen, wie z.B. die aktuellen Koordinaten des GPS-Sensors.

Der Aufbau dieser Architektur ist in Abbildung 1-1 skizziert.

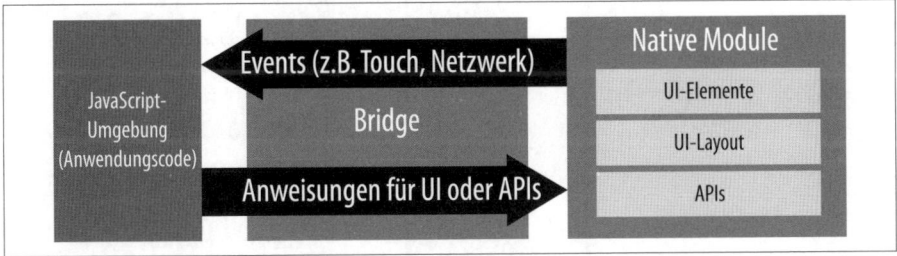

Abbildung 1-1: Die Architektur des Frameworks React Native. Der JavaScript-Code kommuniziert via Bridge mit den nativen Modulen der App.

Die Kommunikation über die Bridge erfolgt in Form von Nachrichten, die im JSON-Format serialisiert werden. Diese werden asynchron übertragen, sodass sich

---

3   In iOS ist bereits eine Umgebung namens JavaScriptCore vorhanden, und für Android wird mit React Native eine JavaScript-Umgebung mitgeliefert.

4   Die Funktionsweise von React wird im Abschnitt »React: ein deklaratives Programmiermodell für UI-Komponenten« auf Seite 44 beschrieben.

die Threads nicht gegenseitig blockieren, und es finden zusätzliche Optimierungen statt (z.B. werden Nachrichten häufig zusammengefasst und gemeinsam übertragen). Bei der Programmierung mit React Native findet die Kommunikation über die Bridge im Hintergrund statt, sodass wir die konkrete Funktionsweise in der Regel nicht beachten müssen.

Durch diese Architektur entstehen einige Vorteile. Die JavaScript-Umgebung ermöglicht es, plattformübergreifend in nur einer Programmiersprache Apps zu entwickeln. Prinzipiell wäre es möglich, in dieser Architektur Laufzeitumgebungen für andere Programmiersprachen zu verwenden, jedoch ist JavaScript als eine der meistverwendeten Sprachen, die relativ leicht zu erlernen ist, eine naheliegende Wahl und insbesondere für Webentwickler attraktiv.

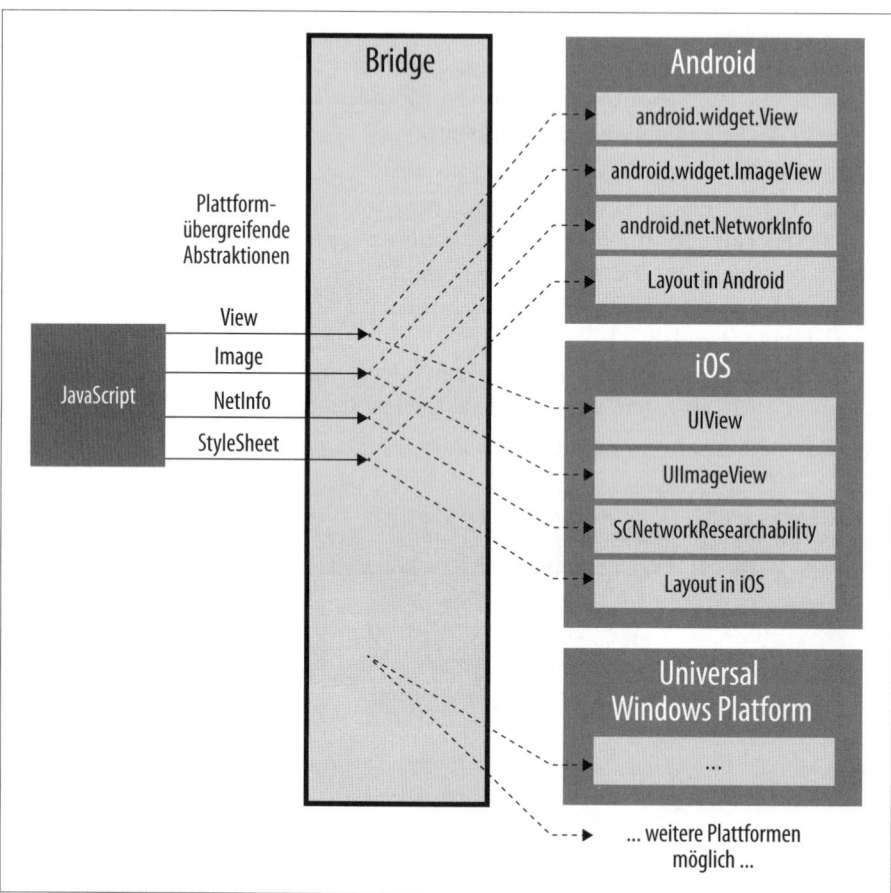

Abbildung 1-2: Die Unterstützung verschiedener Zielplattformen wird durch plattformübergreifende Abstraktionen über die Bridge erreicht.

Zusätzlich verbirgt die Bridge die Implementierungsdetails der nativen Module, sodass diese im Anwendungscode als abstrahierte, plattformübergreifende Komponenten und APIs zur Verfügung stehen. Wird in JavaScript z. B. ein View-Element im UI verwendet, führt dieses in Android zum Einsatz einer Instanz der Klasse android.widget.View, und in iOS wird ein UIView-Objekt erzeugt. Entsprechend gibt es in React Native für einige Komponenten, APIs und sogar für die Gestaltung und das Layout der Benutzeroberfläche plattformübergreifende Abstraktionen, wie in Abbildung 1-2 angedeutet. Um weitere Zielplattformen durch React Native zu bedienen, muss lediglich die Bridge mit den passenden Abstraktionen erweitert werden, wie z. B. für die Universal Windows Platform geschehen (siehe *github.com/Microsoft/react-native-windows*).

Während der Entwicklung einer React-Native-App arbeitet der Programmierer zum Großteil mit dem Anwendungscode in der JavaScript-Umgebung. Für solche Änderungen am Code muss die App nicht kompiliert werden, denn es reicht aus, lediglich den geänderten JavaScript-Code an die App zu übertragen. Im Entwicklungsmodus verbindet sich daher die React-Native-App mit einem Webserver, der auf dem Rechner des Programmierers läuft und Änderungen automatisch an die App überträgt (dies ist der sogenannte *Packager*). Entwickler erhalten dadurch fast augenblicklich Feedback – viel schneller als bei den herkömmlichen Ansätzen zur nativen App-Entwicklung. Dies werden Sie selbst im folgenden Kapitel erfahren, denn wir werden gleich eine einfache App mit React Native entwickeln.

Zusammenfassung

React Native ist zunächst ein plattformübergreifendes Framework, das bei der Entwicklung nativer Apps für Android und iOS eine einheitliche Codebasis ermöglicht und dadurch Aufwand und Kosten solcher Projekte signifikant reduzieren kann. Zusätzlich zu diesem sofort einleuchtenden Argument bietet die Software jedoch einige weitere Vorteile gegenüber den herkömmlichen Ansätzen der Entwicklung nativer Apps. Hervorzuheben ist hierbei vor allem die Tatsache, dass Änderungen am Code während der Entwicklung sehr schnell in der App erscheinen und getestet werden können. Schließlich lässt die Architektur des Frameworks weitere Zielplattformen zu, sodass React Native das Potenzial hat, in Zukunft auch für Bereiche jenseits mobiler Apps eingesetzt zu werden.

KAPITEL 2
Erste Schritte mit React Native

In diesem Kapitel werden wir zunächst notwendige Vorbereitungen zur Installation von React Native vornehmen, sodass wir anschließend unsere erste App entwickeln können. Es handelt sich um eine einfache App, mit der wir durch das Drücken auf einen Knopf etwas zählen können (z. B. Schritte oder Treppenstufen). Obwohl die Komplexität dieser App aus Benutzersicht als gering erscheinen mag, werden wir während der gemeinsamen Entwicklung dieser App einigen grundlegenden Konzepten des Frameworks React Native begegnen. Dadurch erhalten Sie einen ersten Eindruck davon, wie Apps mit React Native plattformübergreifend für Android und iOS entwickelt werden. Wir nennen diese App *StepCounter*, und sie wird am Ende dieses Kapitels aussehen wie in Abbildung 2-1 dargestellt.

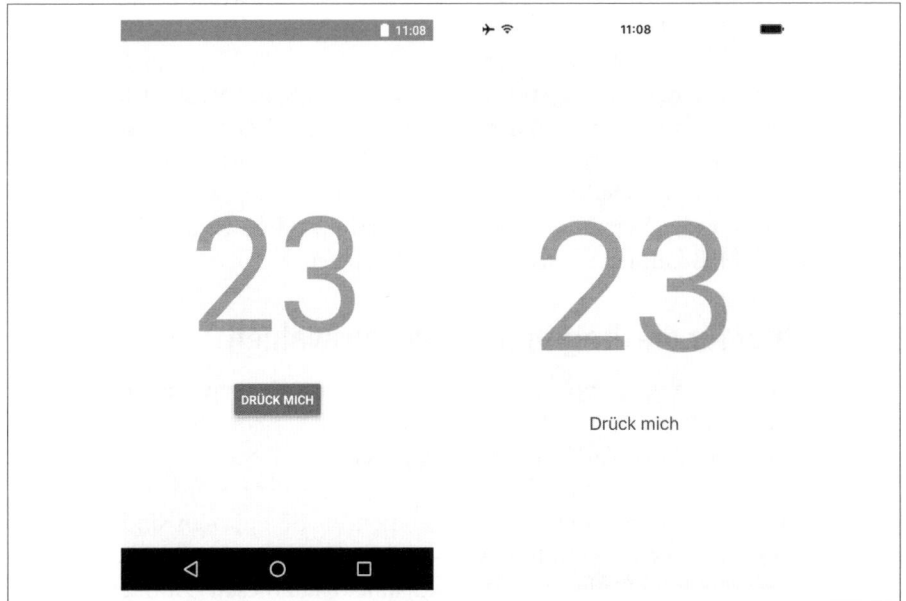

Abbildung 2-1: Die App StepCounter am Ende dieses Kapitels. Die meisten Screenshots in diesem Buch zeigen links die Android-App und rechts die iOS-Version.

Ich habe die Installation von React Native in verschiedenen Betriebssystemen getestet und bin dabei auf einige Stolperstellen gestoßen, auf die ich an den entsprechenden Stellen in diesem Kapitel hinweisen werde. Falls Sie bei der Installation auf Probleme stoßen, die nicht erwähnt werden, könnte das z.B. daran liegen, dass sich das Vorgehen zur Installation von React Native nach Drucklegung des Buchs geändert hat. Prüfen Sie in diesem Fall bitte auf der Webseite zum Buch, ob es dort zusätzliche Informationen und Hilfestellungen gibt (*behrends.io/react-native-buch*).

Vorbereitungen und Installation

React Native lässt sich so installieren, dass Sie nach wenigen Minuten mit der Programmierung mobiler Apps beginnen können. Sie benötigen lediglich einen Rechner mit Internetverbindung und ein iPhone oder ein Android-Gerät. Dabei spielt es keine Rolle, ob das Betriebssystem Ihres Rechners Linux, macOS oder Windows ist. Mit React Native ist es sogar möglich, ohne einen Apple-Rechner mit der Entwicklung nativer Apps für das iPhone zu beginnen – beim herkömmlichen Ansatz wird hierfür das Programm XCode benötigt, das nur für macOS verfügbar ist.

Sollte Ihnen weder ein iPhone noch ein Android-Gerät zur Verfügung stehen, können Sie alternativ einen Android-Emulator verwenden oder auf einem Apple-Rechner den iPhone-Simulator einsetzen. Dazu müssen Sie zuerst die entsprechenden Entwicklungswerkzeuge Android Studio bzw. XCode installieren, wie in der offiziellen Dokumentation zu React Native beschrieben (*facebook.github.io/react-native/docs*).

Es sind einige Vorbereitungen zu treffen, bevor wir mit React Native arbeiten können. Für die Programmierung müssen Sie sich für einen Editor entscheiden, und wir werden die App *Expo* verwenden, um unsere Apps auf dem Smartphone zu testen. Außerdem benötigen Sie die JavaScript-Plattform *Node.js*, die auf Ihrem Rechner mindestens in der Version 6 vorhanden sein muss. Ich werde Ihnen nun die verschiedenen Maßnahmen zur Vorbereitung erläutern.

Einen Editor für die Programmierung auswählen

Die Programmierung von Apps mit React Native ist im Prinzip mit jedem Editor möglich. Auf zwei Editoren möchte ich besonders hinweisen: *Atom* (*atom.io*) und *Visual Studio Code* (kurz *VS Code*, *code.visualstudio.com*). Sowohl Atom als auch VS Code können auf Linux, macOS und Windows eingesetzt werden und werden als kostenlose, quelloffene Downloads angeboten. Beide Editoren sind ausgereift und haben einen vergleichbaren Funktionsumfang. Ich habe zur Entwicklung der Apps in diesem Buch VS Code eingesetzt und kann daher diesen Editor empfehlen. Gleichwohl können Sie ohne Bedenken Ihren bevorzugten Editor verwenden.

Erweiterungen für React Native im Editor

Sowohl Atom als auch VS Code sind erweiterbar, und für beide Editoren können Sie spezielle Erweiterungen für React Native finden. Für Atom gibt es das Package *Nuclide* (*nuclide.io*), das von Facebook entwickelt wurde, und für VS Code steht Ihnen die Erweiterung *React Native Tools* zur Verfügung, die Sie über den Bereich *Extensions* in VS Code suchen und installieren können. Die erwähnten Erweiterungen für Atom und VS Code bieten Ihnen neben Debugging-Funktionalitäten weitere nützliche Funktionen für React Native. Allerdings benötigen Sie für die Arbeit mit diesem Buch nicht unbedingt eine dieser Erweiterungen.

Die App Expo auf das Smartphone laden

Wie bereits am Ende des vorigen Kapitels beschrieben, besteht in der Architektur von React Native eine strikte Trennung zwischen Anwendungscode, der in JavaScript geschrieben wird, und den nativen Modulen für die UI-Elemente und APIs der Zielplattform (siehe Abbildung 2-2). Der Programmcode, der spezifisch für eine React-Native-App ist, besteht also oftmals nur aus JavaScript-Code. Insbesondere in diesem Buch wird das der Fall sein, da wir ausschließlich in JavaScript programmieren und die Einbettung nativen Codes nicht behandeln werden. Daher können wir die App Expo verwenden, die den Einstieg in die Entwicklung mit React Native stark vereinfacht. Der Ablauf der Programmierung mit React Native und Expo ist in Abbildung 2-2 grob skizziert.

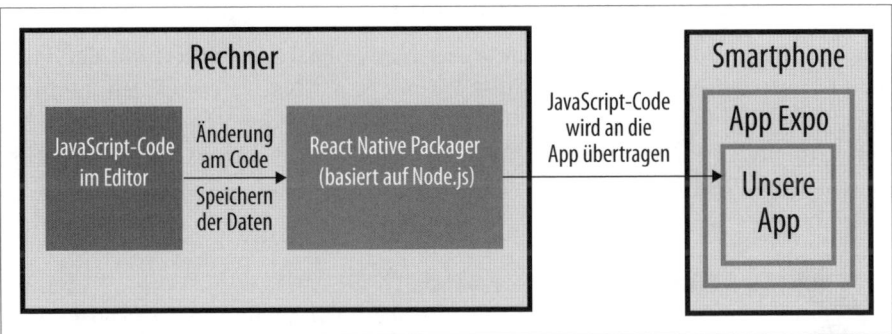

Abbildung 2-2: Änderungen am Code werden vom React Native Packager automatisch und schnell an die App Expo auf dem Smartphone übertragen.

Wenn wir auf dem Rechner programmieren, führen wir Änderungen am JavaScript-Code im Editor durch und speichern die zugehörigen Dateien ab. Während der Entwicklung läuft auf dem Rechner zusätzlich der *React Native Packager*, ein in Node.js geschriebener Webserver, der Änderungen an den Projektdateien überwacht und diese automatisch an die App Expo zum Smartphone überträgt. Dazu müssen wir lediglich die App Expo über das Netzwerk mit dem React Native Packager auf dem Rechner verbinden. Expo ist eine App, die die benötigten nativen

Komponenten und APIs des Frameworks React Native bereitstellt und daher in der Lage ist, den JavaScript-Code unserer App dynamisch auf dem Smartphone anzuwenden. Wie Sie sehen werden, führt Expo unser App-Projekt wie eine »echte App« auf dem Smartphone aus. Expo ist eine etablierte Lösung für den Einstieg in die Programmierung mit React Native.

Aus diesem Grund setzen wir für die Beispiel-Apps in diesem Buch die mobile App Expo ein, die von dem gleichnamigen Start-up Expo als Open-Source-Projekt entwickelt wird und kostenlos im App Store für iOS bzw. im Play Store für Android heruntergeladen werden kann. Navigieren Sie dazu im Browser Ihres Smartphones zur Expo-Webseite mit der URL *expo.io*. Dort finden Sie Links, die zu Expo im App Store bzw. im Play Store führen. Installieren Sie also nun Expo auf Ihrem Smartphone.

Bemerkungen zu Expo

Expo trägt erst seit Anfang März 2017 diesen Namen. Vorher hießen das Projekt sowie das dahinterstehende Unternehmen *Exponent*, sodass in manchen älteren Videos oder Blogs dieser frühere Name noch auftaucht. Sie benötigen für dieses Buch zunächst ausschließlich die mobile App Expo, die Sie bitte auf Ihrem Smartphone aus dem App Store bzw. Play Store herunterladen. Weitere Werkzeuge aus dem Expo-Umfeld brauchen Sie nicht auf Ihrem Rechner zu installieren. Insbesondere die Entwicklungsumgebung Expo XDE werden wir nicht einsetzen.

Node.js auf dem Rechner installieren

Der im vorigen Abschnitt erwähnte React Native Packager basiert auf der JavaScript-Plattform Node.js. Damit Sie Apps mit React Native entwickeln können, muss daher auf Ihrem Rechner Node.js mindestens in der Version 6 vorhanden sein. Um Node.js zu installieren, befolgen Sie die Anweisungen für das Betriebssystem Ihres Rechners, wie auf der Webseite von Node.js beschrieben (siehe *nodejs.org*).

Paketverwaltung in Linux und macOS

Auf einem Mac empfehle ich die Verwendung von Homebrew (*brew.sh*), wodurch sich zusätzliche Programme wie Node.js leicht installieren lassen. Wenn Sie mit Linux arbeiten, können Sie Node.js in Ihrer Linux-Distribution mit der Paketverwaltung installieren. Allerdings ist es in diesem Fall wichtig, dass Node.js mindestens in der Version 6 eingerichtet wird. Sonst wird React Native nicht funktionieren. Stellen Sie zusätzlich sicher, dass das Programm npm (*node package manager*) vorhanden ist. Gegebenenfalls müssen Sie npm zusätzlich mit der Paketverwaltung installieren.

Installation von create-react-native-app

Nun werden wir mit `create-react-native-app` ein Kommandozeilenwerkzeug installieren, das die Erstellung von React-Native-Projekten mit wenig Aufwand ermöglicht. Wenn Node.js in Version 6 oder später auf Ihrem Rechner eingerichtet ist, öffnen Sie eine Konsole und führen folgenden Befehl aus:[1]

```
npm install -g create-react-native-app
```

Dadurch wird mithilfe von `npm` (*node package manager*), dem Paketmanager in Node.js, ein globales Modul namens `create-react-native-app` für Node.js installiert, mit dem React-Native-Projekte durch einen bestimmten Befehl in der Konsole erzeugt werden können.

Konsole

Jedes Betriebssystem verfügt über eine spezielle Anwendung, mit der Tastaturbefehle in einer Kommandozeilenumgebung eingegeben werden können. In Linux und macOS gibt es dafür beispielsweise ein Terminal, und Windows bietet neben der sogenannten »MS-DOS-Eingabeaufforderung« seit etwa 2006 die PowerShell sowie seit 2017 das »Windows Subsystem for Linux« an. Ich werde im weiteren Verlauf des Buchs von dem Begriff *Konsole* Gebrauch machen. Damit meine ich ein beliebiges Programm für die Kommandozeilenumgebung auf dem verwendeten Betriebssystem.

Uns stehen jetzt alle Werkzeuge für die Entwicklung nativer Apps mit React Native zur Verfügung: ein Editor, mit dem wir den Code für die Apps schreiben, die App Expo zum Testen der Apps auf dem Smartphone, Node.js für den React Native Packager und `create-react-native-app` zur Erstellung von React-Native-Projekten.

Einschränkungen von create-react-native-app

Der Einstieg in die Programmierung mit React Native ist durch `create-react-native-app` relativ niedrigschwellig. Allerdings ist es mit diesem Ansatz nicht möglich, nativen Code für Android (Java/Kotlin) oder iOS (Objective-C/Swift) in das Projekt einzubetten. Sollte diese Anforderung zu einem späteren Zeitpunkt auftauchen, kann im Projektordner der Befehl `npm eject` ausgeführt werden, wodurch dort neue Ordner mit den Projekten für Android Studio und XCode (nur auf einem Apple-Rechner) erzeugt werden. Es ist auch möglich, React Native bereits von vornherein für die Verwendung nativen Android- bzw. iOS-Codes zu installieren, was allerdings deutlich aufwendiger ist als die Variante mit `create-react-native-app`. Die offizielle Dokumentation zu React Native beschreibt im Detail, wie Sie dazu vorgehen müssen (*facebook.github.io/react-native/docs*).

---

[1] In Linux kann es erforderlich sein, diesen Befehl als Superuser mit `sudo` auszuführen.

Bei Schwierigkeiten mit der Installation von create-react-native-app ist es prinzipiell möglich, die Beispiel-Apps in diesem Buch in einer Entwicklungsumgebung im Webbrowser zu programmieren. Unter der URL *snack.expo.io* erreichen Sie einen Dienst namens *Expo Snack*, der einen Editor zur Eingabe von Programmcode für React Native bereitstellt. Die so programmierte App kann auf dem Smartphone mit Expo oder direkt im Browser in einem virtuellen Gerät getestet werden.

Entwicklung der ersten App

Wir können nun mit der Entwicklung nativer Apps in React Native beginnen. Zu Beginn werden wir mit create-react-native-app ein neues React-Native-Projekt erzeugen. Nach wenigen Minuten erhalten Sie dadurch eine einfache App, die Sie sofort mit Expo auf dem iPhone oder einem Android-Gerät testen können. Ausgehend von dieser App, werden wir schrittweise die App StepCounter programmieren, die wir zu Beginn des Kapitels vorgestellt haben.

Ein Projekt für React Native erstellen

Das Erzeugen neuer Projekte erfolgt mit create-react-native-app in der Konsole.

Hinweise zu Windows und Linux
Für die Verwendung von create-react-native-app in Windows 10 und Ubuntu 16.04 musste ich zunächst die Versionskontrollsoftware *git* installieren. Falls nötig, können Sie *git* für Windows auf der folgenden Webseite herunterladen: *git-scm.com*. In Linux installieren Sie *git* bei Bedarf über die Paketverwaltung.

Um ein neues Projekt für StepCounter zu erstellen, öffnen Sie eine Konsole und wechseln in den Ordner, in dem Sie die Projekte für die Beispiel-Apps aus diesem Buch verwalten wollen. Führen Sie dort folgenden Befehl aus:

```
create-react-native-app StepCounter
```

Dieser Befehl benötigt abhängig von der Geschwindigkeit Ihrer Internetverbindung ein paar Minuten, denn es werden mit der Paketverwaltung von Node.js einige Bibliotheken heruntergeladen, die ein React-Native-Projekt benötigt.[2] Hierdurch wird außerdem ein neuer, gleichnamiger Projektordner für die App erzeugt. Wenn das geschehen ist, wechseln Sie in diesen Ordner und führen dort einen weiteren Befehl aus:

```
cd StepCounter
npm start
```

---

2 React Native setzt sich aus vielen anderen Bibliotheken zusammen, die insgesamt mehrere Hundert Megabyte ausmachen können. Ein Framework zur plattformübergreifenden Entwicklung nativer Apps ist eben ein komplexes, mächtiges Softwarekonstrukt.

Expo im Emulator bzw. Simulator

Es ist auch möglich, die Expo-App auf einem Android-Emulator bzw. dem iOS-Simulator zu verwenden. Es gibt Befehle, mit deren Hilfe die Expo-App auf dem Emulator bzw. Simulator automatisch installiert und gestartet wird. Für Android lautet der Befehl npm run android und für iOS npm run ios. Diese Befehle beinhalten die Funktionalität von npm start. In der Regel wird die Expo-App einmal im Monat aktualisiert, weshalb diese App gegebenenfalls für eine Neuinstallation vom Emulator bzw. Simulator zuvor entfernt werden muss.

Durch das Kommando npm start[3] wird im Projektordner der React Native Packager gestartet, mit dem unsere App via Expo im Entwicklungsmodus kommuniziert, um unter anderem den JavaScript-Code für die App anzufordern. Durch den React Native Packager können wir während der Entwicklung sehr schnell unsere Änderungen am Code in der App sehen, ohne dass die native App erneut kompiliert werden muss, denn es muss nur der JavaScript-Code an die App auf dem Smartphone übertragen und gegebenenfalls die Benutzeroberfläche neu dargestellt werden.

In der Konsole werden nun ein QR-Code und ein interaktives Menü angezeigt. Was das Menü betrifft, können Sie die meisten Optionen für die Beispiele in diesem Buch ignorieren. Sie sollten lediglich darauf achten, dass sich der React Native Packager im Entwicklungsmodus befindet (*development mode*). Außerdem wird eine URL der Form *exp://...* angegeben, unter der der Packager erreichbar ist. Diese URL ist auch im dargestellten QR-Code codiert. Diesen werden wir gleich verwenden, um die App mit Expo auf das Smartphone zu laden und dort zu testen – ein seltenes Beispiel für eine nützliche Anwendung von QR-Codes.

Die App auf dem Smartphone mit Expo testen

Bevor wir die App StepCounter mit Expo testen, müssen Sie sich vergewissern, dass der Rechner, auf dem der React Native Packager mit npm start gestartet wurde, und Ihr Smartphone mit demselben Netzwerk verbunden sind. Ist das gegeben, starten Sie die App Expo auf dem Smartphone. Diese enthält einen QR-Code-Scanner, mit dem Sie den QR-Code einscannen, der vom Packager in der Konsole auf dem Bildschirm Ihres Rechners dargestellt wird, wie in Abbildung 2-3 angedeutet. Im QR-Code ist unter anderem die URL codiert, unter der der Packager im Netzwerk erreichbar ist. Die App Expo lädt nun den JavaScript-Code von StepCounter, was mit einer Fortschrittsanzeige visualisiert wird, und führt danach den Code auf dem Smartphone aus, wodurch die App verwendet und getestet werden kann.

---

[3] Falls Sie auf Ihrem Rechner yarn für die Paketverwaltung in Node.js verwenden, können Sie alternativ das Kommando yarn start ausführen.

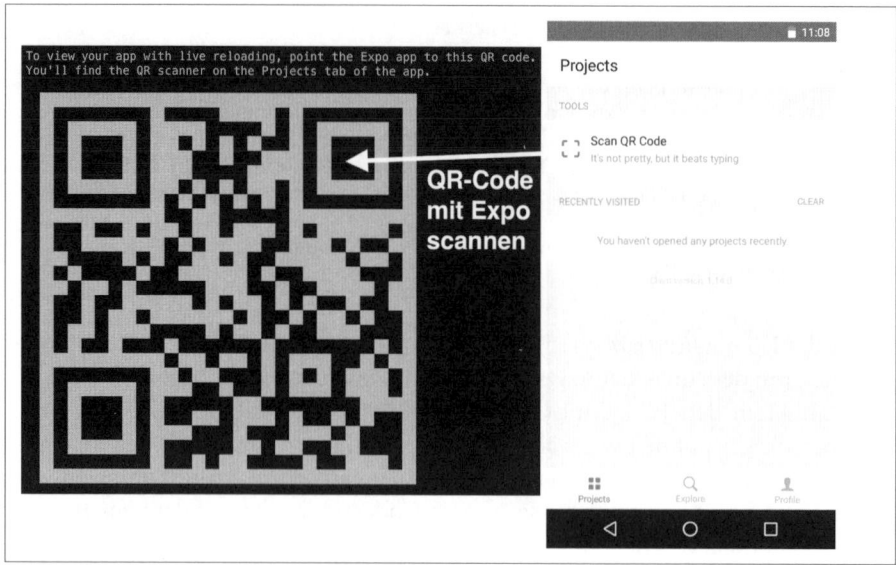

Abbildung 2-3: Eine App wird in Expo geladen, indem der QR-Code in der Konsole gescannt wird.

Hinweise bei Netzwerkproblemen

Falls der Code für StepCounter nicht in der App Expo geladen wird, sollten Sie sich zunächst vergewissern, dass Ihr Smartphone mit demselben Netzwerk verbunden ist wie Ihr Rechner. Um zu überprüfen, ob der Packager der App auf dem Rechner von Ihrem Smartphone erreichbar ist, können Sie im Browser Ihres Smartphones die URL des Packager aufrufen. Verwenden Sie dazu die URL, die der Packager in der Konsole anzeigt, und ersetzen Sie dabei exp:// durch http://. Sollte die Netzwerkverbindung durch eine Firewall geschützt sein, müssen Sie sicherstellen, dass die Ports 19000, 19001 und 19002 freigeschaltet sind. Unter Ubuntu erreichen Sie das z.B. mit folgendem Befehl in der Konsole:

```
sudo ufw allow 19000; sudo ufw allow 19001; sudo ufw allow 19002;
```

Die Dokumentation zu create-react-native-app unter *github.com/react-community/create-react-native-app/tree/master/react-native-scripts/template#networking* gibt weitere Hilfestellungen bei Netzwerkproblemen.

Die eben erstellte App StepCounter wird nun mit Expo geladen. Anschließend wird dort eine Art Begrüßungstext angezeigt:

```
Open up App.js to start working on your app!
Changes you make will automatically reload.
Shake your phone to open the developer menu.
```

Sie haben nun gesehen, wie Sie neue App-Projekte für React Native in wenigen Minuten mit einem Befehl erstellen können (z.B. create-react-native-app Meine

NeueApp). Außerdem können Sie die App mit Expo auf unkomplizierte Weise auf dem Smartphone testen. Die herkömmlichen Ansätze zur nativen App-Entwicklung für Android und iOS erfordern wesentlich aufwendigere Vorbereitungen.

Wenn Sie die Codebeispiele in diesem Buch im Editor eingeben und die zugehörige App in Expo testen wollen, muss für das aktuelle Projekt der React Native Packager auf dem Rechner laufen. Eventuell müssen Sie dazu zunächst im Projektordner den Packager mit npm start ausführen und die App mit Expo auf Ihrem Smartphone laden.

Aufbau und Inhalt des Projekts

Als Nächstes werden wir uns der Programmierung zuwenden. Doch bevor wir erste Änderungen am Code der App durchführen, betrachten wir kurz den Inhalt des Projektordners. Starten Sie dazu den Editor Ihrer Wahl und öffnen Sie dort den Ordner für die App StepCounter. Es ist zu sehen, dass durch create-react-native-app bereits einige Dateien und Ordner angelegt wurden.

Alle Dateien, die mit einem Punkt beginnen (z. B. *.babelrc*), dienen zur Konfiguration verschiedener Hilfswerkzeuge. Die Standardeinstellungen genügen, und wir können diese Dateien zunächst ignorieren. Der Ordner *node_modules* enthält den Code für das Framework React Native mit allen benötigten Hilfsbibliotheken, die beim Erzeugen der App heruntergeladen wurden. Dieser Ordner wird automatisch durch Node.js bzw. dessen Package-Manager npm verwaltet und braucht in der Regel nicht weiter beachtet zu werden. Durch einen Eintrag in der Projektkonfigurationsdatei *package.json* können später weitere Hilfsbibliotheken eingebunden werden, die dann ebenfalls im Ordner *node_modules* abgelegt werden. Auch die Datei *package.json* können wir zunächst ignorieren, ebenso die Datei *app.json*, in der allgemeine Einstellungen für die App zu finden sind. Im Laufe der App-Entwicklung können automatisierte Tests erstellt werden (z. B. in *App.test.js*), aber dieses Thema wird in diesem Buch nicht behandelt. Schließlich bleibt noch die Datei *App.js*, die den Code enthält, der beim Starten der App von React Native ausgeführt wird.

Texte ändern und Button einfügen

Wir werden nun den Code der App StepCounter ändern, sodass wir nach wenigen Schritten eine App erhalten, mit der wir per Knopfdruck einen Zähler um 1 erhöhen können. Dabei werde ich verschiedene Konzepte von React Native, die uns begegnen, nur ansatzweise erklären. Im weiteren Verlauf des Buchs werde ich die relevanten Konzepte von React Native im Detail behandeln. Mir geht es in diesem Kapitel hauptsächlich darum, dass Sie einen ersten Eindruck von React Native erhalten und erfahren, wie zügig sich plattformübergreifend Apps für Android und iOS mit diesem Framework entwickeln lassen. Öffnen Sie nun die Datei *App.js* im Editor. Dort sind im Code drei durch Leerzeilen getrennte Abschnitte zu sehen:

1. `import`-Anweisungen für verwendete Komponenten und APIs
2. Implementierung einer eigenen Komponente als Klasse (`class`)
3. Deklaration von Styles für die Darstellung und das Layout der Komponente

In React Native kommen viele neue Sprachkonzepte von JavaScript zum Einsatz, die mit ECMAScript 2015 und späteren Versionen eingeführt wurden, wie z.B. Klassen (`class`) und Pfeilfunktionen (*Arrow Functions*) mit =>. Die für dieses Buch relevanten Neuerungen in JavaScript werden im nächsten Kapitel vorgestellt.

Jede Komponente implementiert eine Funktion `render`, die für die Darstellung ihrer Benutzeroberfläche zuständig ist. Wir benötigen für StepCounter eine Anzeige des Zählers und einen Knopf mit der Beschriftung *Drück mich*. Der Zähler kann als größerer Text dargestellt werden, und für gewöhnliche Knöpfe stellt uns React Native eine Komponente namens `Button` zur Verfügung, die wir verwenden wollen. Ersetzen Sie dazu den Code in der Funktion `render` der Datei *App.js* wie folgt:

```
render() {
  return (
    <View style={styles.container}>
      <Text>0</Text>
      <Button title="Drück mich" />
    </View>
  );
}
```

Die `Text`-Komponente soll den Zähler darstellen. Daher haben wir den Textinhalt dieser Komponente auf den initialen Zählerstand 0 gesetzt. Es folgt eine `Button`-Komponente mit der gewünschten Beschriftung im `title`-Attribut.

Wenn die App im Smartphone neu geladen wurde, sehen Sie statt der Zahl 0 und eines Knopfs einen roten Bildschirm mit einer Fehlermeldung (siehe Abbildung 2-4).

Neuladen einer App erzwingen

Wenn Sie Expo verwenden, wird die App automatisch neu geladen, wenn sich etwas am Code ändert. Sollte eine React-Native-App dennoch nicht automatisch neu geladen werden, können Sie auf unterschiedliche Weise das erneute Laden der App erzwingen. Auf dem Smartphone wird durch Schütteln des Geräts das Entwicklermenü angezeigt, in dem Sie dann den Menüpunkt *Reload* auswählen können. Die Android-Version von Expo bietet zusätzlich ein Icon zum Neuladen in der Benachrichtigungsleiste an, die erscheint, wenn Sie auf dem Bildschirm von oben nach unten wischen. Denken Sie außerdem daran, dass das automatische Neuladen nur im Entwicklermodus funktioniert. Beachten Sie dazu die Einstellung zu *development mode* im Menü des React Native Packager in der Konsole.

Abbildung 2-4: Eine Fehlermeldung in React Native füllt den Bildschirm aus und wird auf einem roten Hintergrund angezeigt. Hier lautet der Fehler »Can't find variable: Button«.

Solche Fehlermeldungen erscheinen immer dann, wenn die Ausführung des JavaScript-Codes einer React-Native-App zu einem Fehler führt. Hier lautet die Fehlermeldung so:

```
Can't find variable: Button
```

Auf einem roten Hintergrund erhalten wir den Hinweis, dass React Native die Verwendung der Button-Komponente in der Funktion render nicht interpretieren kann. Dies liegt daran, dass die Klasse Button in *App.js* nicht importiert wurde. Eine Erweiterung der import-Anweisungen um Button am Anfang von *App.js* löst dieses Problem:

```
import { Button, StyleSheet, Text, View } from 'react-native';
```

Wenn Sie nun die Datei *App.js* im Editor speichern und die App erneut geladen wurde, sollte die Fehlermeldung ausbleiben, und die App wird mit der Zahl 0 und dem Knopf in der Mitte dargestellt, wie Abbildung 2-5 zeigt. Jedoch ist jetzt am unteren Bildschirmrand ein schmales gelbes Rechteck mit einer Warnung zu sehen.

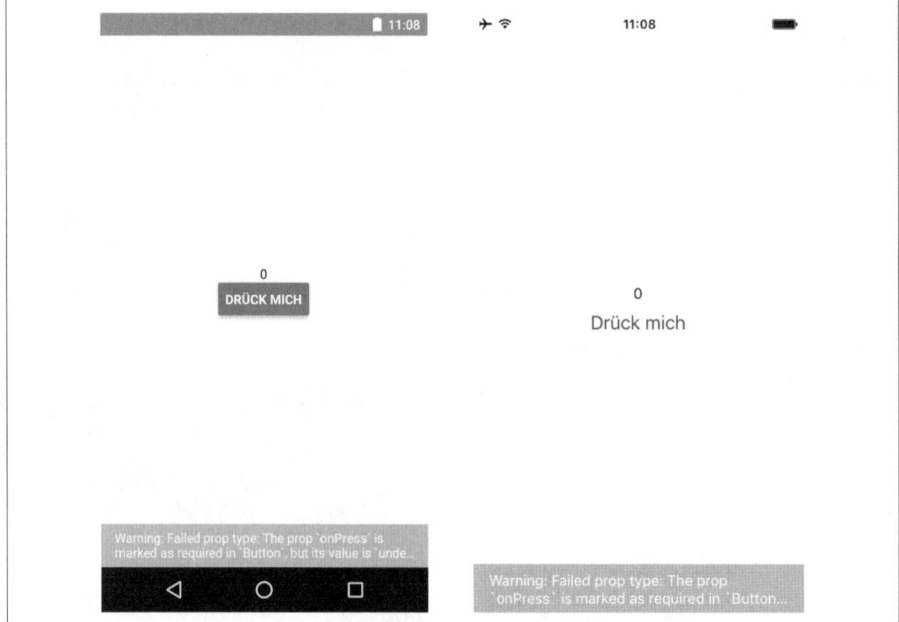

Abbildung 2-5: Eine Warnung in React Native erscheint im Entwicklungsmodus am unteren Bildschirmrand in einer gelben Box. Die Warnung lautet hier »The prop `onPress` is marked as required in `Button`, but its value is `undefined`«. Durch Auswahl der gelben Box erhalten Sie weitere Informationen zu der Warnung.

Warnungen sind weniger kritisch als Fehlermeldungen, weil die App in diesen Fällen meist trotzdem bedienbar ist. Allerdings enthalten Warnungen in React Native oft wichtige Informationen. Dies können z.B. Funktionen sein, die in naher Zukunft nicht mehr vom Framework unterstützt werden (diese werden als *deprecated* gekennzeichnet). Im Fall unserer App hier handelt es sich um einen Hinweis darauf, dass der Button ein Attribut namens onPress benötigt, das wir nicht definiert haben (aus Sicht der Button-Komponente ist das eine Eigenschaft in den sogenannten props, auf die wir später noch genauer eingehen werden):

```
The prop `onPress` is marked as required in `Button`,
but its value is `undefined`.
```

Mit onPress wird für eine Button-Komponente ihr Verhalten definiert, das ausgeführt wird, wenn diese Komponente per Touch aktiviert wird. Fügen Sie nun dem Element Button in der Methode render ein onPress-Attribut hinzu:

```
<Button title="Drück mich" onPress={() => alert('Gedrückt!')} />
```

Gelegentlich rufe ich die React-Native-Funktion alert zur Anzeige eines Hinweisfensters auf, um zu testen, ob eine Komponente auf das Antippen in der Benutzeroberfläche reagiert. Dies zeigt mir, dass das onPress-Attribut korrekt deklariert wurde.

Nach einem Neuladen der App sollte die Warnung nicht mehr angezeigt werden, und Sie können testen, ob beim Drücken des Knopfs ein Hinweisfenster erscheint.

Wir haben einiges erreicht! StepCounter besteht nun aus einem Zähler (der aber momentan nur die 0 anzeigt) und einem Knopf. Außerdem haben wir Fehlermeldungen und Warnungen gesehen und diese behoben. Als Nächstes zeige ich Ihnen, wie wir das Aussehen der App ändern.

Styling der App anpassen

Mithilfe des `style`-Attributs können Aussehen und Layout aller UI-Komponenten, die React Native zur Verfügung stellt, angepasst werden. In React Native wird dieses Styling im Wesentlichen durch gewöhnliche JavaScript-Objekte umgesetzt. Betrachten wir den folgenden Abschnitt am Ende der Datei *App.js*:

```
const styles = StyleSheet.create({
  container: {
    flex: 1,
    backgroundColor: '#fff',
    alignItems: 'center',
    justifyContent: 'center',
  },
});
```

Die Funktion `StyleSheet.create` wird mit einem JavaScript-Objekt als Parameter aufgerufen, aus dem ein Stylesheet-Objekt erzeugt und der Konstanten `styles` zugewiesen wird. Das so generierte Stylesheet-Objekt in `styles` besteht somit aus Eigenschaften bzw. Schlüsseln (unter anderem `container`), die wiederum die konkreten Styling-Attribute enthalten. Den Komponenten werden dann bestimmte Styles zugewiesen, z.B. im Fall der äußeren `View`-Komponente in der Methode `render`:

```
<View style={styles.container}>
```

Der Komponente werden also die Styles zugewiesen, die im Stylesheet-Objekt unter der Eigenschaft container zusammengefasst wurden. Wie Sie in der *App.js* sehen können, sind das in diesem Fall drei Wertpaare, mit denen der Inhalt dieser Komponente horizontal und vertikal zentriert wird (`flex`, `justifyContent` und `alignItems`), und zusätzlich wird die Hintergrundfarbe mit `backgroundColor` gesetzt.

Ändern Sie nun den Code in render wie folgt, um dem Text-Element einen eigenen Style namens counter zuzuweisen:

```
render() {
  return (
    <View style={styles.container}>
      <Text style={styles.counter}>
      // ... der Rest bleibt unverändert
```

Dann definieren wir den entsprechenden Eintrag im StyleSheet-Objekt mit dem Schlüssel counter. Wir erhöhen hier mit fontSize die Schriftgröße des Zählers, wie in Beispiel 2-1 angegeben:

Beispiel 2-1: Zusätzliche Styles für counter am Ende von App.js

```
const styles = StyleSheet.create({
  container: {
    flex: 1,
    backgroundColor: '#fff',
    alignItems: 'center',
    justifyContent: 'center',
  },
  counter: {
    fontSize: 180
  }
});
```

Das Ergebnis dieser Änderung ist in Abbildung 2-6 zu sehen.

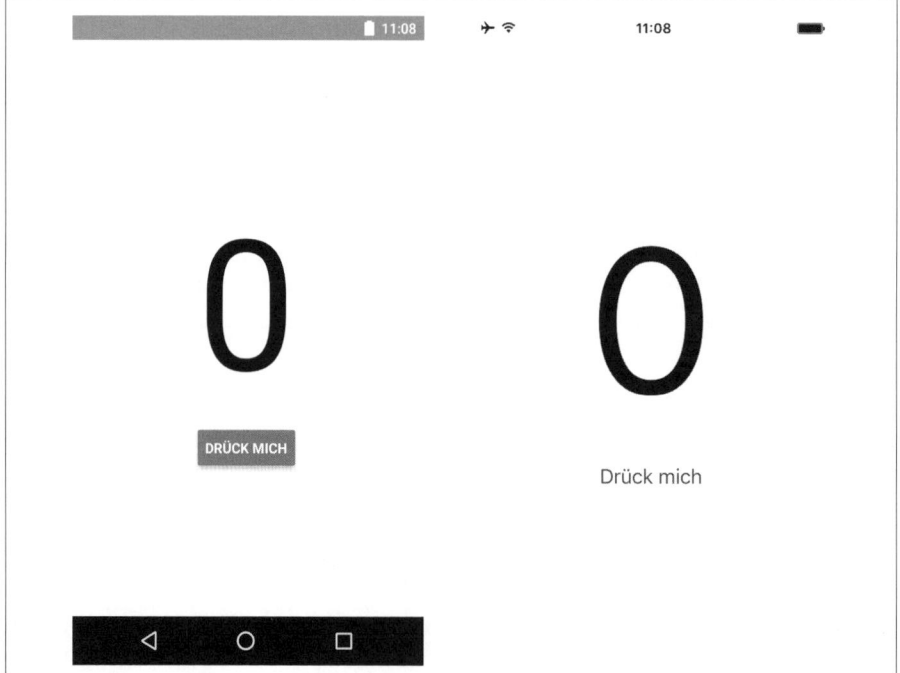

Abbildung 2-6: Größere Schrift im Zähler

Nun sollen die Hintergrundfarbe der App und die Farbe des Zählers geändert werden. Doch bevor wir den Code anpassen, möchte ich zwei Features von React Native vorstellen, die meiner Meinung nach zu den eindrucksvollsten Vorteilen gegenüber dem herkömmlichen Ansatz zur Entwicklung nativer Apps gehören, da sie die Produktivität deutlich steigern: *Live Reload* und *Hot Reloading*.

Wenn wir mit React Native programmieren, steht uns in der App bzw. in Expo ein Menü zur Verfügung, in dem verschiedene Entwicklungswerkzeuge ausgewählt werden können. Dieses Menü wird auf dem Smartphone durch Schütteln des Geräts angezeigt. In Abbildung 2-7 ist das Menü zu sehen.

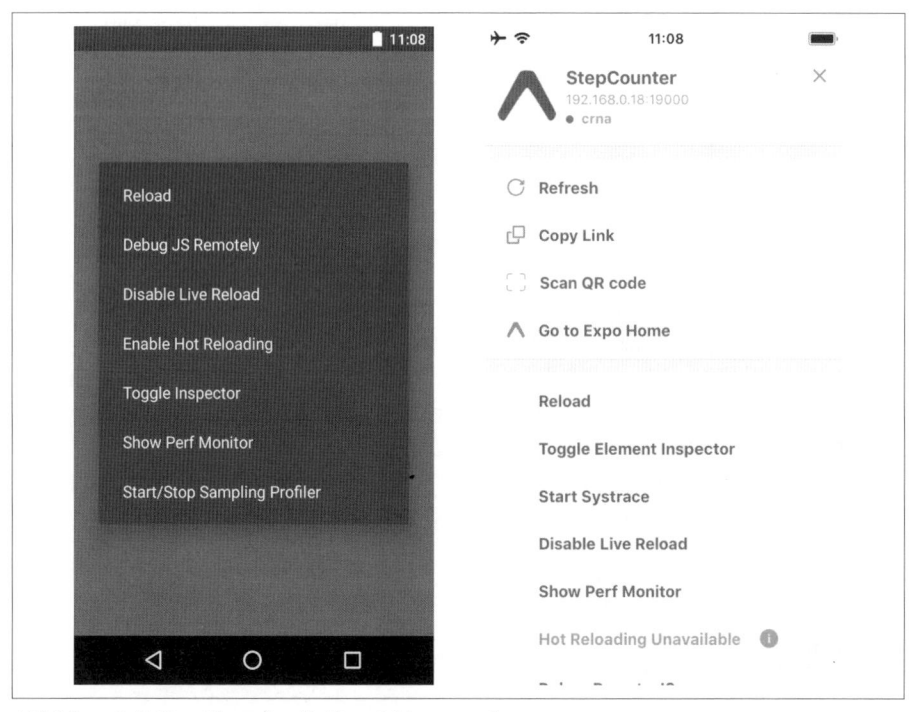

Abbildung 2-7: Das Menü für die Entwicklungswerkzeuge

Neben der Möglichkeit die App mit *Reload* neu zu laden, gibt es beispielsweise Optionen für *Live Reload* und *Hot Reloading*. Mit *Live Reload* wird die App automatisch neu geladen, wenn der Code der App geändert wurde. Dies schafft schon eine große Zeitersparnis und ist in Expo bereits aktiviert, wie anhand des Menüpunkts *Disable Live Reload* ersichtlich. Wie Sie bestimmt bemerkt haben, lädt *Live Reload* bei einer Änderung der Dateien im Projektordner automatisch den kompletten JavaScript-Code der App und stellt die Benutzeroberfläche neu dar.

Alternativ können Sie *Hot Reloading* verwenden, damit nur die geänderten Anteile der App aktualisiert werden, ohne die komplette App neu laden zu müssen. So werden manche Änderungen in Sekundenbruchteilen in der App sichtbar, wodurch Sie einerseits oft noch schneller als durch *Live Reload* die Änderung in der App sehen können. Andererseits bleibt der Zustand der App erhalten, was eine zusätzliche Zeitersparnis bewirken kann. Wird zum Beispiel das Aussehen eines Texteingabefelds für eine bestimmte Eingabe angepasst, bleibt mit *Hot Reloading* der Inhalt dieses Felds bestehen und muss nicht nach jeder Änderung des Codes neu eingegeben werden. Bei *Hot Reloading* bleiben also unter anderem Benutzereingaben erhalten, da für die Benutzeroberfläche hierbei nur die nötigsten Änderungen vorgenommen werden.

> **Anwendungsfälle von Hot Reloading**
>
> Eine Zeit lang war *Hot Reloading* noch etwas instabil, und es gab oftmals Situationen, in denen eine App oder sogar der React Native Packager beendet und mit npm start erneut gestartet werden musste. Obwohl dieses Feature inzwischen deutlich stabiler geworden ist, empfehle ich die Verwendung von *Hot Reloading* hauptsächlich in Fällen kleinerer Änderungen im Erscheinungsbild der Benutzeroberfläche, etwa bei Anpassungen am Styling. Meistens ist *Live Reload* ausreichend schnell. Probieren Sie dieses Feature gelegentlich aus und schauen Sie selbst, ob es zu Ihrer Arbeitsweise passt und eine wesentliche Verbesserung bewirkt.

Um *Hot Reloading* einsetzen zu können, müssen Sie zunächst *Live Reload* deaktivieren (*Disable Live Reload*). Falls Sie umgekehrt *Hot Reloading* wieder ausgeschaltet haben, sollten Sie *Live Reload* erneut manuell aktivieren. Setzen Sie nun in den Styles am Ende von *App.js* verschiedene Farben für den Hintergrund und den Zähler der App ein (siehe Beispiel 2-2).

Beispiel 2-2: Verschiedene Farben in backgroundColor und color

```
const styles = StyleSheet.create({
  container: {
    flex: 1,
    backgroundColor: 'azure',
    alignItems: 'center',
    justifyContent: 'center',
  },
  counter: {
    color: 'orange',
    fontSize: 180
  },
});
```

Wenn Sie die Datei *App.js* im Editor speichern, werden Sie mit *Hot Reloading* nahezu im selben Augenblick die Änderungen auf dem Smartphone sehen. Haben Sie jemals native Apps mit Android Studio oder XCode entwickelt, wird Sie dieser Geschwindigkeitsvorteil von React Native bestimmt positiv überraschen. Insbesondere bei nativen iOS-Apps sind selbst einfache visuelle Änderungen an der App erst nach längerer Wartezeit sichtbar. Dies kann bei umfangreichen Apps sogar einige Minuten dauern und liegt daran, dass XCode jedes Mal die komplette App neu kompilieren muss. In React Native hingegen werden bei *Hot Reloading* nur die relevanten Teile einer laufenden App aktualisiert, und der Zustand der App bleibt erhalten. Die konkreten Auswirkungen von Änderungen am Code schnell testen zu können, gehört zu den wichtigsten Voraussetzungen agiler Softwareentwicklung. React Native ermöglicht das bei der Entwicklung mobiler Apps – ein großer Vorteil gegenüber den herkömmlichen Ansätzen zur Entwicklung nativer Apps.

Wie in Beispiel 2-2 zu sehen, haben wir durch diese Änderungen am Code die Hintergrundfarbe auf ein helles Blau festgelegt (backgroundColor: 'azure'), die Schrift des Zählers deutlich vergrößert (fontSize: 180) und die Farbe der Schrift mit color: 'orange' hervorgehoben.

Zur Veranschaulichung von *Hot Reloading* können Sie nun mit verschiedenen Werten für Schriftgröße und -farbe experimentieren. Neben konkreten Farbbezeichnungen (z. B. red) können Sie auch hexadezimale Farbcodes einsetzen, wie aus der Webentwicklung bekannt. Mit *Hot Reloading* sehen Sie schnell, ob Ihnen die Änderungen gefallen.

Die Eigenschaften zum Setzen des Layouts sind zum Teil der Webentwicklung mit CSS entlehnt und haben in React Native eine leicht abgewandelte Schreibweise (z. B. backgroundColor statt background-color). Mehr zum Styling von Apps mit React Native finden Sie in Kapitel 5. Der geänderte Code in der Datei *App.js* umfasste bisher die Funktion render und das Object styles für das Styling. Den aktuellen Zwischenstand finden Sie in Beispiel 2-3.

Beispiel 2-3: Bisheriger Code der App StepCounter

```
import React from 'react';
import { Button, StyleSheet, Text, View } from 'react-native';

export default class App extends React.Component {
  render() {
    return (
      <View style={styles.container}>
        <Text style={styles.counter}>0</Text>
        <Button title="Drück mich" onPress={() => alert('Gedrückt!')} />
      </View>
    );
  }
}

const styles = StyleSheet.create({
  container: {
    flex: 1,
    backgroundColor: 'azure',
    alignItems: 'center',
    justifyContent: 'center'
  },
  counter: {
    color: 'orange',
    fontSize: 180
  }
});
```

Nun sieht die App bereits so aus, wie am Anfang dieses Kapitels vorgestellt. Nur eine Änderung am Code fehlt noch, nämlich das tatsächliche Zählen per Knopfdruck. Dies werden wir gleich umsetzen.

> **Komponenten und Styles**
>
> Wenn Sie Erfahrung mit Webentwicklung haben, werden Sie sich vielleicht wundern, warum Präsentationslogik und Deklaration der Styles in derselben Datei erfolgen. Im Programmiermodell von React Native arbeiten wir hauptsächlich mit Komponenten, sodass sich Vorteile in Bezug auf Wiederverwendbarkeit und Wartung ergeben, wenn Logik und Styling kompakt als eine zusammenhängende Komponente definiert werden.

Verhalten des Buttons zum Setzen des Zählers

Wenn die App StepCounter gestartet wird, soll im Zähler 0 angezeigt werden. Am Anfang befindet sich also der Zähler im initialen Zustand 0. Ein Drücken des Knopfs in StepCounter soll dazu führen, dass der Zähler um 1 hochgezählt wird. Dies kann so ausgelegt werden, dass dem Zustand des Zählers 1 hinzuaddiert wird. In React Native können Komponenten genau solch einen Zustand verwalten. Dies geschieht mithilfe des Objekts state, das jeder Komponente zur Verfügung steht. Ersetzen Sie den JavaScript-Code der Komponente App durch den Codeabschnitt in Beispiel 2-4. Die import-Anweisungen und das Styling bleiben unverändert.

Beispiel 2-4: Das Verhalten von Button wird implementiert. Die Änderungen betreffen den initialen Zustand in state und render.

```
// ... import-Anweisungen bleiben unverändert ...

export default class App extends React.Component {
  state = { counter: 0 };

  render() {
    const currentCounter = this.state.counter;
    return (
      <View style={styles.container}>
        <Text style={styles.counter}>{currentCounter}</Text>
        <Button
          title="Drück mich"
          onPress={() => this.setState({ counter: currentCounter + 1 })}
        />
      </View>
    );
  }
}

// ... Styles bleiben unverändert ...
```

Mit state = { counter: 0 }; definieren wir den initialen Zustand der Komponente. In der Funktion render wird nun der aktuelle Zustand in eine Konstante currentCounter eingelesen. Dieser Wert wird dann in der Text-Komponente zur Anzeige verwendet. Dazu haben wir den Zugriff auf die Konstante in geschweifte Klammern eingebettet: {currentCounter}. Schließlich haben wir das onPress-Attribut der Button-Komponente so geändert, dass bei jedem Knopfdruck der Zustand der Komponente um 1 erhöht wird. Diese Änderung am Zustand mit this.setState führt dazu, dass sich die Komponente neu auf dem Bildschirm darstellt (durch eine automatische Ausführung von render). Nun sollte die App wie erwartet funktionieren und kann zum Zählen eingesetzt werden!

In Beispiel 2-5 finden Sie den kompletten Code zu unserer ersten App, der Ihnen auch zum Herunterladen auf der Webseite zum Buch zur Verfügung steht (*www.behrends.io/react-native-buch*). Zusätzlich können Sie StepCounter direkt im Webbrowser unter *snack.expo.io/@behrends/stepcounter* ausprobieren. Ermöglicht wird dies durch *Expo Snack*, einen weiteren nützlichen Dienst von Expo, mit dem Apps mit React Native im Browser programmiert und parallel in einem virtuellen Smartphone getestet werden können (schalten Sie dazu in der Fußleiste die Option *Preview* für die Vorschau ein, siehe Abbildung 2-8).

Beispiel 2-5: Kompletter Code der App StepCounter, auch online zu finden unter github.com/behrends/react-native-buch

```
import React from 'react';
import { Button, StyleSheet, Text, View } from 'react-native';

export default class App extends React.Component {
  state = { counter: 0 };

  render() {
    const currentCounter = this.state.counter;
    return (
      <View style={styles.container}>
        <Text style={styles.counter}>{currentCounter}</Text>
        <Button
          title="Drück mich"
          onPress={() => this.setState({ counter: currentCounter + 1 })}
        />
      </View>
    );
  }
}

const styles = StyleSheet.create({
  container: {
    flex: 1,
    backgroundColor: 'azure',
    alignItems: 'center',
    justifyContent: 'center'
  },
  counter: {
    color: 'orange',
    fontSize: 180
  }
});
```

Abbildung 2-8: StepCounter in Expo Snack mit Vorschau für iOS, online unter snack.expo.io/@behrends/stepcounter

Zusammenfassung

In diesem Kapitel haben wir React Native installiert und bereits einige Aspekte davon kennengelernt:

- Deklaration einer eigenen Komponente
- Fehlermeldungen und Warnungen
- Verwendung von Button, Text und View
- Styling mit JavaScript-Objekten
- Entwicklermenü und Hot Reloading

Im folgenden Kapitel werde ich einige allgemeine Grundlagen für die Entwicklung mit React Native behandeln, wie z.B. relevante Neuerungen in JavaScript seit der Version ECMAScript 2015 und verschiedene Aspekte von React.

Übung

Hier finden Sie noch keine Übungen. Sie haben mit der Installation und der Konfiguration von React Native und Expo schon genug Eigeninitiative gezeigt. :-)

KAPITEL 3
React Native: die Grundlagen

Der Zweck dieses Kapitels ist, grundlegende Technologien zu besprechen, die wir für das Verständnis der folgenden Kapitel benötigen. Mit React Native werden Apps hauptsächlich in JavaScript programmiert. Als dynamisch typisierte Skriptsprache ist JavaScript leicht zu erlernen. Sollten Sie also noch keine JavaScript-Kenntnisse besitzen, reicht es, wenn Sie Erfahrungen mit einer beliebigen Programmiersprache mitbringen. Allerdings hat JavaScript in den letzten Jahren eine umfangreiche Weiterentwicklung erfahren, und einige dieser neuen Sprachkonzepte finden häufig Anwendung in der Programmierung mit React Native. Manche Browser unterstützen diese Konzepte noch nicht, sodass es durchaus möglich ist, dass selbst erfahrene Webentwickler diesen Konzepten noch nicht begegnet sind. Daher werden in diesem Kapitel zum einen diejenigen Neuerungen in JavaScript behandelt, die häufig in React Native verwendet werden, und zum anderen werden die wesentlichen Konzepte von React erläutert.

Sollten Sie bereits längere Zeit mit React gearbeitet haben, können Sie dieses Kapitel ohne Bedenken überspringen. Falls Sie nur wenige oder keine Erfahrungen mit React haben, aber bereits mit den aktuellen Weiterentwicklungen in JavaScript vertraut sind, können Sie eventuell den Abschnitt zu den Neuerungen in JavaScript auslassen, sollten aber den Teil zu React durchlesen.

Bei der weiteren Lektüre dieses Buchs kann Ihnen dieses Kapitel als Referenz dienen, wenn Sie im Zusammenhang mit den Codebeispielen in diesem Buch etwas zu den grundlegenden Konzepten von React oder den modernen Aspekten von JavaScript nachschlagen möchten. Ich werde mich jedoch in diesem Kapitel ziemlich kurzfassen, da der Schwerpunkt des Buchs natürlich auf React Native liegt.

Relevante Neuerungen in JavaScript

JavaScript hat im Juni 2015 mit der Version *ECMAScript 2015 (ES2015)* viele signifikante Weiterentwicklungen erfahren. Seitdem soll jedes Jahr eine neue standardisierte Version von JavaScript veröffentlicht werden, die nach dem Erscheinungsjahr benannt wird (also z.B. *ECMAScript 2017* oder abgekürzt *ES2017* für die Version, die 2017 veröffentlicht wurde). In der Regel dauert es etwas, bis diese neuen Versionen vollständig in einer JavaScript-Laufzeitumgebung implementiert sind. React Native verwendet einige dieser neuen Funktionalitäten, was durch den JavaScript-Transpiler *Babel* (*babeljs.io*) ermöglicht wird, der als Hilfsbibliothek im Framework React Native enthalten ist. Babel übersetzt JavaScript-Code mit neuen Funktionalitäten automatisch in eine von den meisten JavaScript-Laufzeitumgebungen unterstützte Version.

> ### JavaScript: Standards, Versionen und Namen
>
> JavaScript ist eine Programmiersprache, die eine standardisierte Sprachspezifikation namens *ECMAScript* implementiert. Die im Juni 2015 veröffentlichte Version von JavaScript implementiert den Standard *ECMAScript 2015*, der die sechste größere Aktualisierung dieses Standards darstellt. Daher wird diese Version häufig auch *ECMAScript 6* genannt, abgekürzt *ES6*. Wir werden in diesem Buch die Bezeichnungen *ECMAScript 2015* bzw. *ES2015* benutzen, da wir auch Funktionalitäten der folgenden Versionen wie z. B. *ES2017* erwähnen werden.

Aus Modulen importieren und exportieren

Im Zusammenhang mit der Beispiel-App StepCounter aus dem vorigen Kapitel sind uns bereits mehrmals `import`-Anweisungen begegnet, um verschiedene Komponenten von React Native verwenden zu können. Dem liegt seit der JavaScript-Version ES2015 ein offizielles, direkt in JavaScript enthaltenes Modulkonzept zugrunde, mit dem Code aus anderen Dateien und Bibliotheken strukturiert wiederverwendet werden kann.

Wir betrachten das Modulkonzept in ES2015 anhand eines Beispiels. Angenommen, wir benötigen verschiedene Hilfsfunktionen, um Zufallszahlen zu generieren. Dafür bietet JavaScript die Funktion `Math.random` an, die eine (pseudo-)zufällige Gleitkommazahl x mit 0 <= x < 1 liefert. Diese Funktion soll in unserer Anwendung als `random` verwendet werden können. Zusätzlich benötigen wir noch zwei weitere Funktionen. Eine soll eine einstellige, zufällige Ziffer liefern, und die andere soll eine ganze, zufällige Zahl in einem beliebigen Zahlenintervall zurückgeben:

```
// zufällige Gleitkommazahl x mit 0 <= x < 1
function random() {
    return Math.random();
}

// einstellige, zufällige Ziffer x mit 0 <= x <= 9
function randomDigit() {
    return Math.floor(Math.random() * 10);
}

// ganze, zufällige Zahl x mit min <= x < max
```

```
function randomIntInRange(min, max) {
    return Math.floor(Math.random() * (max - min)) + min;
}
```

Diese drei Funktionen könnten z. B. in einer Datei *randomUtilities.js* zusammengefasst werden. Um diese Funktionen anderen Skripten bzw. Dateien in unserem Projekt zur Verfügung zu stellen, können wir sie exportieren, wofür ES2015 das Schlüsselwort export bereitstellt (diesmal ohne Kommentare zu den Funktionen):

```
export function random() {
    return Math.random();
}

export function randomDigit() {
    return Math.floor(Math.random() * 10);
}

export function randomIntInRange(min, max) {
    return Math.floor(Math.random() * (max - min)) + min;
}
```

Nun können diese Funktionen in einer anderen Datei des gleichen Projekts importiert werden. Dazu steht jede exportierte Funktion mit ihrem Namen zur Verfügung:

```
import { random, randomDigit, randomIntInRange } from './randomUtilities';

// die importierten Funktionen können nun verwendet werden
console.log(randomIntInRange(1,100));
// usw.
```

Eine import-Anweisung fasst also in geschweiften Klammern[1] zusammen, was importiert werden soll, und gibt mit from die Datei an, aus der importiert werden soll. Die import-Anweisungen sollten immer am Anfang einer Datei stehen. In React Native muss die Datei, aus der importiert wird, mit ihrem Dateipfad angesteuert werden. Dabei wird die Dateiendung *.js* weggelassen. In dem obigen Beispiel gehen wir davon aus, dass sich die Datei im selben Ordner befindet, daher wird sie mit './randomUtilities' referenziert. Würde die Datei in einem Unterordner namens *utils* zu finden sein, könnte sie entsprechend mit './utils/randomUtilities' erreicht werden. Bei mehreren imports empfiehlt es sich, diese mit Zeilenumbrüchen übersichtlicher zu gestalten:

```
import {
  random,
  randomDigit,
  randomIntInRange,
  randomNegativeNumber,
  randomEvenNumber,
} from './randomUtilities';
```

---

1   Im Prinzip entspricht die Verwendung von geschweiften Klammern in import-Anweisungen einer destrukturierenden Zuweisung, die ich später in diesem Kapitel vorstellen werde.

Beachten Sie hierbei das letzte Komma nach randomEvenNumber. Dies führt nicht zu einem Fehler, sondern wird von JavaScript toleriert. Es wird *Trailing Comma* genannt und kann auch an anderen Stellen wie z. B. Parameterlisten verwendet werden.

Die Datei *randomUtilities.js* wird nun als eigenständiges Skript oder Modul aufgefasst, aus dem importiert werden kann. Es besteht die Möglichkeit, pro Modul in höchstens einer export-Anweisung das Schlüsselwort default zu verwenden:

```
export default function random() {
    return Math.random();
}

export function randomDigit() {
    return Math.floor(Math.random() * 10);
}

export function randomIntInRange(min, max) {
    return Math.floor(Math.random() * (max - min)) + min;
}
```

Diese mit dem Zusatz default exportierte Funktion kann im Gegensatz zu den restlichen exportierten Funktionen ohne Angabe von geschweiften Klammern importiert werden, da es sozusagen der »Defaultexportwert« ist:

```
import random, { randomDigit, randomIntInRange } from './randomUtilities';
```

Mit random wird also genau die Funktion importiert, die im Modul *randomUtilities.js* mit dem Zusatz default exportiert wurde. Damit das funktioniert, kann export default höchstens einmal pro Modul verwendet werden. Im Zusammenhang mit export default ist es auch möglich, die importierte Funktion unter einem anderen Namen bereitzustellen. Zwar wird im Modul *randomUtilities.js* die Funktion random mit export default exportiert, aber diese Funktion könnte durch eine import-Anweisung auch z. B. folgendermaßen als myRandom importiert werden:

```
import myRandom, { randomDigit, randomIntInRange } from './randomUtilities';
```

myRandom entspricht somit lokal der Funktion random. Hierdurch ist es unter anderem möglich, Namenskonflikte zu vermeiden.

In React Native definieren wir Komponenten in der Regel als Klassen, die meistens mit default exportiert werden, um sie an anderer Stelle direkt ohne geschweifte Klammern importieren zu können. In den obigen Beispielen haben wir nur Funktionen exportiert und importiert. Es können aber auch andere JavaScript-Artefakte wie Variablen, Klassen und Konstanten (siehe folgende Abschnitte) exportiert und im Gegenzug in anderen Teilen unseres Codes importiert werden.

Klassen

Bekanntlich bestehen Objekte in JavaScript aus benannten Eigenschaften, denen Werte zugeordnet sind. Den Eigenschaften können auch Funktionen zugewiesen werden, und wir könnten beispielsweise zwei Funktionen des vorigen Abschnitts in einem Objekt zusammenfassen:

```
var utils = {
  randomDigit: function() {
    return Math.floor(Math.random() * 10);
  },

  randomIntInRange: function(min, max) {
    return Math.floor(Math.random() * (max - min)) + min;
  }
};
```

Für diese häufig vorkommende Situation bietet ES2015 eine verkürzte Syntax an (sogenannte *Shorthand Methods*):

```
var utils = {
  randomDigit() {
    return Math.floor(Math.random() * 10);
  },

  randomIntInRange(min, max) {
    return Math.floor(Math.random() * (max - min)) + min;
  }
};
```

Somit ersetzt also der Funktionsname die benannte Eigenschaft. Die Nutzung einer der Objektmethoden bleibt gleich, z.B. utils.randomDigit(). Objektmethoden lassen sich hierdurch in kompakterer Syntax ohne das Schlüsselwort function deklarieren.

Außerdem hat ES2015 für JavaScript eine Syntax eingeführt, mit der Klassen deklariert werden können (beachten Sie hier auch den Einsatz von *Shorthand Methods*):

```
class Utils {
  randomDigit() {
    return Math.floor(Math.random() * 10);
  }

  randomIntInRange(min, max) {
    return Math.floor(Math.random() * (max - min)) + min;
  }
};
```

Wir haben das Objekt nun in eine Klasse umgewandelt. In JavaScript umfassen Klassen neben objektorientierten Konzepten wie z.B. Konstruktoren, Vererbung und statischen Methoden noch einige weitere Aspekte. Ich möchte mich hier jedoch auf die wesentlichen Aspekte von Klassen beschränken, die für den Einstieg in die Programmierung mit React Native benötigt werden. Das sind neben der Deklaration von Klassen Vererbung und Konstruktoren.

Zur Veranschaulichung der Vererbung deklarieren wir zunächst eine Klasse Rectangle, die ein Rechteck modelliert. Wir verwenden in der Klasse einen Konstruktor, der automatisch bei der Erzeugung von Objekten dieser Klasse aufgerufen wird. Die Klasse Rectangle soll einen Konstruktor haben, mit dem die Eigenschaften für die Breite (width) und die Höhe (height) eines Rectangle-Objekts mit gewünschten Werten initialisiert werden können:

```
class Rectangle {
  constructor(width, height) {
    this.width = width;
    this.height = height;
  }
}
```

Eine konkrete Instanz eines Rectangle-Objekts kann nun z. B. mit

```
var r = new Rectangle(10, 20);
```

erzeugt werden. Wenn wir eine Klasse Square für Quadrate benötigen, könnte diese Klasse wie folgt die Klasse Rectangle erweitern bzw. von ihr erben:

```
class Square extends Rectangle {
  constructor(width) {
    super(width, width);
  }
}
```

Da ein Quadrat ein Rechteck mit gleich langen Kanten ist, nutzen wir das in dem Konstruktor von Square aus, indem wir den Konstruktor der Superklasse entsprechend mit super(width, width) aufrufen.

> Ein Aufruf von super muss stets als erste Anweisung im Konstruktor erfolgen.

In der Programmierung mit React Native werden Sie oft eigene Komponenten definieren. Dies geschieht hauptsächlich mit selbst definierten Klassen, die von der Klasse Component aus dem Modul react abgeleitet werden. Dazu müssen wir zunächst die Klasse Component importieren. Eigene Komponenten stellen wir dann mit export default zur Verwendung in anderen Teilen des Codes bereit. Hier sehen Sie die bisher in diesem Kapitel beschriebenen Konzepte in einer Form, wie sie häufig im Zusammenhang mit React Native eingesetzt wird:

```
import React, { Component } from 'react';

export default class MyComponent extends Component {
  constructor(props) {
    super(props);
    // usw.
  }

  render() {
    // usw.
  }
};
```

Konstruktoren werden gelegentlich verwendet, um initiale Werte für Objekteigenschaften zu setzen. Betrachten Sie folgendes Beispiel, in dem eine Eigenschaft counter mit dem Wert 0 initialisiert wird:

```
class App {
  constructor() {
    this.counter = 0;
  }
}
```

Für diesen Anwendungsfall gibt es im Standardisierungsprozess für zukünftige Versionen von JavaScript (geleitet durch ein Komitee namens *TC39*) den Vorschlag, Objekteigenschaften (*Instance Properties*) folgendermaßen zu initialisieren:

```
class App {
  counter = 0;
}
```

Obwohl diese Syntax frühestens in ECMAScript 2018 enthalten sein wird, unterstützt React Native sie bereits durch den JavaScript-Transpiler Babel. Ich möchte Sie darauf hinweisen, dass diese Syntax gelegentlich in Codebeispielen im Web verwendet wird. Somit können Sie sie einordnen und nachvollziehen. Vorteilhaft ist, dass der initiale Zustand einer Komponente kompakt und ohne Konstruktor definiert werden kann, was häufig in folgender Form in React Native Anwendung findet:

```
import React, { Component } from 'react';

export default class MyComponent extends Component {
  state = { counter: 0 };
};
```

Wir werden im weiteren Verlauf des Buchs ebenfalls Gebrauch von dieser Syntax machen. Objekteigenschaften werden oftmals auch als Instanzeigenschaften (*Instance Properties*) bezeichnet, da die konkreten Objekte bzw. Instanzen einer Klasse jeweils ihre eigenen Eigenschaften haben. Zusätzlich gibt es bereits einen Vorschlag in TC39 für statische Eigenschaften und Funktionen in JavaScript:

```
class MyClass {
  static staticProp = 'statische Eigenschaft';
  static staticFunc = function() {
    return MyClass.staticProp;
  }
}
```

Die Eigenschaft staticProp und die Funktion staticFunc werden somit als static deklariert, was bedeutet, dass sie an die Klasse gebunden sind und nicht an die Instanzen bzw. Objekte dieser Klasse. Dies ist unter anderem nützlich für Hilfsfunktionen, die in einer Klasse deklariert werden, für die keine Instanzen benötigt werden. Im Zusammenhang mit React Native wird uns static in den späteren Kapitel zur Navigation mit der Bibliothek *react-navigation* beggegnen.

Konstanten und Variablen (const und let)

Mit ES2015 wurden in JavaScript Konstanten eingeführt. Einer Konstanten muss bei ihrer Deklaration ein Wert zugewiesen werden, der nicht mehr verändert werden kann. Sonst führt dies zu einem Laufzeitfehler:

```
// Konstanten müssen initialisiert werden
const sum = 100 * 8;

// Konstanten sind unveränderlich
sum = 123; // --> Fehler!

// Konstanten benötigen einen Wert
const error; // --> Fehler!
```

In React Native werden Konstanten gelegentlich für unveränderliche Werte verwendet, wie z. B. das Auslesen einzelner Komponenteneigenschaften mit props, wie wir noch im Zusammenhang mit dem Datenfluss zwischen Komponenten sehen werden.

Ursprünglich gab es nur ein Konzept für lokale Variablen in JavaScript. Lokale Variablen konnten vor Version ES2015 nur mit var deklariert werden. Allerdings bezieht sich der Sichtbarkeitsbereich (*Scope*) einer mit var deklarierten Variablen auf die Funktion (*Function Scope*) und nicht auf den umgebenden Block (*Block Scope*). Diese Semantik unterscheidet sich von dem Konzept der lokalen Variablen in vielen anderen Programmiersprachen. Dort haben lokale Variablen in der Regel eine Gültigkeit in Bezug auf den umgebenden Block (*Block Scope*). Dieser Unterschied hat bei vielen Programmierern bestimmt gelegentlich zu Verwirrung geführt. Mit let gibt es nun in ES2015 die Möglichkeit, Variablen mit *Block Scope* zu definieren. Auch für Konstanten gilt der *Block Scope*:

```
function exampleForScope() {
  if(true) {
    var x = 1;
    let y = 2;
    y = 3; // let deklariert Variablen, mehrfache Zuweisung möglich
    let y = 3; // --> Fehler! (keine Mehrfachdeklaration bei let)
    const z = 3;
    z = 4; // --> Fehler! (Konstanten dürfen nicht geändert werden)
    console.log(x); // Ausgabe: 1
    console.log(y); // Ausgabe: 2
    console.log(z); // Ausgabe: 3
  }
  // x hat Function Scope
  console.log(x); // Ausgabe: 1

  // y und z haben Block Scope und sind nicht mehr sichtbar
  console.log(y); // --> Fehler!
  console.log(z); // --> Fehler!
}
```

In den meisten Fällen können wir nun auf var verzichten, denn meistens genügt es, Variablen und Konstanten mit let und const zu deklarieren. Im Gegensatz zu let erlaubt var eine mehrfache Deklaration von Variablen, was mit let im selben Block nicht zulässig ist. Allgemein wird die Deklaration und Verwendung von Variablen durch let in ES2015 klarer nachvollziehbar, und somit sollten wir auch insbesondere in React Native in der Regel let anstelle von var für Variablendeklarationen einsetzen.

Pfeilfunktionen

In JavaScript gibt es seit Vorstellung dieser Sprache das Schlüsselwort function, um Funktionen zu deklarieren:

```
// benannte Funktion
function sum(a,b) {
  return a+b;
}

// einer Variablen wird ein Funktionsobjekt zugewiesen
var multiply = function(a,b) {
  return a*b;
}

// anonyme Funktion
function(x) {
  return x*x;
}
```

Mit Funktionsobjekten ist es möglich, in JavaScript funktionale Programmierung anzuwenden. So werden anonyme Funktionsobjekte häufig in der Webentwicklung verwendet. Folgendes Beispiel zeigt, wie ein anonymes Funktionsobjekt einer Funktion addEventListener als Argument übergeben wird. Dadurch wird das Funktionsobjekt als sogenannte Callback-Funktion ausgeführt, wenn im Browser auf einem bestimmten Element mit der ID myLink ein Mausklick stattfindet:

```
document
  .getElementById('myLink')
  .addEventListener('click', function(event) {
    alert('geklickt!');
  });
```

Kompakte Syntax mit Pfeilnotation

In ES2015 wurde mit Pfeilfunktionen (*Arrow Functions*) eine weitere Schreibweise für Funktionen eingeführt. Das vorangehende Beispiel lässt sich somit umschreiben:

```
document
  .getElementById('myLink')
  .addEventListener('click', (event) => {
    alert('geklickt!');
  });
```

Das Schlüsselwort function fällt also weg, und auf die Funktionsargumente folgt =>, wodurch ein Pfeil angedeutet wird. Der Funktionsrumpf verbleibt in geschweiften Klammern. Besteht der Funktionsrumpf nur aus einer Anweisung, können die geschweiften Klammern wegfallen:

```
document
  .getElementById('myLink')
  .addEventListener('click', (event) => alert('geklickt!') );
```

Zu beachten ist hierbei, dass der Funktionsrumpf nun als Ausdruck ausgewertet wird, dessen Ergebnis der Rückgabewert der Funktion ist. Eine weitere Vereinfachung ist möglich, falls die Funktion nur ein Argument hat. In diesem Fall können die runden Klammer wegfallen, die den Argumentnamen umgeben:

```
document
  .getElementById('myLink')
  .addEventListener('click', event => alert('geklickt!') );
```

this in Pfeilfunktionen

Neben den Unterschieden in der Syntax gibt es noch einen weiteren wichtigen Unterschied zwischen Pfeilfunktionen und herkömmlichen Funktionen, die mit function deklariert werden. Wird eine Funktion mit function deklariert, hängt es vom Kontext ab, in dem diese Funktion aufgerufen wird, an welchen Wert die Variable this zur Laufzeit innerhalb des Funktionsrumpfs gebunden ist. Diese Tatsache hat bisher die objektorientierte Programmierung mit JavaScript erschwert, wie folgendes Beispiel verdeutlichen soll:

```
class Person {
  constructor() {
    this.hobbies = [];
  }

  addHobby(newHobby) {
    // Falls noch nicht enthalten, füge neues Hobby hinzu
    if(this.hobbies.indexOf(newHobby) == -1)
      this.hobbies.push(newHobby);
  }

  addAllHobbies(newHobbies) {
    newHobbies.forEach(function(hobby) {
      this.addHobby(hobby);
    }, this); // this muss explizit angegeben werden
  }
}

const joe = new Person();
joe.addAllHobbies(['Football', 'Paragliding', 'Programming']);
```

In der Methode addHobby sehen Sie die Verwendung von this, die der objektorientierten Sichtweise entspricht. In konkreten Objektinstanzen einer Klasse referenziert this zur Laufzeit genau diese Objektinstanz selbst. Mit this.hobbies wird also das Array angesprochen, das im Konstruktor als Objekteigenschaft hobbies mit dem leeren Array [] initialisiert wurde.

Betrachten wir nun die Methode addAllHobbies. Diese Methode erhält ein Array newHobbies als Argument, dessen Elemente Hobbys darstellen. Diese sollen dem Array hobbies hinzugefügt werden. Dazu verwenden wir die Funktion forEach, mit der über das Array newHobbies iteriert wird. Für jedes einzelne Element dieses Arrays wird eine anonyme Callback-Funktion aufgerufen, die das erste Argument für forEach darstellt. In dieser Callback-Funktion wird das konkrete Hinzufügen des Elements an die Objektmethode addHobby delegiert. Dazu wird in der Callback-Funktion this.addHobby(hobby) ausgeführt. Bei Funktionen, die mit function deklariert werden, ist jedoch zu beachten, dass der Wert von this von dem Kontext abhängt, in dem solch eine Funktion aufgerufen wird. Bei forEach ist der Wert von this standardmäßig undefined, aber mit dem zweiten Argument kann der Wert von this für forEach explizit gesetzt werden. Genau das tun wir in dem Beispiel, indem wir this als zweites Argument von forEach übergeben. Da forEach innerhalb einer Objektmethode aufgerufen wird, referenziert this hier die konkrete Objektinstanz, die somit im Rumpf der Callback-Funktion den Wert von this einnimmt.

Alles klar? Wenn Sie dies nur schwer nachvollziehen können, ist das vollkommen verständlich. Zum Glück gibt es nun in ES2015 Pfeilfunktionen, die eine andere Semantik in Bezug auf this haben. In Pfeilfunktionen wird this kein besonderer Wert zugewiesen. Stattdessen wird aus dem umgebenden Kontext abgeleitet, welchen Wert this hat.[2] Somit lässt sich die Methode addAllHobbies der Klasse Person kompakter und klarer mit einer Pfeilfunktion umschreiben. Dabei entspricht this nun wie erwartet der aktuellen Objektinstanz:

```
class Person {
  constructor() {
    this.hobbies = [];
  }

  addHobby(newHobby) {
    // Falls noch nicht enthalten, füge neues Hobby hinzu
    if(this.hobbies.indexOf(newHobby) == -1)
      this.hobbies.push(newHobby);
  }

  addAllHobbies(newHobbies) {
    // in der Callback-Funktion ist this die Objektinstanz
    newHobbies.forEach(hobby => this.addHobby(hobby));
  }
}
```

Pfeilfunktionen haben also einerseits eine kompaktere Syntax als der herkömmliche Ansatz, Funktionen mit function zu deklarieren. Andererseits wird der Variablen this im Funktionsrumpf kein kontextabhängiger Wert zugewiesen, wodurch

---

2   this wird also lexikalisch gebunden.

objektorientierte Programmierung insbesondere mit Klassen in JavaScript vereinfacht wurde. In der Programmierung mit React Native werden Pfeilfunktionen sehr oft verwendet.

Netzwerkzugriff mit fetch und asynchrone Funktionen

ECMAScript definiert keine Methoden für Netzwerkzugriffe. In den meisten Browsern steht das Objekt XMLHttpRequest zur Verfügung, mit dem JavaScript-Anwendungen Daten aus dem Web abfragen können. Da der Umgang mit XMLHttpRequest umständlich ist, setzen viele Webanwendungen Bibliotheken wie z.B. *jQuery* ein, die einfach zu verwendende Methoden für den Netzwerkzugriff bereitstellen. Inzwischen gibt es seit einigen Jahren mit dem *Fetch Standard* eine API, die als »lebender Standard« (*Living Standard*) durch die *Web Hypertext Application Technology Working Group* (WHATWG) entwickelt wird (*fetch.spec.whatwg.org*). Der Fetch Standard vereinfacht den Webzugriff im Vergleich zu XMLHttpRequest und wird von den meisten modernen Browsern implementiert. Auch React Native stellt diese API durch die Funktion fetch zur Verfügung.

Wenn wir in React Native einen Netzwerkzugriff ausführen möchten, können wir dies mithilfe der Funktion fetch erreichen. Dazu muss kein besonderes Modul importiert werden, denn bei fetch handelt es sich um eine Funktion, die im globalen Namensraum verfügbar ist. fetch wird mit der URL für die Zieladresse als String-Argument aufgerufen und liefert Promise-Objekte zurück, da die Funktion asynchron ist. Folgendes Beispiel zeigt den Einsatz von fetch mit Callback-Funktionen in Promise-Objekten, um von dem Webservice *randomuser.me* eine zufällige E-Mail-Adresse zu erhalten und diese mit console.log auszugeben:

```
function getRandomEmailWithPromise() {
  fetch('https://randomuser.me/api/')
    .then(response => response.json())
    .then(json => console.log(json.results[0].email))
    .catch((error) => {
      console.error(error);
    });
}

getRandomEmailWithPromise();
```

Um den Umgang mit Promises zu vereinfachen, wurde in ECMAScript 2017 eine neue Möglichkeit definiert, asynchrone Funktionen zu definieren. Dies wird durch die Schlüsselwörter async und await erreicht, wie das folgende Beispiel zeigt. Hier wird das vorherige Beispiel in einer deutlich kompakteren und leichter nachzuvollziehenden Syntax umgesetzt:

```
async function getRandomEmailAsync() {
  try {
    const response = await fetch('https://randomuser.me/api/');
    const json = await response.json();
    console.log(json.results[0].email);
```

```
  } catch(error) {
    console.error(error);
  }
}

getRandomEmailAsync();
```

Wir werden async und await in späteren Kapiteln unter anderem für den Netzwerkzugriff mit fetch und die lokale Speicherung von Daten mit AsyncStorage einsetzen.

Weitere nützliche Neuerungen in Version ES2015 und später

Die zuvor vorgestellten Konzepte von JavaScript werden Ihnen beim Umgang mit React Native allgemein und auch in den restlichen Kapiteln dieses Buchs mehrmals begegnen. Es gibt allerdings noch viele andere aktuelle Weiterentwicklungen von JavaScript, von denen ich hier noch einzelne kurz beschreiben möchte, da sie gelegentlich im Zusammenhang mit React Native vorkommen.

Destrukturierende Zuweisungen

Oft werden in JavaScript zur weiteren Verarbeitung die Werte von mehreren Objekteigenschaften benötigt. Für ein bestimmtes Objekt ist es üblich, dazu die einzelnen Werte jeweils einer Variablen oder Konstanten zuzuweisen:

```
const lemon = {taste: 'sour', kind: 'fruit', color: 'yellow'};
const taste = lemon.taste;
const color = lemon.color;
```

Da dieser Anwendungsfall häufig vorkommt und zu repetitivem Code führt, kann das in ES2015 mit der sogenannten *destructuring* Syntax auf kompaktere Art umgesetzt werden:

```
const lemon = {taste: 'sour', kind: 'fruit', color: 'yellow'};
const {taste, color} = lemon;
```

Dieses Beispiel erzielt das gleich Ergebnis wie das vorangehende: Den zwei Konstanten taste und color werden die Werte der gleichnamigen Eigenschaften in dem Objekt lemon zugewiesen. In React Native wird diese Syntax unter anderem bei import-Anweisungen von Komponenten aus dem Modul react-native und bei dem Zugriff auf props angewandt:

```
import { Button, Text, View } from 'react-native';

const {id, onPress, style} = this.props;
```

Ohne Destrukturierung würden diese Anweisungen zu einzelnen sich wiederholenden Zuweisungen führen. Destrukturierende Zuweisungen funktionieren auch mit Arrays:

```
let [one, two] = [1,2];
console.log(one + two); // ergibt 3
```

Mein Eindruck ist allerdings, dass die destrukturierende Zuweisung in React Native wesentlich häufiger im Zusammenhang mit Objekten verwendet wird als mit Arrays.

Objekteigenschaften mit Kurzschreibweise deklarieren

Betrachten Sie folgendes Beispiel, das eine Variable `lastName` mit dem Wert `'Doe'` initialisiert und bei der Erzeugung zweier Objekte verwendet:

```
let lastName = 'Doe';

let person1 = {firstName: 'Jane', lastName: lastName};
// {firstName: "Jane", lastName: "Doe"}

let person2 = {firstName: 'John', lastName: lastName};
// {firstName: "John", lastName: "Doe"}
```

Sowohl person1 als auch person2 erhalten somit eine Eigenschaft namens lastName, der der Inhalt der gleichnamigen Variablen lastName zugewiesen wurde. Wie in diesem Beispiel kommt es in der Programmierung mit JavaScript häufiger vor, dass einer Objekteigenschaft der Wert einer Variablen zugewiesen wird, die den gleichen Namen trägt wie die Eigenschaft. Daher gibt es in ES2015 eine Kurzschreibweise für solch eine Zuweisung. Das vorige Beispiel kann in ES2015 wie folgt auf kürzere Weise umgeschrieben werden:

```
let lastName = 'Doe';

let person1 = {firstName: 'Jane', lastName};
// {firstName: "Jane", lastName: "Doe"}

let person2 = {firstName: 'John', lastName};
// {firstName: "John", lastName: "Doe"}
```

Diese Kurzschreibweise der Deklaration von Objekteigenschaften findet sich häufig in Beispielen zu React, und auch wir werden sie gelegentlich in diesem Buch verwenden, da dadurch der betroffene Code kompakter und übersichtlicher wird.

Spread-Operator

In JavaScript gibt es für Arrays bereits viele Hilfsfunktionen, und mit dem sogenannten Spread-Operator ist in ES2015 eine nützliche Syntax für Arrays hinzugekommen. Enthält eine Variable list ein Array, wird der Spread-Operator (...) mit der Syntax ...list auf dieses Array angewendet. Der Ausdruck liefert alle Elemente dieses Arrays, sodass hiermit auf den »Inhalt« eines Arrays zugegriffen werden kann (*to spread* bedeutet ausbreiten). Hierdurch lassen sich die Inhalte von Arrays leicht kombinieren:

```
const someletters = ['c', 'd', 'e'];
const moreletters = ['a', 'b', ...someletters, 'f', 'g', 'h'];
// moreletters enthält ['a', 'b', 'c', 'd', 'e', 'f', 'g', 'h']
```

Der Spread-Operator kann auch in Verbindung mit einer destrukturierenden Zuweisung eingesetzt werden. Das folgende Beispiel weist head das erste Element einer Liste zu, und tail erhält durch den Spread-Operator den Rest dieser Liste als Array:

```
// mit destruct
const numbers = [1, 2, 3, 4, 5];
const [head, ...tail] = numbers;
console.log(head); // ergibt 1
// und tail enthält den Rest: [2, 3, 4, 5]
```

Zwar könnte man das gleiche Ergebnis auch mit anderen Funktionen der Array-API erhalten, in manchen Fällen führt der Spread-Operator jedoch zu kompakteren Anweisungen.

In ES2017 ist es möglich, den Spread-Operator auch auf Objekte anzuwenden (*Object Spread*). Dadurch ist es leicht, Objekte mit den Eigenschaften anderer Objekte zu erweitern:

```
const obj1 = {firstName: 'John'};
const obj2 = {lastName: 'Doe'};
const objUnion = {...obj1, ...obj2, age: 32};

console.log(objUnion);
// objUnion ergibt
// Object {
//   "age": 32,
//   "firstName": "John",
//   "lastName": "Doe"
// }
```

Das Objekt objUnion erhält hierdurch zusätzlich zu age die Eigenschaften der Objekte obj1 und obj2.

In React Native ist der Spread-Operator für die dynamische Deklaration plattformspezifischer Stylings nützlich. Hierdurch ist es z. B. möglich, für eine Komponente auf kompakte Weise zur Laufzeit einen spezifischen Abstand nach unten zu definieren – und zwar nur für die Android-Version der App:

```
container: {
  backgroundColor: 'white',
  ...Platform.select({ android: { marginBottom: 10 } })
}
```

Wir werden den Spread-Operator gelegentlich in späteren Kapiteln des Buchs verwenden.

Template-Strings

Zeichenketten bzw. Strings in JavaScript zusammenzusetzen, ist wie in vielen anderen Programmiersprachen durch den Operator + möglich:

```
const firstName = 'John';
const lastName = 'Doe';
```

```
const place = 'Chicago';

console.log(firstName + lastName + ' was last seen in ' + place + '.');
```

Die einzelnen Strings bzw. Konstanteninhalte werden durch + aneinandergehängt. Dies kann jedoch zu unübersichtlichem Code führen. Der so erzeugte String kann nur schwer identifiziert werden, und oft wird z. B. ein + vergessen. In ES2015 gibt es die sogenannten Template-Strings (auch *Template Literals* genannt), mit denen Strings auf übersichtlichere Art zusammengesetzt werden können. Dazu wird beliebiger Text mit Backtick-Zeichen umgeben (`` `...` ``). In solch einen Template-String können mit der Zeichenfolge ${...} die Inhalte von beliebigen JavaScript-Ausdrücken wie z. B. Konstanten oder auch Funktionsaufrufe interpoliert werden:

```
const firstName = 'John';
const lastName = 'Doe';
const place = 'Chicago';

console.log(`${firstName} ${lastName} was last seen in ${place}.`);
```

React: ein deklaratives Programmiermodell für UI-Komponenten

React Native basiert auf der JavaScript-Bibliothek React, die 2013 von Facebook vorgestellt und als Open-Source-Projekt veröffentlicht wurde. Die offizielle Bezeichnung von React lautet »React: A JavaScript Library for Building User Interfaces« (»React: eine JavaScript-Bibliothek für das Erstellen von Benutzeroberflächen«). Der Schwerpunkt von React liegt also auf der Ebene der Benutzeroberflächen von Webanwendungen, und daher wird React als Bibliothek und nicht als Framework bezeichnet. JavaScript-Frameworks decken in der Regel zusätzliche Ebenen einer Webanwendung ab (z. B. die Datenhaltung) und sind oft durch eine MVC-Architektur geprägt. Gewissermaßen deckt React das »V« in MVC ab (MVC steht bekanntlich für *Model-View-Controller*). Wie React Native zeigt, sind die allgemeinen Prinzipien von React jedoch nicht nur auf Webanwendungen anzuwenden. Auf der offiziellen Webseite zu React (*reactjs.org*) wird diese Bibliothek mit drei Haupteigenschaften beschrieben:

Basiert auf Komponenten (Component-Based)
  Mit React erstellte Benutzeroberflächen bestehen aus lose gekoppelten Komponenten. Komponenten verwalten ihren eigenen Zustand und können andere Komponenten enthalten, sodass auch komplexe Benutzeroberflächen erstellt werden können.

Deklarativ (Declarative)
  Im Programmcode werden React-Komponenten lediglich deklarativ beschrieben. Nur der Aufbau und die Darstellung der Bestandteile einer Komponente in Bezug auf einen konkreten Datenzustand werden deklariert. Komponenten

werden insbesondere nicht durch Code explizit vom Programmierer der Benutzeroberfläche hinzugefügt. Dies geschieht automatisch, wenn sich der Zustand einer Komponente ändert.

Einmal erlernen, überall einsetzen (Learn Once, Write Anywhere)
In Anspielung auf das mit »Write Once, Run Everywhere« ähnlich lautende Versprechen der Programmiersprache Java wird React mit dem Zusatz »Learn Once, Write Anywhere« beschrieben. Es geht dabei aber nicht nur um die Möglichkeit zur Wiederverwendung von Programmcode, die auch gegeben ist. Gemeint ist insbesondere der deklarative, auf Komponenten basierende Programmieransatz. Dieser ist unabhängig in Bezug auf die Anwendungsplattform und muss nur einmal erlernt werden, um auf anderen Plattformen angewendet zu werden. React ist als JavaScript-Bibliothek vorwiegend auf Browser[3] ausgerichtet, während React Native auf mobilen Betriebssystemen ausgeführt wird.

Tatsächlich ist der Grundansatz von React sehr einfach zu beschreiben: React stellt eine aus zusammengesetzten Komponenten aufgebaute Benutzeroberfläche (*User Interface*, UI) dar und kümmert sich automatisch um die Neudarstellung des UI, wenn sich der Zustand einer Komponente ändert. Wir müssen also verstehen, wie deklarative Komponenten erstellt und dargestellt werden und wie der Zustand von Komponenten gesetzt und geändert werden kann.

Deklarative Komponenten mit JSX und props

React hat mit JSX eine Syntax vorgestellt, die zur deklarativen Beschreibung von Elementen einer Benutzeroberfläche innerhalb von JavaScript-Code verwendet werden kann. Die Syntax ist an XML angelehnt, und deswegen setzt sich wohl der Name aus dem Kürzel »JS« für JavaScript und »X« für XML zusammen. Betrachten wir ein Beispiel, wie JSX im Kontext einer Webanwendung aussieht:

```
const element = <p>Hallo mit JSX in React!</p>;
```

Wir erstellen hier einen Paragrafen, der den Text *Hallo mit JSX in React!* beinhaltet. Dazu wird dieser Textinhalt im entsprechenden HTML-Element p für Absätze oder Paragrafen durch ein Starttag (`<p>`) und ein Endtag (`</p>`) umgeben. Dieses mit JSX-Markup deklarierte Element wird einer JavaScript-Konstanten element zugewiesen. Zu beachten ist, dass JSX keine Template-Sprache ist, sondern durch einen Präprozessor als JavaScript übersetzt wird. Dadurch ist es möglich, dass in dieser Zuweisung die JSX-Syntax als JavaScript-Ausdruck aufgefasst wird.

Das Beispiel verwendet React im Kontext einer Webanwendung. Da wir uns in diesem Buch mit React Native befassen, möchte ich es bei diesem einen Beispiel aus der Webentwicklung belassen. Die folgenden Beispiele werden sich an React

---

3 Genauer gesagt, zielt React auf das von Browsern implementierte DOM (*Document Object Model*).

Native orientieren. Von React Native zur Verfügung gestellte Komponenten werden zur Laufzeit einer App durch native Elemente auf Android und iOS ausgeführt. Paragrafen mit Textinhalt, die in Webanwendungen durch ein p-Element repräsentiert werden, entsprechen in React Native einer Text-Komponente:

```
const element = <Text>Hallo mit JSX in React Native!</Text>;
```

Text-Elemente werden durch React Native auf die entsprechenden nativen Elemente zur Darstellung von Texten in Android und iOS abgebildet. React Native stellt verschiedene Elemente bzw. UI-Komponenten zur Verfügung, von denen wir einige im weiteren Verlauf des Buchs kennenlernen werden. So gibt es beispielsweise analog zu den neutralen div-Elementen in HTML auch in React Native ein Element namens View, das im Allgemeinen keine besondere Erscheinungsform in der Benutzeroberfläche hat. Diese View-Komponenten können unter anderem zur Zusammenfassung anderer Elemente dienen:

```
const elementGroup =
  <View>
    <Text>One</Text>
    <Text>Two</Text>
    <Text>Three</Text>
  </View>;
```

Wie in HTML bzw. XML können auch in JSX Elemente andere Elemente als Kindelemente enthalten und somit verschachtelt werden. Allerdings müssen JSX-Ausdrücke immer aus genau einem äußeren Element bestehen. Würde in dem vorigen Beispiel das View-Element fehlen, wäre der JSX-Ausdruck ungültig und könnte nicht in JavaScript übersetzt werden. Die drei Text-Elemente benötigen also ein Elternelement, das hier das äußere View-Element ist.

Manche Elemente enthalten keine Kindelemente oder Textinhalte. In dem Fall besteht das Element nur aus einem Starttag, das mit / endet – das heißt, das Endtag wird weggelassen. Solche Elemente werden als leere Elemente bezeichnet. Eine Bilddatei namens *myImage.png* könnte mit React Native durch folgendes leere Image-Element in eine App eingebunden werden:

```
const image = <Image source={require('./myImage.png')}/>;
```

Hier ist zu sehen, wie für das Element Image ein Attribut namens source definiert wird. Was Attribute betrifft, orientiert sich JSX größtenteils an HTML bzw. XML: Attribute bestehen aus einem Namen und einem Wert. Neben Strings können bei Attributwerten auch beliebige JavaScript-Ausdrücke verwendet werden. Diese werden von geschweiften Klammern umgeben, wie beim Attribut source zu sehen. Dort wird mit require eine konkrete Bilddatei referenziert. Im Allgemeinen kann in JSX durch geschweifte Klammern JavaScript-Code eingebettet werden, z.B. innerhalb des Textinhalts eines Elements:

```
const name = 'Joe';
const element = <Text>Guten Tag, {name}!</Text>;
```

Da JSX keine eigenständige Template-Sprache ist, sondern durch den Präprozessor als JavaScript aufgefasst wird, können JavaScript-Ausdrücke nahtlos innerhalb der geschweiften Klammern eingebettet werden. Umgekehrt sind JSX-Ausdrücke letztendlich JavaScript, und somit können diese auch als Rückgabewerte von Funktionen dienen:

```
function getElement(name) {
  if(name) {
    return <Text>Hallo, {name}!</Text>;
  }
  return <Text>Hallo, unbekannter Freund!</Text>;
}
const name = 'Joe';
const element = getElement(name);
```

Bisher haben wir nur einfache JSX-Ausdrücke betrachtet. In React (Native) kommt JSX hauptsächlich in Komponenten zum Einsatz. Eine Komponente wird in React Native als Subklasse der Klasse Component aus dem Modul react deklariert und muss die Methode render implementieren, die einen JSX-Ausdruck als Rückgabewert hat:

```
import React, { Component } from 'react';
import { Text, View } from 'react-native';

export default class SimpleComponent extends Component {
  render() {
    return (
      <View>
        <Text>One</Text>
        <Text>Two</Text>
        <Text>Three</Text>
      </View>
    );
  }
}
```

Die Methode render beschreibt deklarativ, wie die Komponente in der Benutzeroberfläche dargestellt wird. Hiermit haben wir eine Komponente SimpleComponent deklariert, die wir nun in einer anderen Komponente importieren und einsetzen können:

```
import React, { Component } from 'react';
import SimpleComponent from './SimpleComponent';

export default class AnotherComponent extends Component {
  render() {
    return <SimpleComponent/>;
  }
}
```

Deklarieren wir also eigene Komponenten, können wir diese in JSX verwenden. Der Klassenname einer Komponente ist gleichzeitig der Name des Tags, mit dem wir die Komponente ins JSX-Markup einbinden. Zu beachten ist, dass die Namen von Komponenten bzw. ihren Klassen mit Großbuchstaben beginnen sollten. Bei der Verwendung einer Komponente in JSX ist es möglich, der Komponente Daten zu übermitteln. Dies geschieht im JSX-Markup durch Attribute. Folgendes Beispiel zeigt, wie ein Attribut namens displayName gesetzt wird:

```
import React, { Component } from 'react';
import SimpleComponent from './SimpleComponent';

export default class AnotherComponent extends Component {
  render() {
    return <SimpleComponent displayName='John Doe' />;
  }
}
```

Die so übermittelten Daten stehen dann in der verwendeten Komponente in einem Objekt namens props zur Verfügung:

```
import React, { Component } from 'react';
import { Text, View } from 'react-native';

export default class SimpleComponent extends Component {
  render() {
    return (
      <View>
        <Text>One</Text>
        <Text>Two</Text>
        <Text>Three</Text>
        <Text>{this.props.displayName}</Text>
      </View>
    );
  }
}
```

Da in JSX das Tag für die Komponente SimpleComponent mit einem Attribut displayName='John Doe' ausgestattet wird, enthält das Objekt props in der Komponente SimpleComponent eine Eigenschaft displayName. Diese Eigenschaft kann mit this.props.displayName ausgelesen werden. Somit ist es möglich, Daten von Komponente zu Komponente weiterzugeben. Daten »fließen« immer nur in eine Richtung von einer Komponente zu ihren Subkomponenten. Dadurch können wir den Kontrollfluss einer App gut nachvollziehen. In React werden diese Daten als *Props* bezeichnet, mit ihnen können Komponenten sozusagen »von außen« parametrisiert werden.

Bei dem Objekt props ist zu beachten, dass es nicht verändert werden kann. In React werden die Eigenschaften in props nie explizit gesetzt. Die Eigenschaften von props werden unter anderem durch die Attribute eines JSX-Tags bei der Verwendung einer Komponente festgelegt. Dieser Komponente stehen die Eigenschaften dann im Objekt props zur Verfügung. Die Namen der Eigenschaften in props entsprechen den Attributnamen.

> ### Attribute, Eigenschaften und Props
>
> In React können Komponenten konzeptuell als Funktionen aufgefasst werden. Sie haben einen Rückgabewert, und es ist möglich, der Komponente Daten als Argumente zu übergeben bzw. die Komponente »von außen« zu parametrisieren. Der Rückgabewert einer Komponente ist die Beschreibung ihrer Darstellung im UI. Konkret wird dazu JSX-Markup von der Methode render geliefert. Die Daten, die eine Komponente »von außen« erhalten kann, heißen in React *Props*. Syntaktisch geschieht das durch Angabe von Attributen und Kindelementen bei der Verwendung einer Komponente im JSX-Markup, z. B. um mit einem Attribut namens title einer Komponente MyComponent den String 'Welcome' zu übermitteln:
>
> ```
> <MyComponent title='Welcome' />
> ```
>
> Um den Wert des Props in der Komponente auszulesen, wird dort auf die (Objekt-)Eigenschaft title in this.props zugegriffen. Wenn der Zusammenhang klar ist, werden manchmal sowohl die Attribute im JSX-Markup als auch die Eigenschaften im Objekt this.props synonym als Props bezeichnet.

Attribute im JSX-Markup stellen also eine Möglichkeit dar, wie Daten als sogenannte Props an Komponenten übermittelt werden können. Zusätzlich können beim Einsatz von Komponenten auch Kindelemente deklariert werden:

```
import React, { Component } from 'react';
import { Text } from 'react-native';
import SimpleComponent from './SimpleComponent';

export default class AnotherComponent extends Component {
  render() {
    return (
      <SimpleComponent displayName='John Doe'>
        <Text>Four</Text>
        <Text>Five</Text>
      </SimpleComponent>
    );
  }
}
```

Hier werden also zwei Text-Komponenten als Kindelemente von SimpleComponent deklariert. Diese Kindelemente stehen dann als props.children in SimpleComponent zur Verfügung und können dort wiederum durch {this.props.children} im JSX-Code eingebettet werden:

```
import React, { Component } from 'react';
import { Text, View } from 'react-native';

export default class SimpleComponent extends Component {
  render() {
    return (
      <View>
        <Text>One</Text>
```

```
        <Text>Two</Text>
        <Text>Three</Text>
        <Text>{this.props.displayName}</Text>
        {this.props.children}
      </View>
    );
  }
}
```

Alternativ zu Kindelementen können auch Textinhalte oder JavaScript-Ausdrücke (eingebettet in geschweifte Klammern) an Komponenten übergeben und durch `props.children` ausgelesen werden.

Die Komponenten bilden insgesamt eine hierarchische Baumstruktur (Komponenten enthalten Komponenten). Im Speziellen rufen wir in unserem Code niemals die Methode render unserer Komponenten auf. Das geschieht automatisch, wenn sich der Zustand oder die übergebenen Props einer Komponente ändern. Bisher haben wir nur Komponenten ohne expliziten Zustand betrachtet, und deshalb werden wir uns gleich mit dem sogenannten state von Komponenten befassen.

Das Programmiermodell von React-Komponenten

Im vorigen Abschnitt haben wir gelernt, wie in React mithilfe von JSX Komponenten deklariert werden können. Komponenten bilden eine hierarchische Baumstruktur. Dabei wird der Datenfluss von einer Komponente zu einer anderen z. B. durch Attribute im JSX-Markup und das Objekt props ermöglicht. Zusätzlich zu props steht jeder Komponente ein Objekt namens state zur Verfügung, das den Zustand einer Komponente repräsentiert. Somit kapseln Komponenten selbst ihren eigenen Zustand. Im Gegensatz zu den props kann der state einer Komponente verändert werden.

In Kapitel 2 haben wir das state-Objekt bereits eingesetzt. Dort entwickelten wir am Ende eine Komponente StepCounter, in der gezählt wird, wie oft ein Knopf gedrückt wurde:

```
// ... import-Anweisungen und Styles wurden weggelassen ...
export default class StepCounter extends Component {
  state = { counter: 0 };

  render() {
    const currentCounter = this.state.counter;
    return (
      <View style={styles.container}>
        <Text style={styles.counter}>{currentCounter}</Text>
        <Button
          title='Drück mich'
          onPress={() => this.setState({counter: currentCounter + 1})}
        />
      </View>
    );
  }
}
```

Zunächst wird der initiale Zustand der Komponente gesetzt, indem der Objekteigenschaft state das Objekt { counter: 0 }zugewiesen wird. state erscheint daher auf den ersten Blick wie ein gewöhnliches JavaScript-Objekt. In diesem Beispiel enthält state nur eine Eigenschaft namens counter für den aktuellen Zählerstand. Explizite Zuweisungen an state finden in der Regel nur in solchen initialisierenden Zuweisungen oder im Konstruktor einer Komponente statt.

Die Komponente StepCounter stellt einen Button mit einer Callback-Methode dar, die beim Drücken des Knopfs die Methode this.setState aufruft. Das ist die Methode, die zur Veränderung des Zustands einer Komponente verwendet wird. Die setState-Methode wird mit einem Objekt als Argument aufgerufen, das den neuen Zustand enthält. Dabei brauchen in dem Objekt nur die tatsächlich geänderten Eigenschaften enthalten zu sein. Umgekehrt bleiben die restlichen Eigenschaften im state-Objekt unverändert. Jedes Mal, wenn this.setState aufgerufen wird, ändert sich der Zustand der Komponente, und die betroffenen Komponenten werden automatisch neu dargestellt, indem deren render-Methode ausgeführt wird.

Da wir nun auch state in React kennengelernt haben, können wir eine vereinfachte Vorgehensweise für die komponentenbasierte Programmierung mit React festhalten:

- Eine Komponente wird als Klasse mit der Methode render deklariert.
- render liefert als Rückgabewert das JSX-Markup für die Darstellung der Komponente.
- Komponenten werden in anderen Komponenten in JSX-Markup verwendet.
- Den Komponenten können in JSX durch Attribute und Kindelemente Daten übergeben werden.
- Die Daten stehen einer Komponente in den props zur Verfügung.
- Eine Komponente kann einen Zustand im state-Objekt verwalten.
- Bei Benutzerinteraktion oder Ereignissen wird setState aufgerufen, um den Zustand im state-Objekt einer Komponente zu ändern.
- Die von der Änderung betroffenen Komponenten stellen sich automatisch neu dar (durch Ausführung der Methode render).

Wenn wir mit einer »React-Denkweise« programmieren, bedeutet dies im Wesentlichen, dass wir wiederverwendbare Komponenten erstellen, die für ihre Darstellung im UI selbst verantwortlich sind. Dazu kapseln Komponenten ihren eigenen Datenzustand, und durch die Zusammensetzung von Komponenten sind wir in der Lage, auch komplexe UIs zu erzeugen. React implementiert einen funktionalen Programmieransatz, der außerdem das Wiederverwenden von Code in Form der Komponenten ermöglicht. Komponenten sind gewissermaßen Funktionen: Sie beschreiben ihr Aussehen zu jedem beliebigen Zeitpunkt. Insbesondere müssen wir uns nicht um einzelne Änderungen im UI kümmern, da sich die gesamte App automatisch bei jeder Zustandsänderung neu darstellt.

Jede React-Komponente hat einen Lebenszyklus, der sich aus verschiedenen Phasen zusammensetzt. Eine Komponente wird genau einmal erzeugt, beliebig oft durch Änderungen der Daten aktualisiert und wieder entfernt, wenn sie nicht mehr benötigt wird. React stellt verschiedene Methoden bereit, die in einer Komponente implementiert werden können, um Code zu bestimmten Zeitpunkten im Lebenszyklus der Komponente auszuführen. Neben render zur Darstellung der Komponente im UI werden wir in diesem Buch die Lebenszyklusmethoden componentWillMount, componentDidMount und componentWillUnmount verwenden.

componentWillMount
> Implementiert eine Komponente die Methode componentWillMount, wird diese Methode einmal während der Erzeugung der Komponente aufgerufen. Dies geschieht, bevor render ausgeführt wird. Dadurch lassen sich initiale Vorbereitungen für die Darstellung der Komponente treffen.

componentDidMount
> Nachdem eine Komponente im UI dargestellt wurde, wird die Methode componentDidMount aufgerufen, sofern diese implementiert ist. In React Native kommt diese Methode z. B. zum Einsatz, um Animationen zu starten.

componentWillUnmount
> Wird in einer Komponente die Methode componentWillUnmount implementiert, findet eine Ausführung dieser Methode statt, bevor die Komponente aus der Benutzeroberfläche entfernt wird. Das kann z. B. dann geschehen, wenn zu einem anderen Screen navigiert wird.

Eine Liste aller Lebenszyklusmethoden finden Sie in der Dokumentation zu React (*reactjs.org/docs/react-component.html*).

Es gibt verschiedene Ansätze, Benutzeroberflächen zu programmieren. Oft ist dies aber sehr aufwendig und komplex, denn es ist nicht trivial, die verschiedenen Zustände eines UI explizit abzubilden. Diese Komplexität wurde durch React weitreichend verringert, denn im Prinzip wird durch React das UI nur noch deklarativ durch render zu jedem möglichen Zeitpunkt und Datenzustand beschrieben. Das UI ist also lediglich eine Funktion des Zustands:

```
render(state) → UI
```

Die eigentliche Darstellung der Benutzeroberfläche ist für den Programmierer komplett verborgen. Das Programmieren mit React ist also ein allgemeiner Ansatz und weitestgehend unabhängig von der Plattform. Genau das hat gewiss zum Erfolg der Bibliothek React beigetragen, und deshalb wird React nicht nur für Webanwendungen, sondern unter anderem auch für mobile Apps und im Bereich der Virtual Reality eingesetzt.

Zusammenfassung

Wir haben uns in diesem Kapitel mit den Grundlagen von React Native befasst: JavaScript und React. Zwar ist JavaScript eine leicht zugängliche und sehr verbreitete Programmiersprache, jedoch gibt es seit Einführung der Version ECMAScript 2015 viele neue Funktionalitäten, zu denen jährlich weitere hinzukommen. Einige davon sind noch nicht sehr bekannt, werden jedoch häufig in der Programmierung mit React Native eingesetzt. Diese habe ich überblicksartig beschrieben. Falls Ihnen im weiteren Verlauf des Buchs bestimmte JavaScript-Konzepte im Code nicht geläufig sind, kann Ihnen dieses Kapitel als erste Referenz zum Nachschlagen dienen. Online finden Sie jede Menge an weiterführendem Material zu den neuen Konzepten in JavaScript, wobei ich zu ES2015 und den späteren Versionen ES2016 und ES2017 die umfangreichen Webseiten *exploringjs.com/es6* bzw. *exploringjs.com/es2016-es2017* empfehlen kann.

React ist zunächst eine populäre JavaScript-Bibliothek für Webanwendungen, hat aber zusätzlich allgemeine Prinzipien zur Programmierung von Benutzeroberflächen eingeführt. Auf diesen basiert React Native, und daher habe ich in diesem Kapitel die wichtigsten Aspekte im Rahmen einer kurzen Einführung beschrieben. Mit React und React Native werden UIs deklarativ und basierend auf Komponenten mithilfe der Syntax JSX programmiert. Komponenten können einen Zustand (state) haben, mit props wird der Datenfluss unidirektional zwischen Komponenten umgesetzt, und zusätzlich gibt es Methoden zur Ausführung von Code in den verschiedenen Phasen des Lebenszyklus einer Komponente. Diese Beschreibungen sind relativ knapp ausgefallen, um den Rahmen des Buchs nicht zu sprengen. Da diese Konzepte jedoch ständig im Zusammenhang mit React Native vorkommen, werden sie im Laufe des Buchs mehrfach anhand konkreter Codebeispiele veranschaulicht. Für ausführlichere Informationen zu React verweise ich auf die offizielle Webseite (*reactjs.org*), auf der Sie umfangreiche Beschreibungen der verschiedenen Prinzipien in React finden. Zusätzlich kann ich Ihnen das Buch »Durchstarten mit React« empfehlen, das bei O'Reilly erschienen ist.

KAPITEL 4
Plattformübergreifende UI-Komponenten verwenden

Wir beginnen in diesem Kapitel mit der Entwicklung einer App namens *MyJournal*, mit der Sie auf dem Smartphone ein Tagebuch führen können. Mit MyJournal können Sie Textnotizen mit und ohne Bild erstellen, die in der App gespeichert werden. Alle erstellten Einträge können Sie in einer Liste in kompakter Ansicht durchblättern und sich die Details eines Eintrags anschauen und bearbeiten, um z. B. die Wetterdaten des Tages für einen bestimmten Ort hinzuzufügen. In Abbildung 4-1 ist dargestellt, wie MyJournal am Ende aussehen wird.

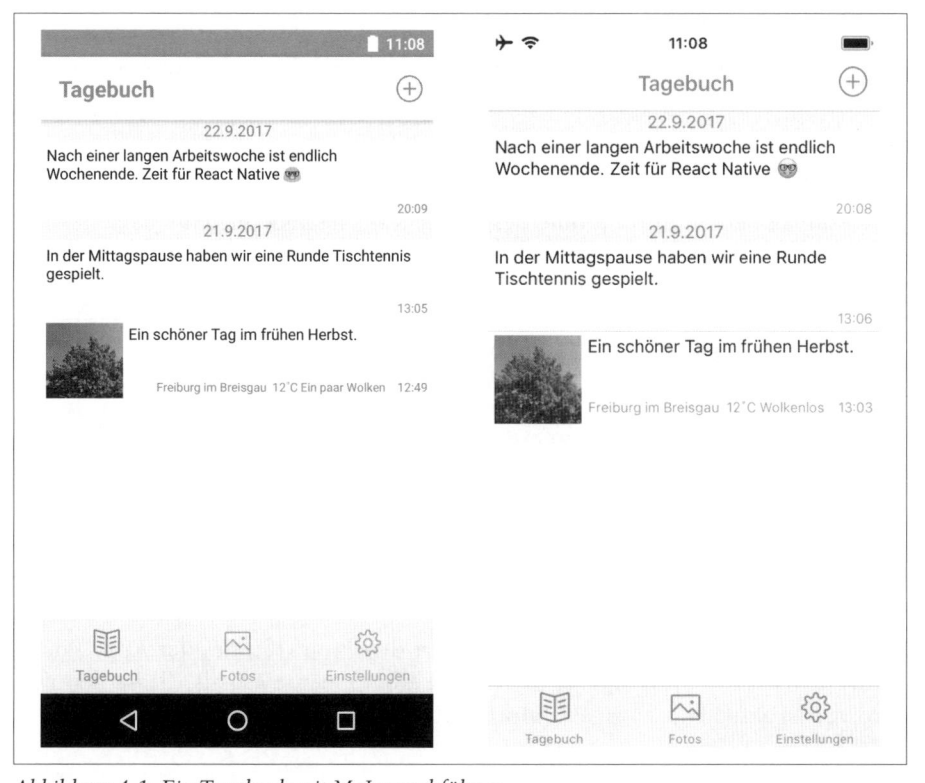

Abbildung 4-1: Ein Tagebuch mit MyJournal führen

Wir werden in diesem Kapitel einen einfachen Prototyp der App MyJournal erstellen, den wir in den nachfolgenden Kapiteln weiterentwickeln werden.

Für die Programmierung von Apps mit React Native stehen uns einige UI-Komponenten zur Verfügung, die auf der jeweiligen Plattform als native Elemente dargestellt werden. Die Programmierung von plattformübergreifenden Apps mit React Native zu erlernen, beinhaltet daher, passende UI-Komponenten einsetzen zu können. So haben wir bereits im zweiten Kapitel von den Komponenten View, Text und Button für die App StepCounter Gebrauch gemacht. In diesem Kapitel gehe ich detaillierter auf verschiedene häufig verwendete UI-Komponenten ein, die in React Native enthalten sind.

> **MyJournal in Expo laden**
> Wenn Sie möchten, können Sie die finale Version von MyJournal in der Expo-App laden und ausprobieren. Den QR-Code zum Laden von MyJournal in Expo finden Sie unter *expo.io/@behrends/myjournal*.

View und Text

Bei der Entwicklung der App MyJournal werden wir nun schrittweise vorgehen. Öffnen Sie die Konsole und erstellen Sie zunächst ein neues Projekt für MyJournal:

```
create-react-native-app MyJournal
```

Wechseln Sie dann in den Projektordner und starten Sie dort den React Native Packager:

```
cd MyJournal
npm start
```

Nun können Sie die App mithilfe des in der Konsole angezeigten QR-Codes mit Expo auf dem Smartphone laden, so wie in Abschnitt »Die App auf dem Smartphone mit Expo testen« auf Seite 15 beschrieben.

> **Versionskontrolle für MyJournal**
> Die Entwicklung der App MyJournal wird uns bis zum Ende des Buchs begleiten. Ich möchte Ihnen für die Versionskontrolle zur Verwendung einer Software raten, etwa *git*, damit Sie gegebenenfalls ungewollte Änderungen leicht rückgängig machen können. Dies ist nicht zwingend erforderlich, aber falls Sie mit *git* oder einer ähnlichen Software arbeiten wollen, sollten Sie den Projektordner jetzt unter Versionskontrolle stellen und nach jeder größeren Änderung am Code den aktuellen Stand als neue Version einpflegen.

Starten Sie Ihren Editor und öffnen Sie dort den Projektordner der App. Zuerst betrachten wir die Datei *App.js*, in der eine Komponente App als Klasse definiert wird. App ist aktuell die einzige Komponente von MyJournal und wird automatisch als Hauptkomponente geladen, wenn MyJournal auf dem Smartphone ausgeführt wird. In der Methode render können wir sehen, aus welchen Bestandteilen die Benutzeroberfläche der Komponente App aufgebaut ist. Drei Text-Komponenten mit verschiedenen Textinhalten werden in einem View-Element zusammengefasst:

```
render() {
  return (
    <View style={styles.container}>
      <Text>Open up App.js to start working on your app!</Text>
      <Text>Changes you make will automatically reload.</Text>
      <Text>Shake your phone to open the developer menu.</Text>
    </View>
  );
}
```

Texte darstellen mit Text

Offensichtlich wird Text verwendet, um Textinhalte darzustellen. Wenn in einer App textbasierte Inhalte angezeigt werden sollen, müssen diese in Elementen vom Typ Text eingebettet werden. Umgekehrt dürfen nur Text-Komponenten solche Textinhalte enthalten, das heißt, in anderen Komponenten ist bloßer Text als Inhalt des Elements nicht erlaubt. So würde das Einbetten eines Textinhalts in ein View-Element einen Fehler hervorrufen:

```
// Textinhalte dürfen nur in Text-Elementen enthalten sein
<View>Dies ergibt einen Fehler!</View>
```

Also muss Textinhalt immer in Text-Elemente eingebettet werden:

```
// Textinhalt korrekt von Text-Element umgeben
<View>
  <Text>Textinhalte bitte nur in Text-Elementen</Text>
</View>
```

Ein Text-Element kann weitere Elemente vom Typ Text enthalten, was z.B. dann nützlich ist, wenn verschiedene Textstücke innerhalb eines Textblocks unterschiedlich dargestellt werden sollen. Die von React Native zur Verfügung gestellten UI-Komponenten geben verschiedene Eigenschaften bzw. Props vor, mit denen eine Verwendung der Komponenten angepasst werden kann. So kann z.B. für eine Text-Komponente mit dem Prop numberOfLines die maximale Anzahl von Zeilen festgelegt werden:

```
<Text numberOfLines={2}>
   Text mit mehr als zwei Zeilen wird nun abgeschnitten...
</Text>
```

Bei der Beschreibung der UI-Komponenten werde ich mich auf die relevanten oder häufig verwendeten Props beschränken. Die offizielle Dokumentation von React Native listet für alle vordefinierten UI-Komponenten die verfügbaren Props inklusive Beschreibung auf.

> **Hinweise zur Dokumentation von React Native**
>
> Die offizielle Dokumentation von React Native ist unter der URL *facebook.git hub.io/react-native/docs* erreichbar. Neben einer kurzen Einführung in React Native (*The Basics*) bietet die Dokumentation in der Kategorie *Guides* einige Artikel mit nützlichen Hintergrundinformationen zu verschiedenen Themen, wie z.B. Animationen. Die eigentliche Referenz besteht aus getrennten Kategorien für Komponenten (*Components*) und APIs. Im Bereich *Components* werden alle in React Native enthaltenen UI-Komponenten wie Text, View, Image usw. inklusive Props beschrieben. Zusätzlich werden alle APIs wie z.B. StyleSheet in der gleichnamigen Kategorie aufgeführt (*APIs*). Zu beachten ist, dass es einige plattformspezifische Komponenten und APIs gibt, deren Name mit Android oder IOS endet (z.B. ToolbarAndroid und DatePickerIOS). Bei der Programmierung mit React Native ist die offizielle Dokumentation stets ein hilfreiches Nachschlagewerk.

Komponenten mit View zusammenfassen

Der Hauptzweck von View-Komponenten ist, andere Komponenten zusammenzufassen. Somit ist View im Prinzip eine allgemeine Containerkomponente. Diese Rolle spielt View häufig in der Methode render, deren Rückgabewert aus genau einem JSX-Element (mit möglichen Kindelementen) bestehen muss. Oft werden dort die gewünschten Komponenten mit einem äußeren View-Element zusammengefasst, wie im Fall der momentanen Version von *App.js* von MyJournal zu sehen ist. View hat im Allgemeinen kein besonderes Erscheinungsbild in der Benutzeroberfläche. In der Webentwicklung entspricht View sozusagen einem div-Element, in Android einem Widget vom Typ android.view.View und in iOS einem UIView-Objekt.

Durch das Zusammenfassen verschiedener Komponenten in einem View-Element ergibt sich die Möglichkeit, diese Komponenten einheitlich zu gestalten. Wie Sie im Editor in der Datei *App.js* sehen können, wird das bereits für das View-Element in der Methode render angewendet. Mit dem Attribut style werden verschiedene Styling-Anweisungen referenziert, die dazu führen, dass die Inhalte horizontal und vertikal zentriert werden. Da erst Kapitel 5 im Detail auf das Styling von Komponenten eingeht, werde ich in diesem Kapitel nur solche Styling-Anweisungen verwenden, die für eine grundlegende Bedienung der App benötigt werden. Entfernen Sie daher in der Zuweisung der Konstanten styles am Ende von *App.js* die beiden Anweisungen für backgroundColor und alignItems, sodass die Deklaration für styles diese Form hat:

```
const styles = StyleSheet.create({
  container: {
    flex: 1,
    justifyContent: 'center'
  }
});
```

Hierdurch wird lediglich sichergestellt, dass die Inhalte vertikal zentriert werden. Weitere Anpassungen in Bezug auf Gestaltung und Layout werden wir wie bereits erwähnt in Kapitel 5 mit ausführlicheren Erläuterungen vornehmen.

Zu Beginn beschränken wir uns in MyJournal auf das Erzeugen und die Anzeige eines einzigen Tagebucheintrags, der lediglich aus einem Textinhalt besteht. Mit der nächsten Änderung soll umgesetzt werden, dass die App uns zu Beginn mitteilt, dass es noch keine Tagebucheinträge gibt. Entfernen Sie dazu zwei der drei Text-Komponenten im Rückgabewert der Methode render und ändern Sie den Text für eine passende Anzeige wie folgt:

```
render() {
  return (
    <View style={styles.container}>
      <Text>Keine Einträge im Tagebuch</Text>
    </View>
  );
}
```

Als Nächstes werden wir die Eingabe eines Tagebucheintrags umsetzen.

Benutzereingaben mit TextInput

Für die Eingabe von Text steht in React Native die UI-Komponente TextInput bereit. Ändern Sie die Datei *App.js*, wie in Beispiel 4-1 aufgeführt, um eine TextInput-Komponente hinzuzufügen.

Um einen TextInput in unserer App zu verwenden, müssen wir TextInput zunächst importieren. Dann können wir eine konkrete TextInput-Komponente dem JSX-Markup in der Methode render hinzufügen, sodass unterhalb des bereits vorhandenen Text-Elements ein Texteingabefeld erscheint. Damit TextInput auf Android- und iOS-Geräten bedienbar ist und relativ ähnlich dargestellt wird, sollten explizite Werte für die Höhe des Eingabefelds angegeben werden. Dies haben wir mit height: 40 im styles-Objekt erreicht, das wir mit einem Attribut style={styles.input} im TextInput-Element referenzieren. Weitere Anpassungen an der Darstellung dieser Komponente nehmen wir später vor. Mit dem placeholder-Prop deuten wir den Zweck dieser TextInput-Komponente durch einen leicht ausgegrauten Platzhaltertext in der App an.

> **Code von der Webseite zum Buch herunterladen**
> Wir werden die benötigten Änderungen am Code in der Regel in mehreren Teilschritten durchführen. Nach Abschluss bestimmter Entwicklungsschritte stehen Ihnen die betroffenen Dateien auf der Webseite zum Buch als Download zur Verfügung (*www.behrends.io/react-native-buch*).

Beispiel 4-1: TextInput wird importiert, und render wird um ein TextInput-Element mit zugehörigen Styles ergänzt.

```
import React from 'react';
import { StyleSheet, Text, TextInput, View } from 'react-native';

export default class App extends React.Component {
  render() {
    return (
      <View style={styles.container}>
        <Text>Keine Einträge im Tagebuch</Text>
        <TextInput
          style={styles.input}
          placeholder="Tagebucheintrag erstellen"
        />
      </View>
    );
  }
}

const styles = StyleSheet.create({
  container: {
    flex: 1,
    justifyContent: 'center'
  },
  input: {
    height: 40
  },
});
```

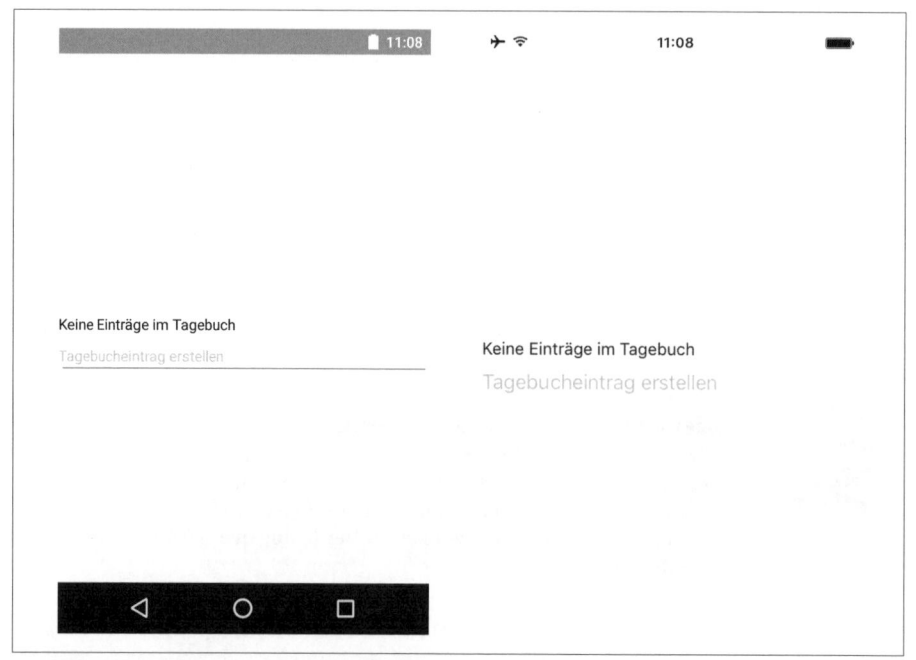

Abbildung 4-2: TextInput mit Placeholder

TextInput-Komponenten können auf vielfältige Weise konfiguriert werden. So werden beispielsweise bei der Eingabe automatische Korrekturen am Text durchgeführt, was sich durch die Angabe des Attributs autoCorrect={false} ausschalten lässt. Hier sei wieder auf die offizielle Dokumentation von React Native verwiesen, in der alle verfügbaren Props für TextInput beschrieben werden. Zu beachten ist dabei, dass ein Teil der Optionen plattformübergreifend anwendbar ist, einige Einstellungen sind jedoch entweder nur für Android oder nur für iOS relevant. Wir nehmen am TextInput-Element in render noch eine weitere Anpassung vor, indem wir returnKeyType auf "done" setzen:

```
<TextInput
  style={styles.input}
  placeholder="Tagebucheintrag erstellen"
  returnKeyType="done"
/>
```

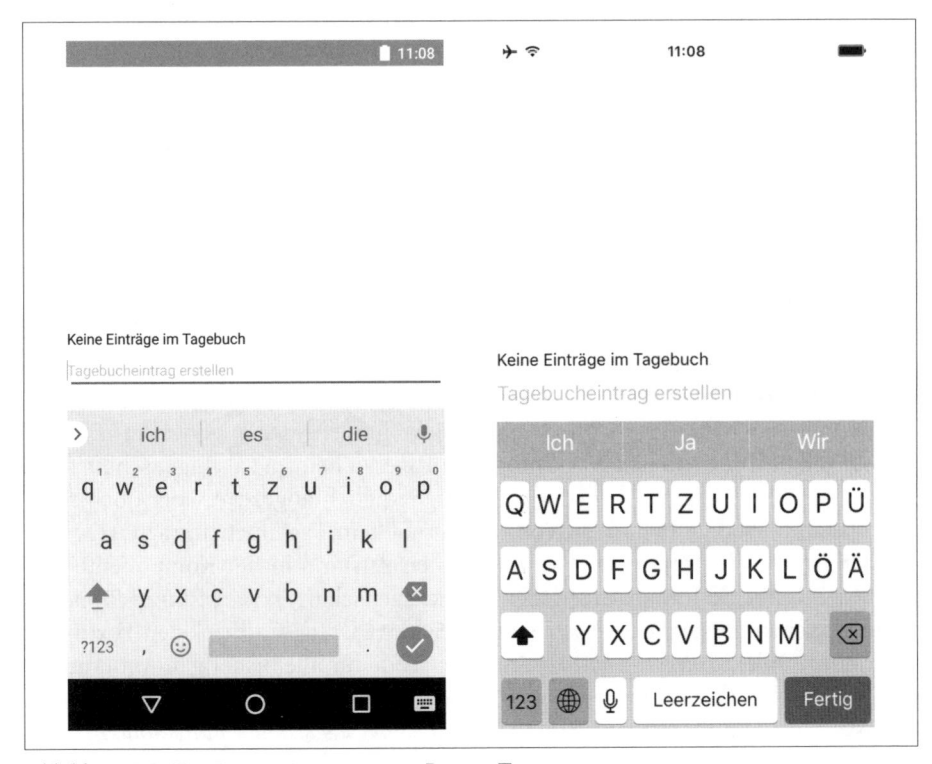

Abbildung 4-3: TextInput mit angepasster Return-Taste

Diese Einstellung wirkt sich auf die Tastatur aus, die bei der Eingabe angezeigt wird. So erscheint die Return-Taste in iOS in blauer Farbe und in der deutschen Spracheinstellung mit dem Text *Fertig*, wie in Abbildung 4-3 zu sehen ist.

Nun soll aus dem eingegebenen Text ein Tagebucheintrag erstellt werden, wenn die Eingabe mit der Return-Taste bestätigt wird. MyJournal wird jedoch zunächst nur höchstens einen Eintrag anzeigen. TextInput stellt einige Props zur Verfügung, mit denen unterschiedliche Callback-Methoden definiert werden können. So können wir z.B. mit onFocus ein bestimmtes Verhalten implementieren, wenn die TextInput-Komponente aktiv wird, oder mit onChangeText auf Änderungen in der Eingabe reagieren. Wir möchten jetzt bei Bestätigung der Eingabe aus dem eingegebenen Text einen Tagebucheintrag erzeugen. Dazu können wir im Prop onSubmitEditing einen passenden Callback definieren. Erweitern Sie das TextInput-Element in *App.js* folgendermaßen:

```
<TextInput
  style={styles.input}
  placeholder="Tagebucheintrag erstellen"
  returnKeyType="done"
  onSubmitEditing={event => console.log(event.nativeEvent.text)}
/>
```

Dem Attribut onSubmitEditing weisen wir eine Pfeilfunktion zu, mit der wir den Textinhalt von TextInput-Komponenten über ein event-Objekt auslesen und mit console.log in der Konsole ausgeben. Wenn Sie nun einen Text eingeben und die Eingabe durch Drücken der Bestätigungstaste abschließen, wird der Textinhalt in der Konsole angezeigt, in der Sie den React Native Packager gestartet haben. Durch console.log können wir also die korrekte Funktionsweise des Callbacks überprüfen, was gelegentlich nützlich sein wird.

Nun soll der eingegebene Text in der App als Tagebucheintrag angezeigt werden. Dazu wollen wir zunächst das Text-Element verwenden, das momentan statisch die Information *Keine Einträge im Tagebuch* anzeigt. Wir können für die Komponente App zwei mögliche Zustände unterscheiden: Entweder gibt es einen Tagebucheintrag, oder es gibt ihn nicht. Zustände einer Komponente werden in React Native (wie auch in React) durch ein Objekt namens state verwaltet. Diesem Objekt soll nun der vorerst einzige mögliche Tagebucheintrag als Eigenschaft zugewiesen werden. Dabei wird solch ein Eintrag lediglich angezeigt, aber noch nicht abgespeichert, sodass beim Start von MyJournal kein Tagebucheintrag (item) vorhanden ist. Wir benötigen jetzt einen initialen Zustand in der Komponente App, was wir durch eine Initialisierung der Objekteigenschaft (bzw. *Instance Property*) state erreichen. Zusätzlich weisen wir im onSubmitEditing-Callback den Textinhalt dem state-Objekt mit this.setState zu. Der Code für alle bisherigen Änderungen ist in Beispiel 4-2 zusammengefasst und steht Ihnen zusätzlich als Download auf der Webseite zum Buch zur Verfügung (*www.behrends.io/react-native-buch*).

Beispiel 4-2: Aktueller Zwischenstand von App.js mit Zustandsinitialisierung und Verwendung von state zur Anzeige. Der Zustand wird durch onSubmitEditing in TextInput verändert.

```
// ... die import-Anweisungen bleiben unverändert ...

export default class App extends React.Component {
  state = { item: null };
```

```
  render() {
    return (
      <View style={styles.container}>
        <Text>{this.state.item || 'Keine Einträge im Tagebuch'}</Text>
        <TextInput
          style={styles.input}
          placeholder="Tagebucheintrag erstellen"
          returnKeyType="done"
          onSubmitEditing={event ->
            this.setState({ item: event.nativeEvent.text })}
        />
      </View>
    );
  }
}

// ... die Styles bleiben unverändert ...
```

Die Initialisierung der Objekteigenschaft state findet bei Erzeugung der Komponente vor Ausführung von render statt. Wir setzen den initialen Zustand auf den Wert { item: null }, denn zu Beginn ist noch kein Tagebucheintrag vorhanden.

Der Callback onSubmitEditing wird zur Laufzeit nach Bestätigung der Eingabe durch die Tastatur mit einem event-Objekt aufgerufen. Dieses Objekt enthält in event.nativeEvent.text den eingegebenen Text. Mit this.setState wird der Wert für item im state-Objekt auf den eingegebenen Text gesetzt.

Im JSX-Code wird der Inhalt von this.state.item in der Text-Komponente verwendet. Falls this.state.item nicht definiert ist (z. B. null ist) und somit in diesem logischen Ausdruck false ergibt, erscheint wie zu Beginn der Text *Keine Einträge im Tagebuch*.

Testen Sie diese Änderung und geben Sie verschiedene Texte ein. Bei jeder durch die Tastatur bestätigten Änderung wird das state-Objekt im Callback von onSubmitEditing geändert, was eine erneute Ausführung von render und die aktualisierte Darstellung bewirkt. Somit können Sie den Tagebucheintrag ändern. Wenn Sie den Inhalt der TextInput-Komponente entfernen und die Eingabe bestätigen, wird der Tagebucheintrag gelöscht, und *Keine Einträge im Tagebuch* wird angezeigt.

Übung

Passen Sie das Verhalten der App so an, dass sich der Tagebucheintrag direkt bei der Eingabe des Texts ändert und nicht erst dann, wenn die Eingabe bestätigt wird. Dadurch lernen Sie mit onChangeText einen weiteren häufig gebrauchten Prop mit Callback der Komponente TextInput kennen. Diese Änderung sollten Sie rückgängig machen, wenn Sie mit dem nächsten Abschnitt beginnen.

Einfache Listen mit FlatList

Bisher haben wir den einzigen möglichen Tagebucheintrag mit einer Text-Komponente dargestellt. Für eine Liste mit beliebig vielen Einträgen benötigen wir nun eine andere Komponente. Für den häufig vorkommenden Anwendungsfall, Listen von Daten in Smartphone-Apps darzustellen, stellt React Native verschiedene Komponenten zur Verfügung: FlatList, SectionList und VirtualizedList.

FlatList
> FlatList ist eine Komponente zur Darstellung vertikaler oder horizontaler Listen bestehend aus einzelnen Elementen ohne Unterteilung. Daher ist solch eine Liste sozusagen »flach« (*Flat*), woran sich der Name anlehnt.

SectionList
> Falls eine Liste aus Abschnitten (*Sections*) bestehen soll, in denen Einträge gruppiert werden, bietet sich der Einsatz einer SectionList an.

VirtualizedList
> Mit VirtualizedList steht eine allgemeine Komponente zur Darstellung von Listen zur Verfügung, auf deren Basis FlatList und SectionList implementiert sind. VirtualizedList ist vielseitig konfigurierbar, und ihre Verwendung kommt in Betracht, wenn die anderen beiden Listenkomponenten den Anforderungen nicht genügen.

> **Bemerkung zu ListView**
> Seit Version 0.43 sind FlatList, SectionList und VirtualizedList die bevorzugten Komponenten für Listen in React Native. In früheren Versionen und älteren Beispielen wurde die Komponente List View eingesetzt, die inzwischen nicht mehr weiterentwickelt wird und *deprecated* ist.

Wir werden in unserer App eine Liste der Tagebucheinträge zunächst mit einer FlatList und später mit einer SectionList implementieren, damit Sie diese beiden Listenkomponenten kennenlernen.

Um eine Liste mit FlatList in einer App anzuzeigen, werden in der einfachsten Variante nur die Daten der Liste benötigt, und es muss eine Funktion definiert werden, die die Darstellung eines Listenelements implementiert:

```
<FlatList
    data={[{ key: 1, text: 'one' }, { key: 2, text: 'two' }]}
    renderItem={({ item }) => <Text>{item.text}</Text>}
/>
```

Mit dem Attribut data legen wir die Daten der Liste als Array fest. Hier enthält das Array zur Veranschaulichung nur zwei Objekte. Jedes Objekt in dem Array sollte durch eine Eigenschaft identifizierbar sein, die somit als eindeutiger Schlüssel dient. Ist in jedem Objekt eine Eigenschaft key enthalten, fasst React Native diese Eigenschaft als Schlüssel der Objekte auf. React Native benötigt diese, um die

Funktionsweise der Liste zu gewährleisten, wenn sich z. B. die Reihenfolge der Listenelemente ändert. Alternativ kann bei der Deklaration von Listenkomponenten über das Attribut keyExtractor eine Eigenschaft explizit als Schlüssel festgelegt werden. Es führt zu einer Warnung, wenn Objekte keinen Schlüssel haben.

Mit renderItem steht ein Prop zur Verfügung, dem eine Funktion zugewiesen wird, die die Darstellung eines Objekts in der Liste übernimmt. Zur Laufzeit repräsentiert das Argument dieser Funktion das darzustellende Objekt (im Beispiel item genannt), und die Funktion liefert als Rückgabewert eine Komponente zurück, die in der Liste als Eintrag für das Objekt erscheint. Hier definieren wir eine Text-Komponente mit item.text als Inhalt.

FlatList funktioniert als performante Listenkomponente plattformübergreifend für Android und iOS. Es bestehen viele Möglichkeiten zur Konfiguration einer Liste – beispielsweise können die Deklaration von Kopf- und Fußzeilen und auch komplexeres Verhalten wie »Pull to Refresh« mit relativ wenig Aufwand implementiert werden.

Nun werden wir MyJournal um eine Liste für die textbasierten Tagebucheinträge erweitern. Um FlatList zu verwenden, müssen wir die entsprechende Komponente importieren. Fügen Sie also FlatList der import-Anweisung am Anfang der Datei *App.js* hinzu:

```
import { FlatList, StyleSheet, Text, TextInput, View } from 'react-native';
```

Da wir eine Liste der Tagebucheinträge verwalten möchten, ändern wir die Initialisierung des state-Objekts so, dass ein leeres Array zugewiesen wird. Hier sollen alle Einträge verwaltet werden. Wir benennen also die Eigenschaft item des state-Objekts in items um:

```
export default class App extends React.Component {
  state = { items: [] };

  // ... der Rest bleibt unverändert ...
```

Erweitern Sie nun die Funktion render mit dem Einsatz von FlatList, wie in Beispiel 4-3 beschrieben. Beachten Sie, dass sich diese Änderung noch nicht auf die Darstellung der App auswirkt.

Beispiel 4-3: Fügen Sie in render den Codeabschnitt ab »let content« vor der return-Anweisung ein.

```
render() {
  let content = <Text>Keine Einträge im Tagebuch</Text>;
  if (this.state.items.length > 0) {
    content = (
      <FlatList
        style={styles.list}
        data={this.state.items}
        renderItem={({ item }) => <Text>{item.text}</Text>}
        keyExtractor={item => item.date}
      />
    );
```

```
  }
  return (
    <View style={styles.container}>
    // ... der Rest von render bleibt unverändert
```

Mit der Variablen content und der if-Verzweigung werden nun die zwei möglichen Zustände der Komponente behandelt (Tagebucheinträge sind vorhanden oder nicht). Die Variable content wird zunächst mit einer Text-Komponente initialisiert, die dargestellt werden soll, falls die Liste der Tagebucheinträge leer ist. Gibt es jedoch Listeneinträge, was in der Bedingung der if-Verzweigung durch this.state.items.length > 0 überprüft wird, dann wird content eine FlatList-Komponente zugewiesen, die für die Darstellung der Objekte in this.state.items als Liste zuständig ist. Die darzustellenden Objekte werden durch den Prop data übergeben, und mit renderItem wird festgelegt, dass ein Listeneintrag aus einer Text-Komponente besteht. Mit der Funktion in keyExtractor wird die Eigenschaft date eines Eintrags als Schlüssel deklariert. Wie wir gleich sehen werden, wird bei der Erstellung eines Eintrags der aktuelle Zeitpunkt in date festgehalten.

Außerdem haben wir für die FlatList-Komponente durch das Attribut style={styles.list} einen Style definiert, damit diese Komponente durch einen kleinen Abstand besser sichtbar ist. Dazu wird das styles-Objekt um einen Eintrag ergänzt (z. B. vor der Eigenschaft input):

```
const styles = StyleSheet.create({
  // ... die restlichen Styles bleiben unverändert ...
  list: {
    marginTop: 24
  },
  input: {
    height: 40
  }
});
```

Ersetzen Sie jetzt den Rückgabewert bzw. die return-Anweisung der Funktion render mit folgendem Ausdruck:

```
return (
  <View style={styles.container}>
    {content}
    <TextInput
      style={styles.input}
      placeholder="Tagebucheintrag erstellen"
      returnKeyType="done"
      onSubmitEditing={event => this._addItem(event.nativeEvent.text)}
    />
  </View>
```

Innerhalb des äußeren View-Elements wird zuerst durch die Anweisung {content} der Inhalt der Variablen content dargestellt. Es wird also entweder die FlatList mit den Tagebucheinträgen oder die Text-Komponente mit dem Hinweis auf nicht vorhandene Einträge erscheinen. Die Callback-Funktion in onSubmitEditing ruft nun eine Hilfsfunktion _addItem auf, die für das Hinzufügen eines Eintrags in die Liste der Tagebucheinträge zuständig ist. Definieren Sie diese Funktion in der Klasse App z. B. direkt vor der Methode render:

```
_addItem(text) {
  this.setState({
    items: [...this.state.items, { text, date: Date.now() }]
  });
}
```

Der Funktionsname beginnt mit einem Unterstrich, um anzudeuten, dass dies eine Hilfsfunktion ist, die insbesondere keine Implementierung einer Funktion des Frameworks React Native ist (wie z. B. render). Durch den Aufruf von this.setState aktualisieren wir den Zustand der Komponente so, dass das Array in items mit einem neuen Eintrag erweitert wird. Mit der Anwendung des Spread-Operators (...) auf this.state.items fügen wir die bestehenden Einträge ein. Für den neuen Eintrag wird ein Objekt erstellt, das den eingegebenen Text in text und den aktuellen Zeitpunkt in date enthält. Für die Deklaration der Objekteigenschaft text verwenden wir hier die Kurzschreibweise, die eigentlich für text: text steht. Mit Date.now() erhalten wir in JavaScript den aktuellen Zeitpunkt als Unix-Zeit, also die Anzahl der Millisekunden, die seit dem 1. Januar 1970 um 00:00 Uhr vergangen sind. Hierbei handelt es sich um einen numerischen Wert, der leicht in verschiedene Datumsformate umgewandelt werden kann.

Für jeden erstellten Eintrag wird somit der aktuelle Zeitpunkt festgehalten. Da dieser Wert für alle Objekte eindeutig ist, haben wir bereits bei der Deklaration der FlatList mit keyExtractor die Eigenschaft date als Schlüssel der Listeneinträge festgelegt (siehe Beispiel 4-3). Zusätzlich werden wir später für Einträge die Uhrzeit ihrer Erstellung anzeigen. Die Verwendung von this.setState führt zu einer Neudarstellung der Komponente, weil durch die Zustandsänderung implizit render aufgerufen wird. Der aktuelle Zwischenstand von *App.js* ist in Beispiel 4-4 aufgelistet und kann auch von der Webseite zum Buch heruntergeladen werden (*www.behrends.io/react-native-buch*).

Beispiel 4-4: Zwischenstand von App.js mit Verwendung einer FlatList

```
import React from 'react';
import { FlatList, StyleSheet, Text, TextInput, View } from 'react-native';

export default class App extends React.Component {
  state = { items: [] };

  _addItem(text) {
    this.setState({
      items: [...this.state.items, { text, date: Date.now() }]
    });
  }

  render() {
    let content = <Text>Keine Einträge im Tagebuch</Text>;
```

```
    if (this.state.items.length > 0) {
      content = (
        <FlatList
          style={styles.list}
          data={this.state.items}
          renderItem={(({ item }) => <Text>{item.text}</Text>}
          keyExtractor={item => item.date}
        />
      );
    }
    return (
      <View style={styles.container}>
        {content}
        <TextInput
          style={styles.input}
          placeholder="Tagebucheintrag erstellen"
          returnKeyType="done"
          onSubmitEditing={event => this._addItem(event.nativeEvent.text)}
        />
      </View>
    );
  }
}

const styles = StyleSheet.create({
  container: {
    flex: 1,
    justifyContent: 'center'
  },
  list: {
    marginTop: 24
  },
  input: {
    height: 40
  }
});
```

Wenn Sie diese Änderungen testen, können Sie bereits mehrere Einträge für das Tagebuch erzeugen, die in einer Liste oberhalb des Texteingabefelds erscheinen. Die Gestaltung der Benutzeroberfläche haben wir bewusst einfach gehalten, da der Schwerpunkt bisher auf der grundlegenden Funktionsweise der App liegt.

Auffallend ist, dass die TextInput-Komponente nach der ersten Eingabe nicht mehr in der Mitte des Screens erscheint, sondern am unteren Rand. Das liegt an der FlatList-Komponente, die sich in ihrer Grundkonfiguration maximal in horizontale und vertikale Richtung ausdehnt und somit den TextInput nach unten drängt. Diese gestalterische Inkonsistenz nehmen wir vorerst in Kauf und werden sie später bereinigen.

Wenn Sie nun mehrere Einträge nacheinander erstellen, werden Ihnen allerdings zwei Probleme auffallen. Einerseits überdeckt die Tastatur das Eingabefeld, sodass Sie nicht sehen können, was Sie eintippen. Außerdem ist das Feld noch mit dem vorigen Eintrag befüllt, der erst manuell entfernt werden muss. Daher müssen wir uns nochmals mit der TextInput-Komponente befassen.

Bedienbarkeit von TextInput verbessern

Wir werden zunächst mit der Komponente KeyboardAvoidingView gewährleisten, dass das Texteingabefeld bei der Eingabe von Tagebucheinträgen sichtbar bleibt und nicht von der Tastatur überdeckt wird. Anschließend werden wir den Inhalt von TextInput nach erfolgter Eingabe leeren, um nachfolgende Eingaben zu erleichtern. Dabei lernen wir das Konzept von Referenzen in React Native kennen.

Sichtbarkeit mit KeyboardAvoidingView gewährleisten

Wenn in MyJournal Tagebucheinträge in der FlatList angezeigt werden, erscheint das Texteingabefeld am unteren Bildschirmrand. Wird dieses Feld ausgewählt, um einen weiteren Eintrag zu erstellen, überdeckt die Tastatur die TextInput-Komponente, und wir können nicht sehen, welchen Text wir über die Tastatur eintippen. Es gibt eine spezielle Komponente, deren einzige Aufgabe darin besteht, dafür zu sorgen, dass andere Komponenten auch nach Erscheinen der Tastatur sichtbar bleiben. Diese Komponente hat den bezeichnenden Namen KeyboardAvoidingView. Wir erweitern die import-Anweisung in *App.js* mit KeyboardAvoidingView, um diese Komponente in MyJournal einsetzen zu können:

Beispiel 4-5: KeyboardAvoidingView importieren

```
import {
  FlatList,
  KeyboardAvoidingView,
  StyleSheet,
  Text,
  TextInput,
  View
} from 'react-native';
```

Die import-Anweisung enthält nun einige zu importierende Komponenten. Für eine bessere Übersicht geben wir hier nur noch eine Komponente pro Zeile an.

JavaScript-Code automatisch formatieren

Um eine einheitliche Codebasis zu erhalten, ist es praktisch und zeitsparend, wenn beim Speichern einer Datei im Editor der syntaktische Aufbau des Codes automatisch formatiert wird. Einige Editoren bieten diese Funktionalität für verschiedene Programmiersprachen an. Beispielsweise kann festgelegt werden, dass Codeausdrücke ab einer bestimmten Zeilenlänge auf mehrere Zeilen umbrochen werden, wie in Beispiel 4-5 für die import-Anweisung zu sehen. Im JavaScript-Umfeld hat sich in letzter Zeit der Formatierer *Prettier* (*www.prettier.io*) zu einer beliebten Lösung entwickelt. Prettier ist sehr performant, vielseitig konfigurierbar, kann in viele Editoren integriert werden und funktioniert gut mit den Besonderheiten von React Native wie etwa JSX. Auch die Codebeispiele in diesem Buch wurden mit Prettier formatiert.

Der Einsatz von KeyboardAvoidingView erfordert nicht viel Aufwand. Die Komponenten, die nicht von der Tastatur überdeckt werden sollen, werden im JSX-Ausdruck in ein äußeres KeyboardAvoidingView eingebettet, das heißt, wir erweitern den Rückgabewert der Methode render entsprechend. Dies wird durch die Änderungen in Beispiel 4-6 ermöglicht.

Beispiel 4-6: KeyboardAvoidingView im JSX-Code der Methode render

```
// ... der Rest in render bleibt unverändert ...
return (
  <View style={styles.container}>
    {content}
    <KeyboardAvoidingView behavior="padding">
      <TextInput
        style={styles.input}
        placeholder="Tagebucheintrag erstellen"
        returnKeyType="done"
        onSubmitEditing={event =>
           this._addItem(event.nativeEvent.text)}
      />
    </KeyboardAvoidingView>
  </View>
);
```

Durch behavior="padding" legen wir fest, dass die Sichtbarkeit von TextInput durch einen automatisch berechneten Abstand zum unteren Rand erreicht wird. Wenn die Tastatur erscheint, wird nun TextInput oberhalb der Tastatur erscheinen. Alternative Werte für den Prop behavior sind height und position, womit durch die Höhe bzw. die Position der eingebetteten Elemente die Sichtbarkeit oberhalb der Tastatur gewährleistet wird. Je nach Anwendungsfall und betroffenen Komponenten kann ein passender Wert für behavior gewählt werden.

Referenzen auf Komponenten mit ref setzen

Wollen wir mehrere verschiedene Texte nacheinander eingeben, müssen wir jedes Mal zuvor den Inhalt des Eingabefelds entfernen, der von der vorherigen Eingabe stammt. Die Bedienbarkeit der App würde sich verbessern, wenn der Inhalt von TextInput automatisch gelöscht würde, nachdem ein neuer Eintrag hinzugefügt wurde. Dazu bietet die Komponente TextInput eine Methode clear an, die wir z.B. am Ende von _addItem aufrufen könnten, denn diese Methode dient als Callback für die erfolgte Eingabe. Unten wird dies durch einen Kommentar angedeutet:

```
_addItem(text) {
  this.setState({
    items: [...this.state.items, { text, date: Date.now() }]
  });
  // Aufruf von TextInput.clear() - aber wie?
}
```

Das Programmiermodell von React (Native) ist im Wesentlichen deklarativ und basiert auf Komponenten. Das wird vor allem in der Methode render deutlich, in der lediglich die Darstellung der Komponente im UI durch JSX-Code beschrieben wird. In der Regel arbeiten wir also nicht mit konkreten Instanzen von Komponenten. Für den eben beschriebenen Anwendungsfall steht uns in _addItem keine Instanz der TextInput-Komponente zur Verfügung, auf der wir die Methode clear aufrufen könnten. React bietet jedoch durch das Konzept der Referenzen (Refs) einen Ausweg für solche Situationen, der uns auch in React Native bereitsteht.[1]

Zunächst deklarieren wir eine Referenz auf die konkrete TextInput-Instanz im UI, was durch ein Attribut namens ref erreicht wird. Beispiel 4-7 zeigt Ihnen, wie Sie den JSX-Code des TextInput-Elements im Rückgabewert der Methode render mit einem Attribut ref erweitern.

Beispiel 4-7: Das TextInput-Element erhält ein Attribut namens ref, womit diese Komponente im Code explizit referenziert werden kann.

```
// ... der Rest in render bleibt unverändert ...
return (
  <View style={styles.container}>
    {content}
    <KeyboardAvoidingView behavior="padding">
      <TextInput
        style={styles.input}
        ref={input => (this.textInput = input)}
        placeholder="Tagebucheintrag erstellen"
        returnKeyType="done"
        onSubmitEditing={event =>
          this._addItem(event.nativeEvent.text)}
      />
    </KeyboardAvoidingView>
  </View>
);
```

Die Referenz wird im Attribut ref durch eine Callback-Funktion gesetzt, die nach Darstellung der TextInput-Instanz im UI ausgeführt wird und als Argument die konkrete Komponente erhält (hier TextInput).[2] Dadurch steht der Komponente App zur Laufzeit eine Referenz namens textInput zur Verfügung, mit der wir für die konkrete TextInput-Komponente Methoden aufrufen können. Mit this.textInput.clear() in der Funktion _addItem können wir nun nach dem Hinzufügen eines neuen Eintrags zur Liste den Inhalt des Eingabefelds leeren. Ändern Sie _addItem folgendermaßen:

---

1 In der Dokumentation zu React werden Refs allgemein und ausführlich beschrieben: *reactjs.org/docs/refs-and-the-dom.html*.

2 Wenn die Komponente nicht mehr im UI benötigt wird, dann wird dieser Callback mit dem Argument null aufgerufen, sodass die Referenz entfernt wird.

```
_addItem(text) {
  this.setState({
    items: [...this.state.items, { text, date: Date.now() }]
  });
  this.textInput.clear();
}
```

Nun sollte die Bedienbarkeit des Eingabefelds deutlich besser sein. Zu beachten ist, dass Referenzen auf Komponenten mithilfe des ref-Attributs nur in seltenen Fällen verwendet werden sollten. Der Datenfluss zu Komponenten sollte in der Regel über Props erfolgen.

> **Reservierte Namen für Props**
>
> In React (und somit auch in React Native) gibt es zwei besondere Props, die für die interne Funktionsweise von React-Komponenten benötigt werden und die nicht für eigene Zwecke verwendet werden sollten. Dies sind key und ref. Wenn also an eine eigene Komponente z.B. mit ref="myvalue" eine Information übermittelt werden soll, kann auf diese nicht innerhalb der Komponente mit this.props.ref zugegriffen werden (Gleiches gilt für this.props.key). Es wird eine Warnung erscheinen, und daher sollten andere Bezeichner gewählt werden.

SectionList für Listen mit Abschnitten

Wie wir eben gesehen haben, lassen sich Listen ohne viel Aufwand mit FlatList umsetzen. Somit werden in MyJournal die Tagebucheinträge in einer Liste untereinander dargestellt. Im Laufe der Zeit kann diese Liste bei vielen Einträgen lang und unübersichtlich werden. Vor allem wollen wir sicher schnell erkennen können, an welchem Tag ein bestimmter Eintrag erstellt wurde. Da wir mehrere Einträge an einem Tag schreiben können, würde eine bessere Übersichtlichkeit dadurch erreicht werden, wenn alle Einträge in deutlich sichtbaren Abschnitten angezeigt werden.

Solch eine gruppierte Darstellung von Elementen in einer Liste ist ein Anwendungsfall, der häufiger in mobilen Apps auftritt. Ein Beispiel hierfür sind die Apps für Kontakte in Android und iOS, bei denen Kontakte mit gleichem Anfangsbuchstaben im selben Abschnitt zusammengefasst werden. Für dieses Szenario bietet React Native eine Komponente namens SectionList an. Wir werden in MyJournal eine SectionList verwenden, um alle Einträge eines Tages in einem Abschnitt einzuordnen.

Im Prinzip ist SectionList eine Erweiterung von FlatList um Abschnitte (*Sections*) zur Gruppierung. Wie in FlatList benötigen wir eine Funktion zur Darstellung eines Eintrags im Prop renderItem, und zusätzlich wird mit einer Funktion in renderSectionHeader definiert, wie die Überschrift eines Abschnitts erscheinen soll. Schließlich wird anstelle von data ein Prop sections für die Daten der einzelnen Abschnitte angegeben. Dies wird durch das Codefragment in Beispiel 4-8 angedeutet, das zu einer Darstellung wie der in Abbildung 4-4 führen würde.

Beispiel 4-8: Die Daten einer SectionList werden in sections durch ein Array definiert. Jeder Abschnitt (section) wird durch ein Objekt repräsentiert, wobei die einzelnen Zeilen pro section in data aufgeführt werden.

```
<SectionList
  sections={[
    {
      data: [{ key: 1, text: 'one' }, { key: 2, text: 'two' }],
      title: 'first'
    },
    {
      data: [{ key: 3, text: 'three' }],
      title: 'second'
    },
    {
      data: [{ key: 4, text: 'four' }, { key: 5, text: 'five' }],
      title: 'third'
    }
  ]}
  renderItem={({ item }) => <Text>{item.text}</Text>}
  renderSectionHeader={({ section }) => <Text>{section.title}</Text>}
/>
```

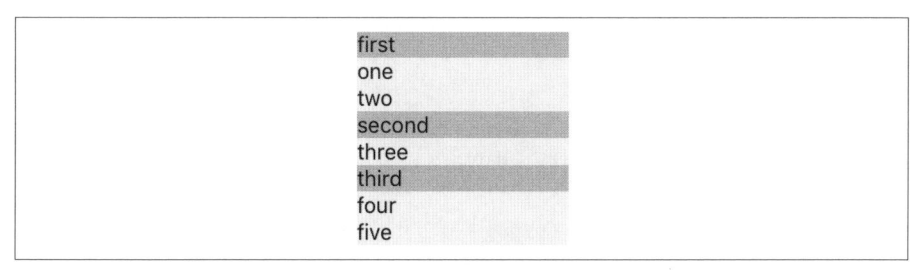

Abbildung 4-4: Darstellung der SectionList aus Beispiel 4-8

Die Datenstruktur für sections ist ein Array, das aus Objekten besteht, die jeweils einen Abschnitt repräsentieren. Jedes dieser »Abschnittsobjekte« sollte eine Überschrift für den Abschnitt bereitstellen (hier z. B. title). Jeder Abschnitt enthält in data ein Array mit den Einträgen für diesen Abschnitt. Es handelt sich bei sections sozusagen um eine geschachtelte oder zweidimensionale Datenstruktur. Jedes Objekt in den data-Arrays muss über alle Einträge in sections eindeutig identifizierbar sein. Wie bei FlatList kann das durch key-Eigenschaften oder durch Deklaration einer Schlüsseleigenschaft in keyExtractor erreicht werden. Die Funktion in renderSectionHeader ist dafür zuständig, eine Komponente für die Überschrift eines Abschnitts zu liefern. Dabei steht ihr ein Objekt als Argument zur Verfügung, das einen Abschnitt repräsentiert. Hier verwenden wir den Wert in title für die Überschrift des Abschnitts.

In MyJournal sollen die Einträge pro Tag gruppiert werden. Damit wir bereits beim Start von MyJournal einige Daten sehen, deklarieren wir eine Konstante journalItems mit beispielhaften Einträgen für zwei vergangene Tage im Juli 2017 und weisen diese als vorübergehende Lösung dem initialen Zustand im state-Objekt zu. Außerdem müssen wir in der import-Anweisung `FlatList` durch `SectionList` ersetzen. Der Code in Beispiel 4-9 zeigt Ihnen die relevanten Änderungen.

Beispiel 4-9: SectionList wird anstelle von FlatList importiert. Einer Konstanten journalItems werden Beispieldaten zugewiesen, die vorübergehend im initialen Zustand verwendet werden.

```
import React from 'react';
import {
  KeyboardAvoidingView,
  SectionList,
  StyleSheet,
  Text,
  TextInput,
  View
} from 'react-native';

const journalItems = [
  {
    data: [
      {
        text: 'Umgang mit SectionList in React Native gelernt',
        date: 1 // eindeutiger, willkürlicher Wert für date
      }
    ],
    title: '29.7.2017'
  },
  {
    data: [
      { text: 'Einkauf im Supermarkt', date: 2 },
      { text: 'Wochenendausflug geplant', date: 3 }
    ],
    title: '28.7.2017'
  }
];

export default class App extends React.Component {
  state = { items: journalItems };
  // ... der Rest bleibt zunächst unverändert ...
```

In render wird nun eine SectionList benötigt, die ihre Daten via sections anstatt über data erhält und die einen zusätzlichen Prop renderSectionHeader erfordert. Die Deklaration des SectionList-Elements im JSX-Code ist in Beispiel 4-10 dargestellt.

Beispiel 4-10: In render verwenden wir nun SectionList anstatt FlatList.

```
render() {
  let content = <Text>Keine Einträge im Tagebuch</Text>;
  if (this.state.items.length > 0)
    content = (
      <SectionList
        style={styles.list}
        sections={this.state.items}
        renderItem={(({ item }) => <Text>{item.text}</Text>)}
```

```
      renderSectionHeader={({ section }) => (
        <Text style={styles.listHeader}>{section.title}</Text>
      )}
      keyExtractor={item => item.date}
    />
  );
// ... der Rest bleibt zunächst unverändert ...
```

Der return-Ausdruck von render ändert sich nicht. Damit die Abschnittsüberschriften visuell hervorgehoben werden, verwenden wir in der Text-Komponente in renderSectionHeader einen einfachen Style, für den wir eine graue Hintergrundfarbe festlegen. Ergänzen Sie dazu das styles-Objekt am Ende von *App.js* mit der folgenden Deklaration:

```
const styles = StyleSheet.create({
  // ... die restlichen Styles bleiben unverändert ...
  listHeader: {
    backgroundColor: 'darkgray'
  }
});
```

Die deklarative Nutzung einer SectionList-Komponente erfordert nur wenige Änderungen im Vergleich zu FlatList. Lediglich die Anwendungslogik zur Verwaltung der geschachtelten Datenstruktur, die den Abschnitten einer SectionList zugrunde liegt, bringt einen erhöhten Aufwand mit sich. Dies zeigt sich im angepassten Code für die Methode _addItem, der in Beispiel 4-11 aufgelistet ist. Ändern Sie diese Methode in *App.js*, damit ein neuer Tagebucheintrag am Anfang des Abschnitts für den aktuellen Tag erscheint, wie in Abbildung 4-5 dargestellt. Auf der Webseite zum Buch können Sie die Datei *App.js* für den momentanen Zwischenstand herunterladen.

Beispiel 4-11: Die Methode _addItem fügt einen Tagebucheintrag in die Datenstruktur ein, die in der SectionList verwendet wird.

```
_addItem(text) {
  let { items } = this.state;
  let [head, ...tail] = items; // head enthält ersten Abschnitt

  // Datum für heute schrittweise im Format 22.6.2017 aufbauen
  const now = new Date();
  const day = now.getDate();
  const month = now.getMonth() + 1;
  const year = now.getFullYear();
  const today = `${day}.${month}.${year}`; // heutiges Datum

  if (head === undefined || head.title !== today) {
    // ggf. neuen Abschnitt für heutiges Datum erstellen
    head = { data: [], title: today };
    tail = items;
  }
  // neuen Eintrag (newItem) an vorderster Stelle einfügen
  const newItem = { text: text, date: now.getTime() };
  head.data = [newItem, ...head.data];
```

```
    items = [head, ...tail];
    this.setState({ items });
    this.textInput.clear();
}
```

Am Anfang werden zwei destrukturierende Zuweisungen ausgeführt: Zuerst initialisieren wir die Variable items mit den aktuellen Einträgen aus state, dann lesen wir das erste Element der Abschnitte aus items in eine Variable head ein und weisen der Variablen tail mithilfe des Spread-Operators (...) die restlichen Abschnitte zu.

Die Überschrift eines Abschnitts stellt den Tag in einem schlichten Format dar (z. B. 22.6.2017 für den 22. Juni 2017). Dafür wird der String in der Konstanten today verwendet, der sich aus den Bestandteilen für den Tag, den Monat und das Jahr des aktuellen Datums in der Konstanten now zusammensetzt. Hierbei ist zu beachten, dass die zwölf Monate eines Jahres in JavaScript von der Methode get Date mit 0 für Januar bis 11 für Dezember repräsentiert werden. Daher wird die Konstante month mit now.getMonth() + 1 berechnet.

Falls es noch keinen Abschnitt für den heutigen Tag gibt (siehe if-Verzweigung), wird dieser mit einem leeren Array in data erstellt, und tail werden die gesamten Abschnitte aus items zugewiesen. Nach dem if-Block erstellen wir den neuen Eintrag (newItem) bestehend aus dem eingegebenen Text und dem aktuellen Zeitpunkt (numerischer Wert der Unix-Zeit). Danach wird head.data mit newItem erweitert. Der Variablen items wird die Liste der Abschnitte bestehend aus head und tail zugewiesen, und schließlich werden die geänderten Daten für items im state-Objekt mit setState gesetzt.

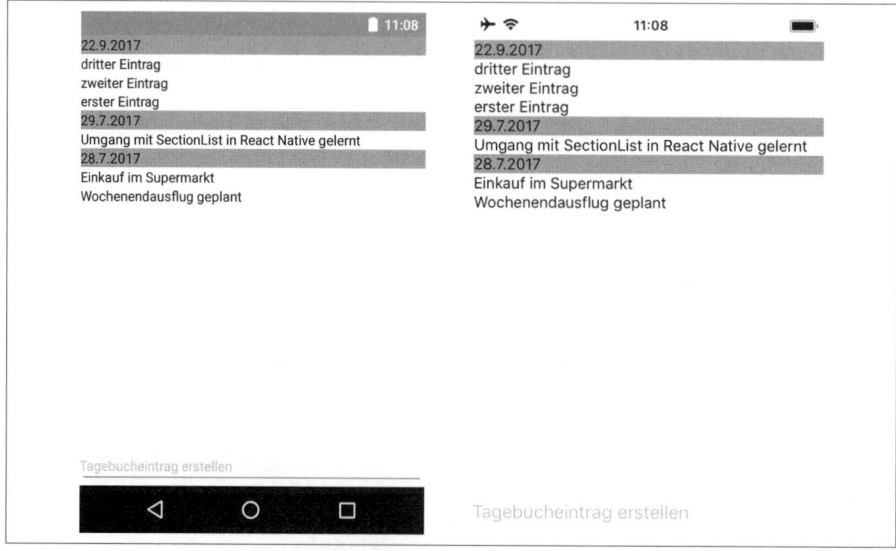

Abbildung 4-5: Tagebucheinträge werden mit einer SectionList in Abschnitten für jeden Tag dargestellt. Die Reihenfolge der Einträge ist absteigend nach Datum sortiert.

> ### Hilfsbibliotheken für Date
> Da sich der Umgang mit Date in JavaScript als recht umständlich erweist, kann es in Projekten mittelfristig sinnvoll sein, eine Hilfsbibliothek für Date zu verwenden. Insbesondere wenn bei Datumsobjekten Zeitzonen berücksichtigt und Darstellungen in verschiedenen Formaten oder Sprachen benötigt werden, kann eine Hilfsbibliothek eine große Erleichterung sein. Im JavaScript-Umfeld gibt es mehrere Alternativen, z.B. die Bibliotheken *date-fns* (date-fns.org) und *Moment.js* (momentjs.com).

Wenn die App im Alltag verwendet wird, könnte sich herausstellen, dass meistens nicht mehr als ein Eintrag pro Tag erstellt wird. In dem Fall könnte es passender sein, die SectionList auf Basis von Monaten anstelle von Tagen zu unterteilen. Da wir jedoch im Rahmen dieses Buchs einen Prototyp der App mit häufigen Änderungen entwickeln, ist die Verwendung von Tagen zur Unterteilung naheliegender. Sonst müssten wir stets bis zum nächsten Monat warten, damit mehr als eine Unterteilung in der SectionList sichtbar wird.

Eine Besonderheit der SectionList ist, dass sich das Verhalten dieser Komponente bei Android und iOS unterscheidet. Dies zeigt sich beim Scrollen der Liste. In Android werden die Abschnittsüberschriften mit der Liste nach oben bzw. unten bewegt, während bei iOS die Überschriften so lange fest am oberen Bildschirmrand stehen bleiben, bis für diesen Abschnitt keine Einträge mehr sichtbar sind. Erst dann bewegt sich auch die Überschrift aus dem sichtbaren Bereich. Dieses Verhalten lässt sich bei Bedarf für eine SectionList-Komponente mit dem Prop sticky SectionHeadersEnabled anpassen.

Button und die Touchable-Komponenten

Benutzer von Smartphone-Apps nutzen das touchsensitive Display, um mit der App zu interagieren. Dazu werden oft klar erkennbare Bereiche dargestellt, auf die Benutzer tippen oder drücken können, um bestimmte Aktionen auszuführen. Mögliche Bereiche sind z.B. Bilder, Icons oder farblich unterlegter Text (bzw. ein *Button*). Mit der Komponente Button bietet React Native in einer App eine einfache Möglichkeit für die Interaktion durch Drücken (*Touch*). Wir haben bereits für die App StepCounter eine Button-Komponente verwendet. Mit den Props title und onPress werden die Beschriftung von Button und sein Verhalten beim Drücken definiert:

```
<Button title="Knopf" onPress={() => console.log('Knopf gedrückt')}/>
```

Solch ein Button wird durch React Native auf Android- und iOS-Geräten unterschiedlich dargestellt, wie Sie in Abbildung 4-6 sehen können.

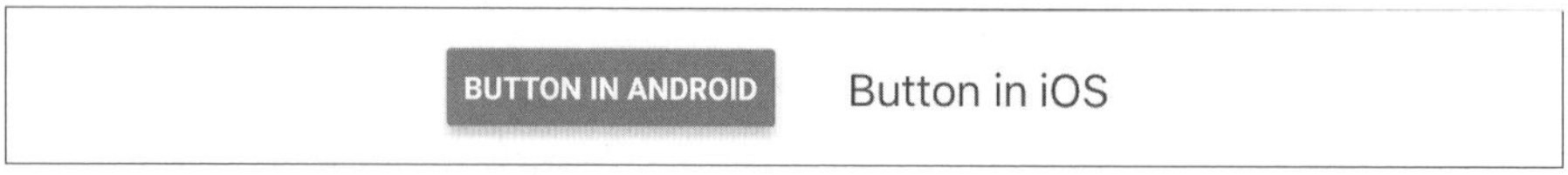

| BUTTON IN ANDROID | Button in iOS |

Abbildung 4-6: Darstellung einer Button-Komponente in Android und in iOS

Ein Button erscheint auf Android-Geräten als klar definierte Fläche, während die gleiche Komponente in iOS wie gewöhnlicher Text in normaler Schreibweise aussieht. Außerdem beschriftet Android diese Art von Knöpfen mit Großbuchstaben, und unterhalb der Komponente ist etwas Schatten zu sehen, so als würde der Knopf »schweben«. Anhand dieser Komponente werden die Unterschiede in den UI-Richtlinien der beiden Plattformen Android und iOS deutlich. Android verwendet das sogenannte *Material Design*,[3] das sich in vielerlei Hinsicht von den Richtlinien unterscheidet, die von Apple für iOS vorgegeben werden (siehe Human Interface Guidelines, HIG).[4]

Viele Aspekte einer mobilen App können wir mit React Native häufig plattformübergreifend mit identischen Komponenten und Code für Android und iOS entwickeln, wie das Beispiel der Komponente `Button` zeigt. Die Komponenten werden durch das jeweilige Betriebssystem entsprechend unterschiedlich dargestellt. Manchmal ist es jedoch wünschenswert, ein bestimmtes Aussehen oder ein Verhalten für jede Plattform im Detail anzupassen. React Native bietet verschiedene Ansätze, um plattformspezifische Unterschiede im Code zu implementieren, und eine dieser Vorgehensweisen werden Sie gleich kennenlernen.

In mobilen Apps können im Prinzip beliebige UI-Elemente auf Touchgesten und insbesondere auf das Antippen reagieren. Im Beispiel von MyJournal könnte die Auswahl eines Tagebucheintrags in der `SectionList` zu einer Detailansicht dieses Eintrags führen. Diese wird später nützlich, wenn ein Tagebucheintrag z. B. längeren Text enthält, der nicht vollständig in der Liste erscheint. Momentan besteht ein Listeneintrag nur aus Text, sodass sich die Frage stellt, wie eine Text-Komponente »touchfähig« wird. Dazu gibt es in React Native verschiedene Komponenten: `TouchableWithoutFeedback`, `TouchableNativeFeedback`, `TouchableOpacity` und `TouchableHighlight`. Soll bei einer bestimmten Komponente auf das Antippen reagiert werden, wird diese Komponente in die zu verwendende Touchkomponente eingebettet. Diese Komponenten werden also als sogenannte »Wrapper«-Elemente eingesetzt, wie das folgende Beispiel mit `TouchableOpacity` zeigt:

```
<TouchableOpacity onPress={() => console.log('component pressed')}>
  <View>
    <Text>Diese beiden Text-Komponenten ...</Text>
    <Text>... werden hiermit touchfähig.</Text>
  </View>
</TouchableOpacity>
```

---

3   *material.io*
4   *developer.apple.com/ios/human-interface-guidelines*

Hier werden zwei zusammenhängende Text-Komponenten mit einem View-Elternelement von einem TouchableOpacity-Element umgeben, um auf das Antippen des Texts zu reagieren. Die anderen Touchkomponenten werden analog verwendet. Anstelle der Text-Komponente könnten auch beliebige andere Komponenten eingebettet werden. Mit der Funktion in onPress wird das gewünschte Verhalten beim Drücken als Callback definiert. Über weitere verfügbare Props, die in der offiziellen Dokumentation dieser Komponente beschrieben werden, können unter anderem visuelle Einstellungen vorgenommen werden. In der Regel dürfen diese Touchkomponenten nur ein Kindelement enthalten, weshalb die beiden Text-Komponenten von einem View-Element umgeben sind. Es folgt eine Beschreibung der verschiedenen Komponenten für Touchgesten.

TouchableWithoutFeedback

Wie der Name schon andeutet, wird beim Antippen dieser Komponente kein visuelles Feedback dargestellt. Denkbar wäre der Einsatz dieser Komponente im Zusammenhang mit einem Eingabefeld, das per Touch für eine Eingabe aktiviert wird und keinen visuellen Effekt erzeugt. Im Allgemeinen sorgt jedoch ein visueller Effekt bei Touchkomponenten für eine bessere Bedienbarkeit. Daher wird diese Komponente nur in seltenen Fällen verwendet.

TouchableNativeFeedback

Diese Komponente kann nur auf Android-Geräten eingesetzt werden. Dort erscheint beim Antippen solch einer Komponente der sogenannte »Ripple«-Effekt, der seit Einführung des *Material Design* in Android standardmäßig für Touchkomponenten dargestellt wird. Ausgehend von der Stelle, die angetippt wird, dehnt sich für kurze Zeit ein visueller Effekt konzentrisch über die ganze Komponente aus. Dies erinnert an sich kräuselndes Wasser, woran der Name »Ripple«-Effekt angelehnt ist. Für Android ist die Verwendung dieser Komponente in den meisten Fällen empfehlenswert.[5] Bei dieser Komponente muss das Kindelement ein View-Element sein, selbst wenn die für Touchgesten zu erweiternde Komponente nur aus einem einzigen Text-Element besteht.

Mit TouchableNativeFeedback steht uns also eine Komponente ausschließlich für Android zur Verfügung. Die verbleibenden zwei Komponenten TouchableOpacity und TouchableHighlight kommen für iOS infrage.

TouchableOpacity

Beim Antippen wird die in einem TouchableOpacity-Element eingebettete Komponente für kurze Zeit leicht durchsichtig dargestellt. Diese Komponente wird daher in iOS meistens für Text oder Icons verwendet.

TouchableHighlight

Auch mit dieser Komponente wird das enthaltene Element beim Antippen kurzzeitig transparent, allerdings wird hierbei eine Hintergrundfarbe eingeblendet, die durch den Prop underlayColor definiert wird. In iOS eignet sich

---

5   Zu beachten ist, dass dieser Effekt erst ab Android 5.0 bzw. API-Level 21 unterstützt wird.

TouchableHighlight somit für Komponenten mit klar umrissenen Formen oder Farben, z. B. für selbst definierte Buttons, die in iOS nicht nur aus bloßem Text bestehen sollen.

Nun wollen wir die Tagebucheinträge in der Liste mit Touchkomponenten erweitern. Zunächst soll noch kein spezielles Verhalten mit onPress definiert werden. Wir möchten lediglich ein visuelles Feedback erhalten, wenn wir einen Listeneintrag auswählen. Für die Android-Version der App wollen wir TouchableNativeFeedback einsetzen, und für iOS wählen wir TouchableOpacity. Wir benötigen also eine Möglichkeit, um im Code programmatisch zwischen Android und iOS unterscheiden zu können. Dafür stellt React Native eine API namens Platform zur Verfügung, die wir nun in *App.js* zusätzlich zu TouchableNativeFeedback und TouchableOpacity importieren:

```
import {
  KeyboardAvoidingView,
  Platform,
  SectionList,
  StyleSheet,
  Text,
  TextInput,
  TouchableNativeFeedback,
  TouchableOpacity,
  View
} from 'react-native';
```

Zur Laufzeit können wir dann mithilfe von Platform.OS herausfinden, ob unsere App auf einem Android-Gerät ('android') oder in iOS ausgeführt wird ('ios'). In der Methode render der Datei *App.js* weisen wir unter Verwendung dieser API einer Konstanten TouchableItem die zur Plattform passende Touchkomponente zu:

```
render() {
  const TouchableItem =
    Platform.OS === 'ios' ? TouchableOpacity : TouchableNativeFeedback;
  // ... der Rest von render bleibt unverändert ...
```

Danach passen wir die Callback-Funktion in renderItem der SectionList-Deklaration an, um einen Listeneintrag in TouchableItem einzubetten:

```
// diese Änderung betrifft den JSX-Code der SectionList
<SectionList
  style={styles.list}
  sections={this.state.items}
  renderItem={({ item }) => (
    <TouchableItem>
      <View>
        <Text>{item.text}</Text>
      </View>
    </TouchableItem>
  )}
  // ... der Rest der SectionList bleibt unverändert ...
```

> **Plattformspezifische Komponenten in Dateien**
>
> Falls eine komplexe Komponente signifikante Unterschiede zwischen Android und iOS aufweist, dann kann der Code durch viele Fallunterscheidungen mit `Platform.OS` unübersichtlich werden. In solchen Situationen kann es sinnvoll sein, den Code in zwei verschiedene Dateien mit plattformspezifischen Zusätzen im Dateinamen aufzuteilen. Heißt die Komponente z.B. `SpecialComponent`, dann sollte die Android-Version in einer Datei namens `SpecialComponent.android.js` definiert werden und für die iOS-Variante entsprechend in der Datei `SpecialComponent.ios.js`. Um die plattformspezifische Komponente zu verwenden, genügt eine gewöhnliche `import`-Anweisung ohne Zusatz im Dateinamen und React Native wird zur Laufzeit die zur jeweiligen Plattform passende Version der Komponente laden:
>
> ```
> import SpecialComponent from './SpecialComponent';
> ```

Wenn wir nun einen Eintrag in der Liste antippen, wird visuelles Feedback angezeigt, das zur jeweiligen Plattform passt. In der Android-Version ist der »Ripple«-Effekt zu sehen, während auf dem iPhone der Text des Eintrags für kurze Zeit durchsichtig dargestellt wird. Diese Änderung diente hier hauptsächlich der Veranschaulichung dieser häufig verwendeten Touchable-Komponenten und wird erst in einem späteren Kapitel mit einer konkreten Auswirkung in der App ausgestattet.

Sie haben einige Komponenten kennengelernt und viele Anpassungen am Code durchgeführt. In Beispiel 4-12 habe ich den vollständige Code in *App.js* aufgelistet, damit Sie Ihre Version mit diesem aktuellen Zwischenstand vergleichen können.

Beispiel 4-12: Den vollständigen Code in App.js finden Sie auch online auf der Webseite zum Buch: www.behrends.io/react-native-buch.

```
import React from 'react';
import {
  KeyboardAvoidingView,
  Platform,
  SectionList,
  StyleSheet,
  Text,
  TextInput,
  TouchableNativeFeedback,
  TouchableOpacity,
  View
} from 'react-native';

const journalItems = [
  {
    data: [
      {
        text: 'Umgang mit SectionList in React Native gelernt',
        date: 1
      }
    ],
    title: '29.7.2017'
  },
```

```
  {
    data: [
      { text: 'Einkauf im Supermarkt', date: 2 },
      { text: 'Wochenendausflug geplant', date: 3 }
    ],
    title: '28.7.2017'
  }
];

export default class App extends React.Component {
  state = { items: journalItems };

  _addItem(text) {
    let { items } = this.state;
    let [head, ...tail] = items;

    const now = new Date();
    const day = now.getDate();
    const month = now.getMonth() + 1;
    const year = now.getFullYear();
    const today = `${day}.${month}.${year}`;

    if (head === undefined || head.title !== today) {
      // ggf. neuer Abschnitt für heutiges Datum
      head = { data: [], title: today };
      tail = items;
    }
    const newItem = { text: text, date: now.getTime() };
    head.data = [newItem, ...head.data];
    items = [head, ...tail];
    this.setState({ items });
    this.textInput.clear();
  }

  render() {
    const TouchableItem =
      Platform.OS === 'ios' ? TouchableOpacity : TouchableNativeFeedback;
    let content = <Text>Keine Einträge im Tagebuch</Text>;
    if (this.state.items.length > 0) {
      content = (
        <SectionList
          style={styles.list}
          sections={this.state.items}
          renderItem={({ item }) => (
            <TouchableItem>
              <View>
                <Text>{item.text}</Text>
              </View>
            </TouchableItem>
          )}
          renderSectionHeader={({ section }) => (
            <Text style={styles.listHeader}>{section.title}</Text>
          )}
          keyExtractor={item => item.date}
        />
      );
```

```
      }
      return (
        <View style={styles.container}>
          {content}
          <KeyboardAvoidingView behavior="padding">
            <TextInput
              style={styles.input}
              ref={input => (this.textInput = input)}
              placeholder="Tagebucheintrag erstellen"
              returnKeyType="done"
              onSubmitEditing={event =>
                this._addItem(event.nativeEvent.text)}
            />
          </KeyboardAvoidingView>
        </View>
      );
    }
  }
  const styles = StyleSheet.create({
    container: {
      flex: 1,
      justifyContent: 'center'
    },
    list: {
      marginTop: 24
    },
    input: {
      height: 40
    },
    listHeader: {
      backgroundColor: 'darkgray'
    }
  });
```

> ## Übung
>
> Verwenden Sie in der Liste `TouchableHighlight` mit dem Prop `underlayColor`, um beim Antippen eines Eintrags kurzzeitig einen farbigen Hintergrund erscheinen zu lassen.

Inzwischen hat die Klasse App, die die Hauptkomponente in MyJournal ist, durch die Hilfsmethode _addItem und die Verwendung verschiedener UI-Komponenten deutlich an Umfang zugenommen und besteht aus mehr als 100 Zeilen Code. Da wir alle Änderungen bisher nur in der Klasse App vorgenommen haben, ist diese inzwischen relativ unübersichtlich. Verschiedene Teile des Codes könnten durch Auslagerung in eigenständige Komponenten vereinfacht werden. Deswegen werden wir nun eine Umstrukturierung des Codes durchführen. Die Codestruktur erleichtert uns zusätzlich die Änderungen aus den folgenden Kapiteln.

Code durch Komponenten strukturieren

Als Abschluss dieses Kapitels wollen wir die Lesbarkeit des Codes in MyJournal verbessern. Bisher gibt es nur eine Komponente namens App, die die Hauptkomponente in MyJournal ist. Als Hauptkomponente definiert App die äußerste Komponente der App, die alle anderen Komponenten enthält. In der Methode render wird also ein hierarchischer Komponentenbaum erzeugt und als Rückgabewert geliefert. Diese Methode enthält neben dem return-Ausdruck eine Fallunterscheidung, um zu bestimmen, ob die Liste der Tagebucheinträge oder nur ein Text angezeigt werden soll. Somit hat diese Methode mehrere Zuständigkeiten (*Concerns*) und ist insgesamt nicht einfach nachzuvollziehen.

Weiterhin ist die App aus Sicht des UI aus drei Komponenten zusammengesetzt: Die Hauptkomponente als äußerer Rahmen ist App, die eine Darstellung der Tagebucheinträge und ein Eingabefeld enthält (siehe Abbildung 4-7).

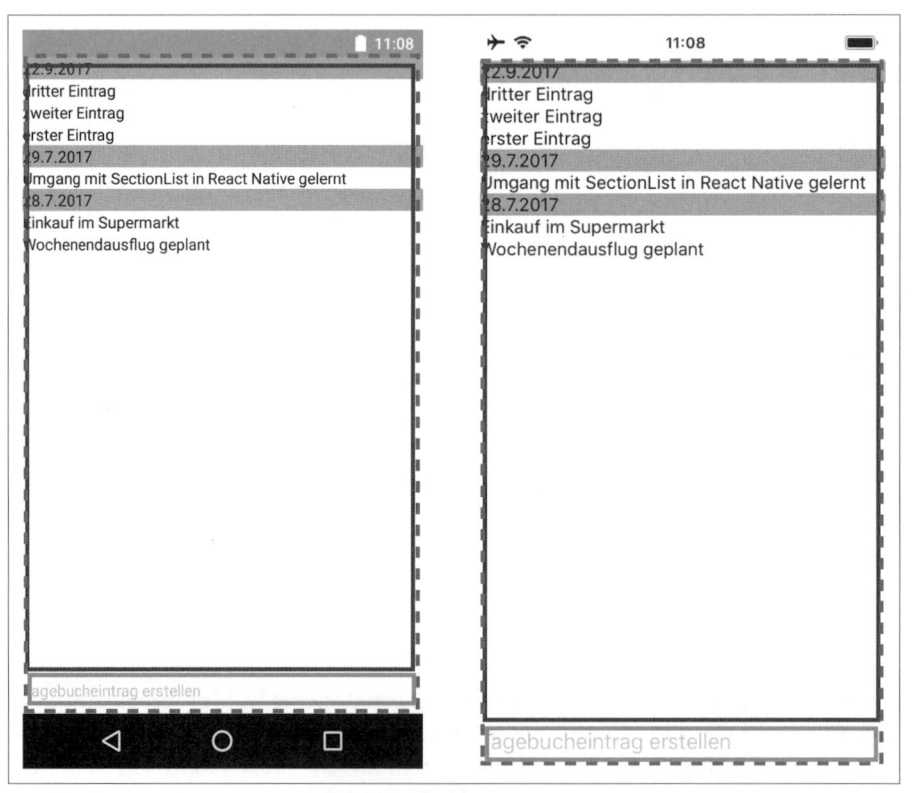

Abbildung 4-7: Die App ist aus drei Komponenten zusammengesetzt. Die Hauptkomponente (gestrichelte Linie) enthält zwei weitere Komponenten.

Diese Sichtweise mit Betonung der Komponenten liegt dem Programmiermodell von React (Native) zugrunde und sollte im Code befolgt werden. Insbesondere sollten so wenige Komponenten wie möglich mit state arbeiten. In MyJournal genügt es, wenn die äußere Komponente App den Zustand verwaltet und Daten als props an die anderen Komponenten weiterreicht.

Aus diesen Gründen wollen wir nun eine Komponente für die Darstellung der Tagebucheinträge extrahieren. Diese werden wir JournalItems nennen. Sobald diese Komponente erstellt ist, können wir sie in App verwenden, indem wir sie zunächst importieren, im JSX-Code der Methode render als Komponente im UI einbinden und ihr mit dem Attribut items die Liste der Tagebucheinträge als Prop übergeben:

```
// Komponente importieren:
import JournalItems from './JournalItems';

// angedeutetes JSX-Fragment mit Prop für items in der Methode render:
<JournalItems items={this.state.items} />
```

Innerhalb der Komponente JournalItems steht die Liste der Tagebucheinträge dann unter this.props.items zur Verfügung, wie wir gleich in der Implementierung der Komponente JournalItems sehen werden.

Öffnen Sie eine neue Datei im Editor, die Sie mit dem Namen *JournalItems.js* speichern. In dieser Datei werden wir eine eigene Komponente namens JournalItems als Klasse implementieren. Die Klasse wird lediglich eine Methode render haben, die im Fall eines leeren Arrays in this.props.items entweder einen Text oder die Liste der Einträge zurückliefert. Fügen Sie den Code aus Beispiel 4-13 in diese Datei ein (wie gewohnt, ist die Datei *JournalItems.js* auch auf der Webseite zum Buch zu finden).

Beispiel 4-13: Die Liste als eigene Komponente in JournalItems.js

```
import React, { Component } from 'react';
import {
  Platform,
  SectionList,
  StyleSheet,
  Text,
  TouchableNativeFeedback,
  TouchableOpacity,
  View
} from 'react-native';

const TouchableItem = Platform.OS === 'ios'
  ? TouchableOpacity
  : TouchableNativeFeedback;

export default class JournalItems extends Component {
  render() {
    if (this.props.items.length === 0)
      return <Text>Keine Einträge im Tagebuch</Text>;

    return (
      <SectionList
        style={styles.list}
```

```
      sections={this.props.items}
      renderItem={(({ item }) =>
        <TouchableItem>
          <View>
            <Text>{item.text}</Text>
          </View>
        </TouchableItem>}
      renderSectionHeader={(({ section }) =>
        <Text style={styles.listHeader}>{section.title}</Text>}
      keyExtractor={item => item.date}
    />
   );
  }
}
const styles = StyleSheet.create({
  list: {
    marginTop: 24
  },
  listHeader: {
    backgroundColor: 'darkgray'
  }
});
```

Im Prinzip haben wir die Teile des Codes, die für die Darstellung der Tagebucheinträge benötigt werden, aus *App.js* übernommen. Zwei Änderungen sind allerdings zu beachten. Erstens wird die Konstante TouchableItem außerhalb der Klasse JournalItems initialisiert, wodurch die Methode render noch etwas kompakter wird. Zweitens wird JournalItems ohne Angabe des Moduls React als Subklasse von Component deklariert. Dazu mussten wir vorher Component explizit importieren:

```
// wenn Component aus dem React-Modul importiert wird ...
import { React }, Component from 'react';

// ... dann kann die Klasse direkt von Component abgeleitet werden
export default class JournalItems extends Component {
```

Die Klassendeklaration wird hierdurch etwas vereinfacht. Diese Änderung werden wir neben einigen anderen Anpassungen auch für die Komponente App vornehmen.

Öffnen Sie jetzt die Datei *App.js* im Editor, die Sie wie in Beispiel 4-14 aufgelistet anpassen. Dort können wir einige Komponenten aus der import-Anweisung entfernen. Zusätzlich wird die eben erstellte Komponente JournalItems importiert, und wir initialisieren die Konstante journalItems mit einem leeren Array, da wir die Beispieldaten nur für das Testen der SectionList benötigt haben.

Die Methode render ist deutlich übersichtlicher geworden. Wir geben lediglich den passenden JSX-Code zurück und deklarieren dort, wie die neue Komponente JournalItems anstelle von {content} eingebettet wird. Dieser Komponente übergeben wir durch den Prop items={this.state.items} das Array bestehend aus den Tagebucheinträgen. Das styles-Objekt am Ende der Datei besteht nun aus weniger Deklarationen.

Beispiel 4-14: App.js verwendet jetzt die neue Komponente JournalItems und erbt direkt von Component.

```
import React, { Component } from 'react';
import {
  KeyboardAvoidingView,
  StyleSheet,
  Text,
  TextInput,
  View
} from 'react-native';
import JournalItems from './JournalItems';

const journalItems = [];

export default class App extends Component {
  state = { items: journalItems };

  _addItem(text) {
    let { items } = this.state;
    let [head, ...tail] = items;

    const now = new Date();
    const day = now.getDate();
    const month = now.getMonth() + 1;
    const year = now.getFullYear();
    const today = `${day}.${month}.${year}`;

    if (head === undefined || head.title !== today) {
      // ggf. neuer Abschnitt für heutiges Datum
      head = { data: [], title: today };
      tail = items;
    }
    const newItem = { text: text, date: now.getTime() };
    head.data = [newItem, ...head.data];
    items = [head, ...tail];
    this.setState({ items });
    this.textInput.clear();
  }

  render() {
    return (
      <View style={styles.container}>
        <JournalItems items={this.state.items} />
        <KeyboardAvoidingView behavior="padding">
          <TextInput
            style={styles.input}
            ref={input => (this.textInput = input)}
            placeholder="Tagebucheintrag erstellen"
            returnKeyType="done"
            onSubmitEditing={event =>
              this._addItem(event.nativeEvent.text)}
          />
        </KeyboardAvoidingView>
      </View>
    );
```

```
    }
  }
const styles = StyleSheet.create({
  container: {
    flex: 1,
    justifyContent: 'center'
  },
  input: {
    height: 40
  }
});
```

Die Eingabe mit `KeyboardAvoidingView` und `TextInput` könnte auch als eigenständige Komponente extrahiert werden, was ich Ihnen als Übung zur Erstellung eigener Komponenten nahelegen möchte.

Zusammenfassung

In diesem Kapitel haben wir durch die Entwicklung eines Prototyps für eine Tagebuch-App die Verwendung verschiedener UI-Komponenten von React Native kennengelernt. Die Darstellung und die Eingabe von Texten mit `Text` und `TextInput` wurden ausgiebig behandelt, und wir haben gesehen, wie Komponenten mit `View` zusammengefasst werden. Für Listen haben wir aufeinander aufbauend `FlatList` und `SectionList` eingesetzt. Im Zusammenhang mit den verschiedenen `Touchable`-Komponenten haben wir eine plattformspezifische Fallunterscheidung mit der `Platform`-API implementiert. Schließlich haben wir mit `JournalItems` eine eigene Komponente für die Darstellung der Tagebucheinträge erstellt. Somit sind wir grundlegend in der Lage, UI-Komponenten von React Native in eigenen Komponenten zu verwenden, was bereits ein wesentlicher Aspekt der plattformübergreifenden App-Entwicklung mit React Native ist.

Es gibt zwei wichtige UI-Komponenten in React Native, die wir in diesem Kapitel noch nicht verwendet haben: `Image` und `ScrollView`. Die Anzeige von Bildern bzw. Fotos mit `Image` werden wir in Kapitel 6 im Zusammenhang mit dem Einsatz der Kamera des Smartphones betrachten. Mit `ScrollView` steht uns eine häufig eingesetzte Komponente zur Verfügung, mit der Inhalte, die nicht vollständig auf dem Bildschirm dargestellt werden können, in eine scrollbare Ansicht eingebettet werden können (z. B. lange Texte). `ScrollView` wird uns erst in Kapitel 8 begegnen.

React Native umfasst weitere UI-Komponenten, die wir nicht in diesem Buch behandeln können. Alle verfügbaren Komponenten sind in der offiziellen Dokumentation aufgelistet (*facebook.github.io/react-native/docs*). Dennoch möchte ich einige Komponenten erwähnen, die für die Erstellung von UIs in mobilen Apps nützlich sein können:

Modal
: Ein Modal ermöglicht es, Inhalte über der aktuellen Ansicht einzublenden.

Picker
: Picker stellt passend zur Plattform eine Auswahlliste dar.

Slider
: Dies ist eine Art »Schieberegler« zur Wahl eines Werts aus einem Intervall.

Switch
: Hierdurch wird der für mobile Apps typische Schalter mit zwei Zuständen angezeigt (an/aus).

> Manchmal werden neue UI-Komponenten in React Native eingeführt, die möglicherweise bestehende Komponenten ersetzen. Das ist z.B. mit FlatList und SectionList geschehen, wodurch die bis dahin häufig verwendete Komponente ListView obsolet wurde. Solche Änderungen und andere Neuigkeiten werden in der Regel im offiziellen *React Native Blog* angekündigt (*facebook.github.io/react-native/blog*).

Übungen

- Erstellen Sie für die Eingabe (KeyboardAvoidingView und TextInput) eine eigenständige Komponente, die Sie in App verwenden.
- Validierung der Eingabe: Verhindern Sie, dass leere Einträge oder solche, die nur aus Leerzeichen bestehen, hinzugefügt werden können. Ein Dialog mit einer Warnung könnte auf fehlgeschlagene Validierungen hinweisen.
- Leerzeichen am Anfang und am Ende einer Eingabe könnten automatisch entfernt werden. In String steht dazu eine Methode trim bereit.
- Wird die App MyJournal regelmäßig über einen längeren Zeitraum genutzt, wird die Liste übersichtlicher, wenn die Abschnitte alle Einträge eines Monats zusammenfassen (anstatt eines Tages). Ändern Sie die App entsprechend.

> Auf der Webseite zum Buch finden Sie Lösungsansätze zu einzelnen Übungen (*www.behrends.io/react-native-buch*).

KAPITEL 5

Styling des Layouts und des Erscheinungsbilds

Für die App-Entwicklung ist Styling ein wichtiges, grundlegendes Thema, dem dieses Kapitel gewidmet ist. Grundsätzlich wird durch das Styling zunächst einmal das Erscheinungsbild einer App festgelegt, z.B. Farben und Schriftgrößen. Darüber hinaus ist es erforderlich, dass das Layout einer App die verschiedenen Displaygrößen gängiger Smartphones berücksichtigt und sich im Idealfall flexibel anpasst. React Native bietet einen eleganten Ansatz, um plattformunabhängig das Erscheinungsbild und das Layout einer App zu gestalten.

Zunächst werde ich allgemeine Aspekte des Stylings in React Native behandeln. Die Codebeispiele dazu werden daher nicht in die App MyJournal eingebaut. Um die Beispiele dennoch nachzuvollziehen, können Sie sie im Browser mit Expo Snack ausprobieren (*snack.expo.io*). Anschließend werden wir in MyJournal einige gestalterische Anpassungen umsetzen, die das Erscheinungsbild der App betreffen. Wir werden uns außerdem mit dem Flexbox-Layout in React Native befassen.

Styling allgemein

Bei den herkömmlichen Ansätzen zur Entwicklung nativer Apps wird meistens eine strikte Trennung zwischen der Programmierung der Anwendungslogik und der Beschreibung der Benutzeroberfläche vollzogen. Apps für Android werden üblicherweise in Java oder Kotlin implementiert, und für die Layouts der UIs erfolgt die Deklaration zumeist in separaten XML-Dateien. Diese Trennung findet sich auch bei der Entwicklung von iOS-Apps mit der IDE XCode wieder. Dort wird hauptsächlich in Swift und Objective-C programmiert, während für die Erstellung von Benutzeroberflächen Werkzeuge wie der Interface Builder bereitstehen. Auch in der Webentwicklung ist solch eine Trennung üblich. Dort besteht die klassische Unterteilung für Webanwendungen aus HTML (Struktur), CSS (Gestaltung) und JavaScript (Verhalten). In React Native hingegen werden sowohl die eigentliche Programmierung als auch die Gestaltung der Apps mit JavaScript vorgenommen.

Styles in JavaScript-Objekten definieren und verwenden

Prinzipiell werden Styles in React Native durch gewöhnliche JavaScript-Objekte deklariert, die im JSX-Code durch style-Attribute einer Komponente zugewiesen werden. Das folgende Beispiel veranschaulicht dies:

```
const myStyle = { backgroundColor: 'red', height: '10%' };
const myComponent = <View style={myStyle} />;
```

Eine Konstante myStyle wird mit einem JavaScript-Objekt initialisiert, das Eigenschaften für die Hintergrundfarbe (backgroundColor) und die Höhe (height) enthält. myStyle wird dann als Wert dem style-Attribut einer Komponente zugewiesen, sodass diese Komponente mit 10 % der Höhe der umgebenden Komponente und mit roter Farbe ausgefüllt dargestellt wird.

Für jede von React Native vorgegebene Komponente ist festgelegt, welche Styling-Eigenschaften für konkrete Instanzen dieser Komponente zulässig sind. Hier werden wir wichtige allgemeine Eigenschaften behandeln.

Zu einigen Styling-Eigenschaften in React Native gibt es vergleichbare Eigenschaften in CSS. So wird z. B. mit backgroundColor in React Native die Hintergrundfarbe einer Komponente festgelegt. Diese Eigenschaft entspricht im Wesentlichen der Eigenschaft background-color in CSS. Beachten Sie jedoch, dass die Namen der Styling-Eigenschaften in React Native meistens in »CamelCase«-Schreibweise angegeben werden (backgroundColor statt background-color) und dass es je nach betrachteter Eigenschaft einige signifikante Unterschiede zwischen CSS und dem Styling in React Native gibt. Insbesondere sei nochmals betont, dass Styling in React Native durch JavaScript-Objekte erfolgt.

Von Inline-Styles zur StyleSheet-API

Ein Styling-Objekt kann direkt im style-Attribut einer Komponente deklariert werden. Solche »Inline-Styles« sind nützlich, um kleine gestalterische Anpassungen schnell und mit wenigen Änderungen im Code zu testen. Vielleicht soll eine Komponente statt in roter Farbe in Blau erscheinen und etwas kleiner sein als zuvor:

```
<View style={{ backgroundColor: 'blue', height: '8%' }} />
```

Für die Erstellung von Styling-Objekten wird allerdings die Verwendung der API StyleSheet empfohlen, die aus dem Modul react-native importiert werden kann. Wenn wir nach einigen schnellen Experimenten mit Inline-Styles das passende Styling gefunden haben, können wir durch die Methode StyleSheet.create ein Styling-Objekt mit den gewünschten Eigenschaften erstellen. Sind wir mit den Auswirkungen des vorigen Beispiels zufrieden, würden wir den Code folgendermaßen umschreiben:

```
import { View, StyleSheet } from 'react-native';

<View style={styles.blueBox} />

const styles = StyleSheet.create({
  blueBox: {
    backgroundColor: 'blue',
    height: '8%'
  }
});
```

Um die StyleSheet-API in Gebrauch zu nehmen, muss sie zunächst aus 'react-native' importiert werden. Mit StyleSheet.create wird ein Style-Objekt mit den gewünschten Eigenschaften erzeugt und der Konstanten styles zugewiesen. Durch styles.blueBox referenzieren wir dann in der View-Komponente die Styling-Anweisungen, die unter der Eigenschaft blueBox in der Konstanten styles aufgeführt sind.

Die Verwendung der StyleSheet-API bringt einige Vorteile mit sich. Mit dem styles-Objekt erzeugen wir alle für eine Komponente relevanten Styles an einer Stelle. Style-Objekte lassen sich leicht wiederverwenden, und React Native kann für solche Styles interne Optimierungen zur Steigerung der Performance durchführen. Per Konvention wird StyleSheet.create meistens am Ende der Datei eingesetzt, in der die Komponente als Klasse implementiert wird, wie wir bereits im Fall der App MyJournal gesehen haben.

Es ist auch möglich, dem style-Attribut ein Array, bestehend aus mehreren Styling-Objekten, zuzuweisen. Dabei hat jedes Objekt Vorrang gegenüber den vorigen Objekten im Array. Das folgende Beispiel lässt die View-Komponente in roter Farbe erscheinen, da styles.red nach styles.blueBox angewendet wird:

```
import { View, StyleSheet } from 'react-native';

<View style={[styles.blueBox, styles.red]} />

const styles = StyleSheet.create({
  blueBox: {
    backgroundColor: 'blue',
    height: '8%'
  },
  red: {
    backgroundColor: 'red'
  }
});
```

Für eine Komponente deklarieren wir also die relevanten Styles direkt in der Datei, in der die Komponente als Klasse implementiert wird. Dadurch erhalten wir in sich abgeschlossene Komponenten. Die Wartung und Wiederverwendbarkeit von Komponenten wird somit erleichtert.

> **Kontroverse um Komponenten**
>
> Das »komponentenzentrierte« Programmiermodell ist Basis für React Native und stammt aus der Webbibliothek React. Als React 2013 vorgestellt wurde, gab es einige Kritik an diesem Ansatz, unter anderem weil die in der Webentwicklung bis dahin übliche Trennung von Struktur (HTML), Gestaltung (CSS) und Logik (JavaScript) in React nicht eingehalten wurde. In einem Vortrag auf der JavaScript-Konferenz *JSConf EU 2013* wurden dieser und weitere Kritikpunkte an React aufgegriffen, um durch Hintergrundinformationen zu den Prinzipien von React zu vermitteln, welche Vorteile diese Ansätze mit sich bringen. Eine Trennung in HTML, CSS und JavaScript sei daher lediglich eine Trennung der Technologien und nicht der Belange (*Separation of Concerns*). Sie finden diesen empfehlenswerten Vortrag von Pete Hunt mit dem Titel *React: Rethinking best practices* auf YouTube unter *youtu.be/x7cQ3mrcKaY* (Dauer: knapp 30 Minuten).

Größe und Anordnung von Komponenten

Die Tatsache, dass Bildschirme von Smartphones im Vergleich zu Laptops oder Monitoren von PCs sehr klein sind, ist eine Herausforderung, der sich Entwickler stellen müssen. Auf Smartphones steht nur wenig Platz für die Gestaltung von Benutzeroberflächen zur Verfügung. Für einzelne UI-Komponenten ist daher zu entscheiden, welche Größe diese haben müssen und wie mehrere Komponenten zueinander angeordnet werden sollten.

Breite und Höhe

In React Native haben wir zwei Möglichkeiten, um die Größe einer Komponente festzulegen. Wir können dies entweder durch explizite Werte für Breite und Höhe oder durch automatisch berechnete Größenverhältnisse erreichen.

Um die Breite und Höhe einer Komponente konkret zu bestimmen, stellt React Native für die meisten Komponenten die Styling-Eigenschaften `width` (Breite) und `height` (Höhe) bereit. Die Ausmaße können mit Zahlen ohne Einheiten festgelegt werden. Die Zahlen entsprechen geräteunabhängigen Pixeln. Zur Veranschaulichung werden wir für die folgenden Beispiele einfache `View`-Komponenten einsetzen, die teilweise mittels Inline-Styles unter Verwendung von `backgroundColor` in verschiedenen vordefinierten Farben dargestellt werden. Das erste Beispiel verwendet explizite Werte für die Breite und Höhe, und dargestellt wird das Ergebnis in Abbildung 5-1. Der Code dazu ist in Beispiel 5-1 aufgelistet.

> **Beispiele in Expo Snack ausprobieren**
> Für kleinere Experimente bietet sich die Webanwendung *Expo Snack* an, mit der Sie React-Native-Apps direkt im Browser erstellen und testen können. Unter *snack.expo.io/@behrends/einfaches-styling* finden Sie den Code aus Beispiel 5-1. Hiervon ausgehend können Sie die folgenden Beispiele in Snack eingeben und ausprobieren. Schalten Sie in Expo Snack die Option *Preview* in der Fußleiste ein, um die App direkt im Browser in einem virtuellen Smartphone zu testen.

Beispiel 5-1: Diese App zeigt drei verschiedenfarbige Rechtecke an.

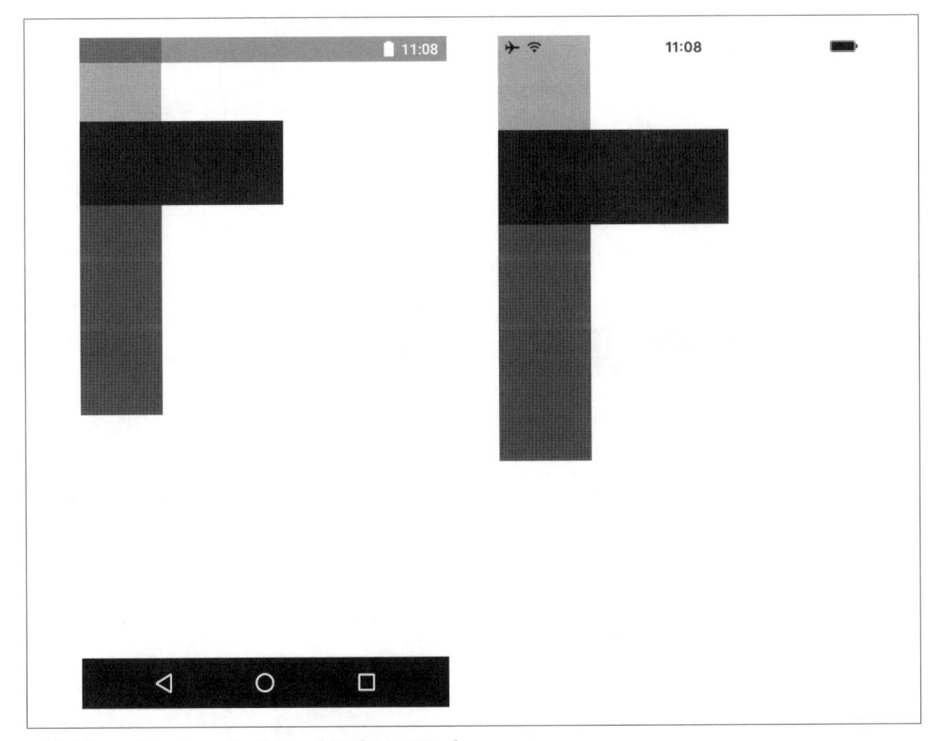

```
import React, { Component } from 'react';
import { View } from 'react-native';

export default class App extends Component {
  render() {
    return (
      <View>
        <View style={{ backgroundColor: 'orange', width: 80, height: 80 }} />
        <View style={{ backgroundColor: 'blue', width: 200, height: 80 }} />
        <View style={{ backgroundColor: 'red', width: 80, height: 200 }} />
      </View>
    );
  }
}
```

Abbildung 5-1: Feste Breite und Höhe in Pixeln

Die drei untereinander angeordneten View-Komponenten erscheinen in der jeweiligen Farbe und der fest vorgegebenen Breite und Höhe.

Alternativ können für width und height prozentuale Werte als Strings angegeben werden. Die Komponenten nehmen dann Ausmaße an, die sich aus der Größe der umgebenden Komponente ableitet. In obigem Beispiel dient eine View-Komponente ohne Angaben zum Styling als solch ein Elternelement, das dort implizit für die Breite und Höhe den Wert 0 hat. Damit prozentuale Werte funktionieren, muss die umgebende Komponente größer als 0 sein, was durch die Angabe expliziter Werte mit width: 250 und height: 350 erreicht wird (siehe Beispiel 5-2 für den zugehörigen Code). Das Ergebnis ist in Abbildung 5-2 zu sehen.

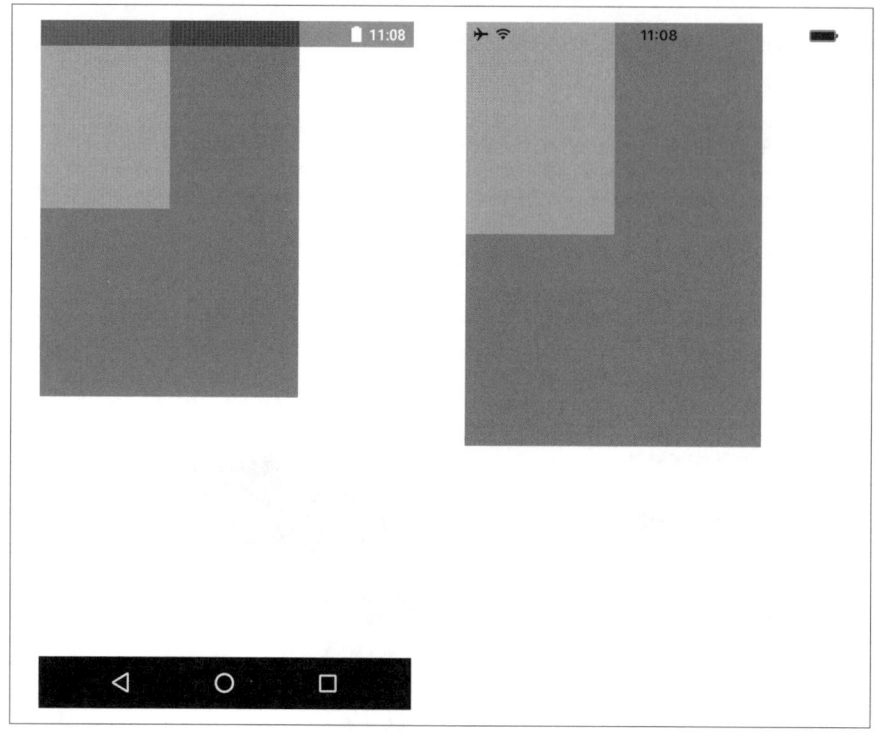

Abbildung 5-2: Breite und Höhe relativ zum Elternelement

Beispiel 5-2: Breite und Höhe mit Prozentangaben
```
<View style={{ backgroundColor: 'gray', width: 250, height: 350 }}>
  <View
    style={{
      backgroundColor: 'orange',
      width: '50%',
      height: '50%'
    }}
  />
</View>
```

Für die enthaltene `View`-Komponente ergibt sich nun für die Breite und Höhe jeweils die Hälfte der entsprechenden Werte des Elternelements.

Durch die Angabe von `width` und `height` wird für eine Komponente eine explizite oder relative Größe vergeben. Zusätzlich bietet React Native die Möglichkeit, die Ausmaße von Komponenten dynamisch zu berechnen. Je nach verfügbarem Platz können sich Komponenten ausdehnen oder schrumpfen. Dazu steht die Styling-Eigenschaft `flex` zur Verfügung.

Allgemein wird mit `flex` auch Einfluss auf das sogenannte Flexbox-Layout genommen, das der folgende Abschnitt behandelt. Hier werden wir `flex` vorerst nur für die automatische Größenanpassung von Komponenten einsetzen. In React Native können für `flex` lediglich Zahlen als Werte vergeben werden. Dadurch unterscheidet sich `flex` von der gleichnamigen Eigenschaft in CSS, die mehrere mögliche Werte zulässt. Wird im Styling einer Komponente kein Wert für `flex` angegeben, wird die Eigenschaft implizit auf `flex: 0` gesetzt, wodurch die Größe der Komponente durch die Angabe von `width` und `height` festgelegt werden kann und sich nicht anpasst (also »unflexibel« ist). Dies war der Fall in den vorangehenden Beispielen.

Wird für `flex` eine positive Zahl verwendet, nimmt die Komponente dadurch zunächst einmal sämtlichen verfügbaren Platz ein. In der Regel wird somit durch `flex: 1` eine »Container«-Komponente, die weitere Kindelemente enthält, den gesamten Bildschirm ausfüllen, wenn sie die Wurzelkomponente im hierarchischen Komponentenbaum ist. Betrachten wir dazu den Code in Beispiel 5-3.

Beispiel 5-3: Drei Rechtecke werden untereinander im Verhältnis 2 : 1 : 3 angezeigt.

```
<View style={{ flex: 1 }}>
  <View style={{ flex: 2, backgroundColor: 'orange' }} />
  <View style={{ flex: 1, backgroundColor: 'blue' }} />
  <View style={{ flex: 3, backgroundColor: 'red' }} />
</View>
```

Die äußerste `View`-Komponente wird hier durch `flex: 1` den gesamten Bildschirm ausfüllen. Bei den drei darin enthaltenen Komponenten ist zu sehen, dass diese unterschiedliche Werte für `flex` verwenden. Dadurch kann ein Größenverhältnis für Komponenten deklariert werden, wenn sie das gleiche Elternelement haben. Diese »Geschwisterelemente« erhalten nun eine Größe im Verhältnis zueinander. Je höher die Zahl, desto größer ist ihre Darstellung, wie in Abbildung 5-3 zu sehen.

Das erste `View`-Element (orange, `flex: 2`) ist doppelt so groß wie die zweite `View` (blau, `flex: 1`), und die dritte `View` (rot, `flex: 3`) nimmt das Dreifache der Größe der vorhergehenden `View` ein. Anders ausgedrückt, werden die drei `View`s im Verhältnis 2 : 1 : 3 dargestellt, was ungefähr 33,3 %, 16,6 % und 50 % der Gesamtfläche entspricht.

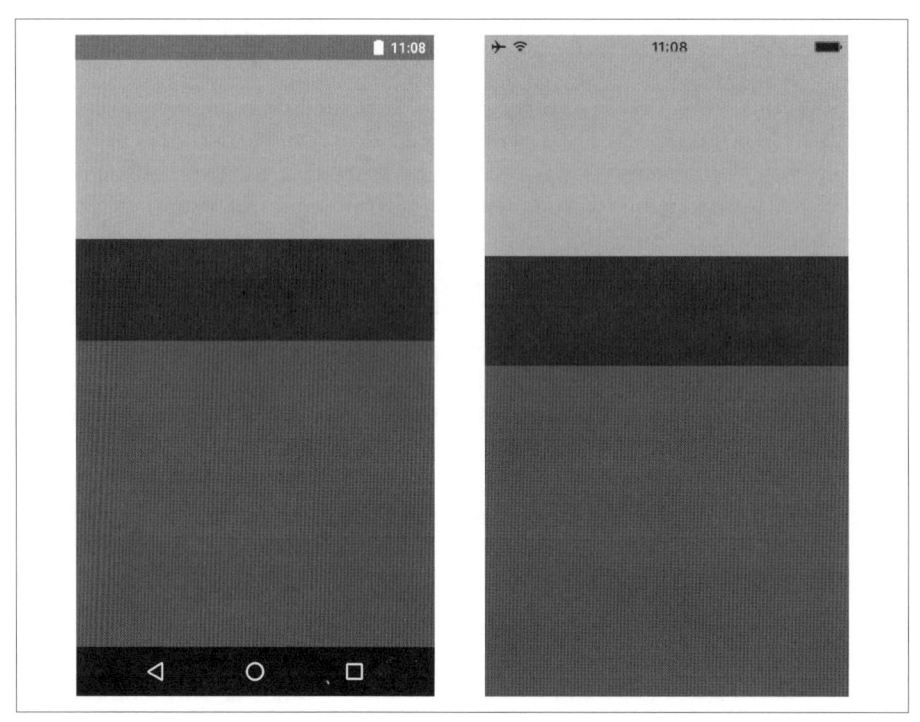

Abbildung 5-3: Flexible Breite und Höhe

Würde in diesem Beispiel die äußerste View-Komponente kein Styling haben (was flex: 0 entspräche), würde diese Containerkomponente eine Breite und Höhe mit dem Wert 0 haben, und die drei enthaltenen, gefärbten Views wären nicht sichtbar. Dies ist ein häufig vorkommender und irritierender Fehler im Umgang mit React Native. Sollte eine Komponente nicht sichtbar sein, liegt das häufig daran, dass die umgebende Komponente oder die Komponente selbst keine Ausmaße hat, was sich z.B. durch Setzen des Stylings mit flex: 1 oder durch Angabe einer expliziten Breite und Höhe lösen lässt.

> ### Übung
> Den Code in Beispiel 5-3 finden Sie als Expo Snack unter *snack.expo.io/@behrends/flexible-rechtecke*. Passen Sie die Werte für flex der drei inneren View-Komponenten so an,
> - dass sie die gleiche Größe haben,
> - dass ein Rechteck 10 %, das nächste 30 % und das dritte 60 % des Platzes einnimmt,
> - dass das mittlere Rechteck doppelt so groß ist wie das obere und halb so groß wie das untere.

Flexbox-Layout

Die verfügbaren iPhone-Modelle und Android-Geräte haben unterschiedlichste Bildschirmgrößen, was in der App-Entwicklung bei der Gestaltung von UIs berücksichtigt werden muss. React Native stellt mit dem Flexbox-Layout einen Ansatz zur Verfügung, durch den sich das Layout einer App automatisch an verschiedene Bildschirmgrößen anpasst. Zusätzlich ist Flexbox eine Abstraktion und Vereinheitlichung der stark voneinander abweichenden Layoutansätze für Android und iOS. Mit Flexbox haben wir also ein Werkzeug zur Hand, mit dem wir unabhängig von der Bildschirmgröße plattformübergreifende UI-Layouts erstellen können. Das Flexbox-Konzept in React Native stammt aus der Webentwicklung. Es gibt einen CSS-Standard, der das Flexbox-Layout spezifiziert, jedoch finden sich einige Unterschiede zwischen den Flexbox-Layouts in React Native und CSS, die ich an relevanten Stellen erwähnen werde.

In CSS ist Flexbox eine von mehreren Möglichkeiten, Layouts zu gestalten, wohingegen in React Native alle Views bereits als sogenannte Flex-Container realisiert sind. Es gibt drei wichtige Eigenschaften eines Flex-Containers in React Native, mit denen das Layout grundlegend konfiguriert wird: `flexDirection`, `justifyContent` und `alignItems`.

`flexDirection`
: Damit wird die Richtung der Hauptachse festgelegt. Mit `flexDirection: 'column'` wird die Hauptachse vertikal von oben nach unten ausgerichtet, und mit `flexDirection: 'row'` erfolgt eine horizontale Ausrichtung von rechts nach links. Die Komponenten innerhalb des Containers werden somit entweder in Spalten oder in Zeilen angeordnet. Da Smartphones meistens im Hochformat verwendet werden, haben Flex-Container in React Native per Default eine vertikale Hauptachse (`flexDirection: 'column'`). Ohne Angabe von `flexDirection` werden die enthaltenen Elemente also untereinander in Spalten angeordnet. Dies ist ein Unterschied zu CSS, da hier im Flexbox-Layout eine horizontale Achse der Ausgangspunkt ist. Es gibt auch Werte für die Anordnung der Elemente in »umgekehrter« Richtung, also von rechts nach links (`flexDirection: 'row-reverse'`) und von unten nach oben (`flexDirection: 'column-reverse'`).

`justifyContent`
: Nachdem die Richtung der Hauptachse mit `flexDirection` festgelegt ist, kann mit `justifyContent` die Anordnung der Elemente auf der Hauptachse bestimmt werden. Die möglichen Werte lauten

  - `flex-start`: Enthaltene Komponenten werden nacheinander am Anfang der Hauptachse positioniert.
  - `flex-end`: Ausrichtung der Elemente am Ende der Hauptachse.
  - `center`: Die Komponenten werden auf der Hauptachse zentriert.

- space-between: Die Elemente werden mit gleichem Abstand zueinander angeordnet (ohne Abstand zum Bildschirmrand).
- space-around: Wie space-between, jedoch mit Abstand zum Bildschirmrand.

flex-start ist der Defaultwert von justifyContent.

alignItems

Schließlich haben wir mit alignItems die Möglichkeit, auf die Anordnung der Komponenten senkrecht zur Hauptachse Einfluss zu nehmen. Verläuft die Hauptachse vertikal (flexDirection: 'column'), wirkt sich alignItems auf die horizontale Achse aus und umgekehrt. Für alignItems stehen uns folgende Werte zur Verfügung:

- flex-start: Wie bei justifyContent, allerdings senkrecht zur Hauptachse.
- flex-end: Wie bei justifyContent, allerdings senkrecht zur Hauptachse.
- center: Wie bei justifyContent, allerdings senkrecht zur Hauptachse.
- stretch: Die Komponenten füllen den Platz senkrecht zur Hauptachse aus.
- baseline: Die Elemente werden senkrecht zur Hauptachse an ihrer Grundlinie ausgerichtet.

stretch ist der Defaultwert von alignItems. Dieser Wert wirkt sich allerdings nicht auf Komponenten aus, deren Ausdehnung entgegen der Hauptachse einen festen Wert hat (height bei flexDirection: 'row' und width bei flexDirection: 'column').

Durch eine Kombination der Werte von flexDirection, justifyContent und alignItems können unterschiedlichste Layouts beschrieben werden. Es folgen zwei Beispiele, aus denen sich die Auswirkungen anderer möglicher Kombinationen ableiten lassen. Das erste Beispiel soll drei unterschiedlich gefärbte Quadrate untereinander in einer Spalte anordnen. Die Hauptachse soll also vertikal sein. Dazu kann auf dem Flex-Container (in der Regel ist das eine View-Komponente) die Styling-Eigenschaft flexDirection: 'column' angegeben werden. Da 'column' der Defaultwert für flexDirection ist, braucht dies nicht explizit deklariert zu werden. Der Abstand der Quadrate untereinander (also entlang der Hauptachse) soll gleichmäßig verteilt mit einem Abstand zum Bildschirmrand sein. Dies wird durch justifyContent: 'space-around' erreicht. Schließlich sollen die drei Quadrate horizontal zentriert werden, was durch eine senkrechte Ausrichtung zur Hauptachse mit alignItems: 'center' umgesetzt werden kann, wie im Code in Beispiel 5-4 aufgelistet und in Abbildung 5-4 zu sehen ist.

Beispiel 5-1: Drei gleich große Quadrate haben gleichmäßigen Abstand zueinander.

```
<View
  style={{
    flex: 1,
    justifyContent: 'space-around',
```

```
    alignItems: 'center'
  }}
>
  <View style={{ backgroundColor: 'orange', width: 75, height: 75 }} />
  <View style={{ backgroundColor: 'blue', width: 75, height: 75 }} />
  <View style={{ backgroundColor: 'red', width: 75, height: 75 }} />
</View>
```

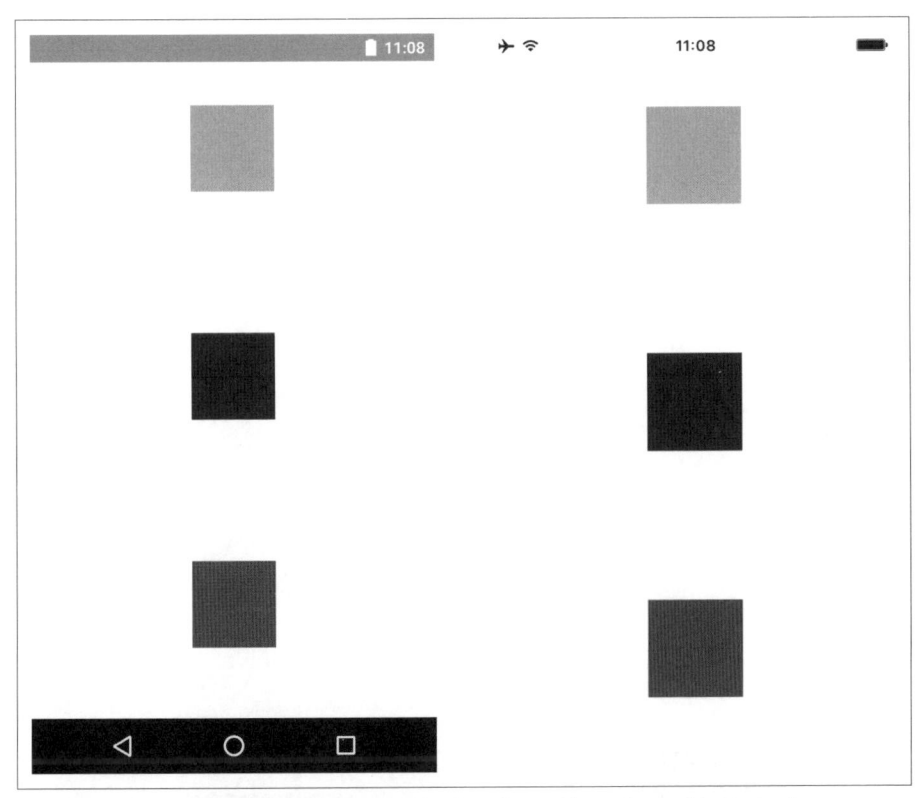

Abbildung 5-4: Vertikale Hauptachse mit gleichmäßigen Abständen und horizontaler Zentrierung

Das zweite Beispiel soll die drei Quadrate nebeneinander in der linken unteren Ecke des Bildschirms platzieren. Es wird also ein zeilenorientiertes Layout benötigt, was durch die Anweisung `flexDirection: 'row'` ausgedrückt wird. Die Hauptachse verläuft somit horizontal von links nach rechts, und mit `justifyContent: 'flex-start'` werden die Quadrate am Anfang der Hauptachse ausgerichtet, was hier der linken Seite des Bildschirms entspricht. Schließlich fehlt noch die Ausrichtung entgegen der Hauptachse, also hier in vertikaler Richtung, die die Quadrate an den unteren Bildschirm setzen soll. Dies entspricht dem Ende der senkrechten Achse, die von oben nach unten verläuft, und wird durch `alignItems: 'flex-end'` umgesetzt (siehe Beispiel 5-5 und Abbildung 5-5).

Beispiel 5-5: Drei Quadrate werden links unten platziert.

```
<View
  style={{
    flex: 1,
    flexDirection: 'row',
    justifyContent: 'flex-start',
    alignItems: 'flex-end'
  }}
>
  <View style={{ backgroundColor: 'orange', width: 75, height: 75 }} />
  <View style={{ backgroundColor: 'blue', width: 75, height: 75 }} />
  <View style={{ backgroundColor: 'red', width: 75, height: 75 }} />
</View>
```

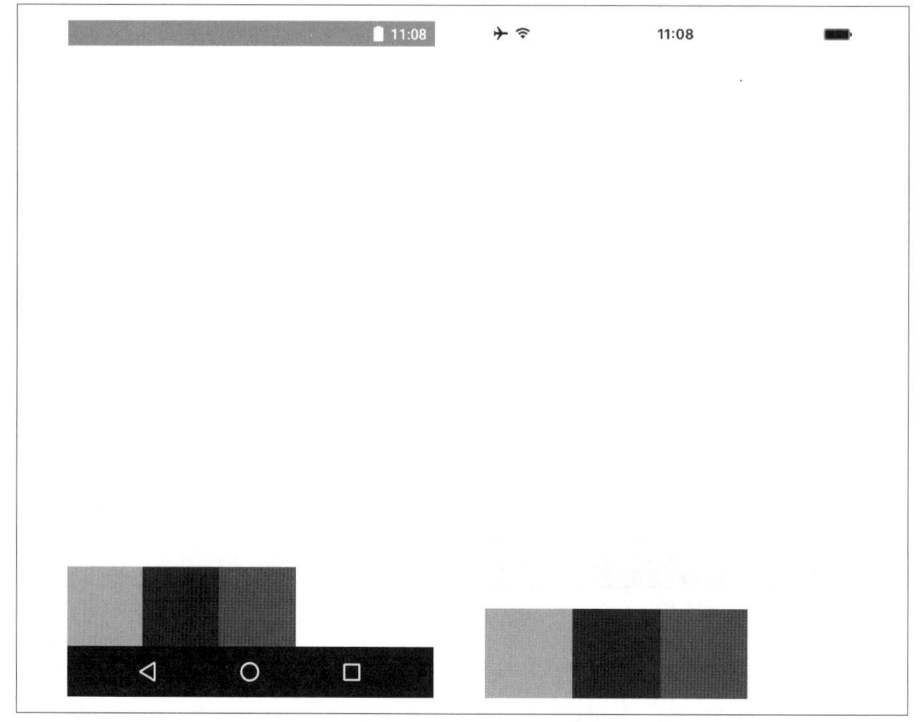

Abbildung 5-5: Horizontale Hauptachse mit Ausrichtung nach links unten

Zu Beginn kann es durchaus sein, dass diese Konzepte etwas unübersichtlich und komplex wirken. Im Wesentlichen erfolgt die Erstellung eines Flexbox-Layouts jedoch lediglich auf Basis von drei aufeinanderfolgenden Entscheidungen, die zu treffen sind:

1. Verläuft die Hauptachse horizontal bzw. als Zeile oder vertikal bzw. als Spalte (siehe `flexDirection`)?

2. Wie soll die Anordnung der Elemente auf der Hauptachse sein (siehe `justify Content`)?

3. Wie sollen die Elemente senkrecht zur Hauptachse angeordnet werden (siehe `alignItems`)?

Es erfordert etwas Übung, bis sich der Umgang mit Flexbox ganz natürlich anfühlt. Deswegen lege ich Ihnen nahe, sich mit den Übungen in diesem Kapitel auseinanderzusetzen.

> **Übung**
>
> Unter *snack.expo.io/@behrends/drei-quadrate* finden Sie das Beispiel, das die drei Quadrate unten links auf dem Bildschirm platziert. Verwenden Sie dieses Beispiel, um verschiedene Kombinationen für `flexDirection`, `justifyContent` und `alignItems` auszuprobieren und deren Auswirkung nachzuvollziehen.

Es gibt noch weitere Styling-Eigenschaften in React Native, die Teil des Flexbox-Layouts sind. Ich möchte hier nicht alle diese Eigenschaften auflisten, weil dazu die offizielle Dokumentation von React Native als aktuelle Referenz herangezogen werden kann. Zwei weitere Eigenschaften möchte ich jedoch noch kurz erwähnen: `flexWrap` und `alignSelf`.

`flexWrap`
: Mit `flexWrap` kann bestimmt werden, wie ein Flex-Container damit umgeht, wenn für die enthaltenen Komponenten auf der Hauptachse nicht genügend Platz vorhanden ist. Dabei kann der Flex-Container mit `flex: 'wrap'` dazu veranlasst werden, dass Elemente, die mehr Platz benötigen, je nach Ausrichtung der Hauptachse auf einer neuen Zeile bzw. Spalte dargestellt werden. Der Defaultwert von `flexWrap` ist `'nowrap'`, das heißt, die darzustellenden Komponenten werden gegebenenfalls gestaucht oder überlappen sich.

`alignSelf`
: Mit der Eigenschaft `alignSelf` ist es möglich, einzelne Elemente entgegen der Hauptachse anders zu positionieren. Daher wird `alignSelf` nicht auf einem Flex-Container, sondern bei der Komponente angegeben, die eine abweichende Darstellung erhalten soll. Würde in dem Beispiel der drei Quadrate (siehe Beispiel 5-5), die unten links angeordnet sind, das mittlere Quadrat die Styling-Eigenschaft `alignSelf: 'center'` erhalten, würde dieses Quadrat in der Mitte des Bildschirms angezeigt, während die anderen beiden Quadrate weiterhin am unteren Bildschirmrand erschienen. Die möglichen Werte für `alignSelf` entsprechen denen von `alignItems`.

Text zentrieren und Eingabefeld am unteren Rand darstellen

Nun kommen wir zur App MyJournal zurück, die wir auch in diesem Kapitel weiterentwickeln werden. Im vorigen Kapitel haben wir bereits ein inkonsistentes Verhalten in der Benutzeroberfläche festgestellt. Die `TextInput`-Komponente zur

Eingabe von neuen Einträgen erscheint zu Beginn bei einem leeren Tagebuch in der Mitte des Bildschirms, und bei vorhandenen Einträgen wird sie am unteren Bildschirmrand dargestellt. Dieses Verhalten wollen wir nun vereinheitlichen. Das Eingabefeld soll stets am unteren Bildschirmrand dargestellt werden, auch wenn es keine Tagebucheinträge gibt. Außerdem soll der Hinweistext zentriert werden, so wie in Abbildung 5-6 gezeigt.

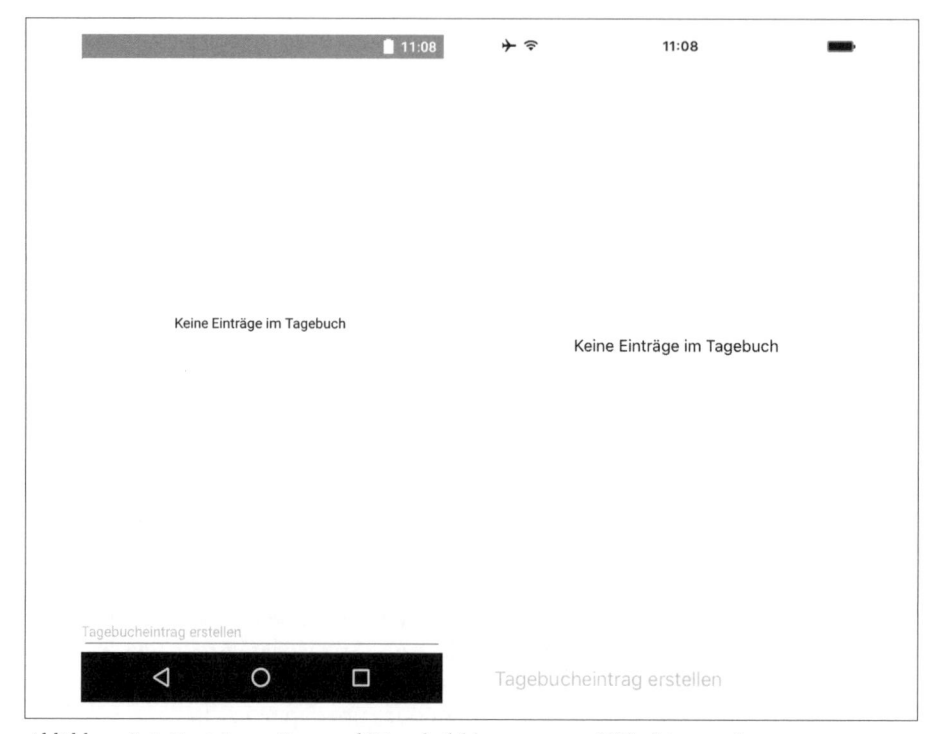

Abbildung 5-6: Zentrierter Text und Eingabefeld am unteren Bildschirmrand

Öffnen Sie die Datei *JournalItems.js* im Editor. Dort ist in render zu sehen, dass im Fall eines leeren Tagebuchs (this.props.items.length === 0) lediglich eine Text-Komponente zurückgegeben wird. Diese Text-Komponente betten wir zunächst in einen Flex-Container bzw. in ein View-Element ein. Dieses soll mit flex: 1 den maximal verfügbaren Platz einnehmen. Dadurch wird die TextInput-Komponente unten am Bildschirmrand erscheinen. Zusätzlich müssen wir noch den Inhalt von View (also die Text-Komponente) vertikal und horizontal zentrieren, was wir durch justifyContent: 'center' bzw. alignItems: 'center' erreichen. Die Styles fassen wir mit noItems in der Konstanten styles am Ende von *JournalItems.js* zusammen. Beispiel 5-6 listet die relevanten Änderungen auf.

Beispiel 5-6: Eine View-Komponente wird als Flex-Container mit Styles in noItems eingeführt. Als Elternelement erhält es die Text-Komponente.

```
export default class JournalItems extends Component {
  render() {
```

```
    if (this.props.items.length === 0)
      return (
        <View style={styles.noItems}>
          <Text>Keine Einträge im Tagebuch</Text>
        </View>
      );
    // ... restlicher Code in render bleibt unverändert ...
  }
}

const styles = StyleSheet.create({
  noItems: {
    flex: 1,
    alignItems: 'center',
    justifyContent: 'center'
  },
  // ... restliche Styles bleiben unverändert ...
```

In der Datei *App.js* kann für die äußere View-Komponente die Styling-Anweisung justifyContent: 'center' entfernt werden, weil der Text nun in einem eigenen Flex-Container (der eben in *JournalItems.js* hinzugefügten View) zentriert wird, was in Beispiel 5-7 angedeutet ist.

Beispiel 5-7: Die Styles für container in App.js können vereinfacht werden.
```
const styles = StyleSheet.create({
  container: {
    flex: 1 // justifyContent wurde entfernt
  },
  // ... restliche Styles in App.js bleiben unverändert ...
```

Wir haben nun gelernt, wie die Größe von Komponenten und deren Anordnung mit Flexbox bestimmt werden können. Als Nächstes werden wir die optische Gestaltung einzelner Komponenten betrachten.

Gestaltung und Erscheinungsbild

Im vorangehenden Teil dieses Kapitel haben wir mehrfach die Styling-Eigenschaft backgroundColor verwendet, um View-Komponenten mit verschiedenen Farben auszufüllen. backgroundColor ist eine von vielen verfügbaren Eigenschaften in React Native, mit denen das Aussehen einzelner Komponenten festgelegt werden kann. Wir werden nun optische Anpassungen an der App MyJournal vornehmen und somit einige dieser Eigenschaften kennenlernen.

Farben und Schrift

In React Native werden Farben wie in der Webentwicklung definiert, unter anderem also mit hexadezimalen Werten. Es gibt aber auch eine Liste von vordefinierten Farben mit eigenen Bezeichnungen, wie z. B. orangered. React Native unterstützt alle vordefinierten Farbwerte der CSS-Spezifikation.[1] Zur Vereinfachung werden wir hauptsächlich solche benannten Farbwerte verwenden. Neben der Hintergrundfarbe von Komponenten (backgroundColor) können Farben in React Native unter anderem für die Schrift in Text und den Rahmen von Komponenten eingesetzt werden. Zusätzlich zu den konkreten Farbwerten kann mit dem Wert 'transparent' Durchsichtigkeit erreicht werden.

Für Text-Komponenten gibt es eine Reihe von Styling-Eigenschaften, die an die entsprechenden CSS-Eigenschaften für Text angelehnt sind. In React Native erfolgt die Schreibweise wie bereits erwähnt in »CamelCase« (z. B. fontSize) und nicht mit Bindestrich wie in CSS (wie bei font-size).

In MyJournal wollen wir nun den Text anpassen, der bei einem leeren Tagebuch erscheint. Öffnen Sie dazu die Datei *JournalItems.js* und erweitern Sie die Text-Komponente in der Methode render um ein style-Attribut mit dem Wert {styles.infoText}:

```
export default class JournalItems extends Component {
  render() {
    if (this.props.items.length === 0)
      return (
        <View style={styles.noItems}>
          <Text style={styles.infoText}>Keine Einträge im Tagebuch</Text>
        </View>
      );
    // ... der Rest dieser Komponente bleibt unverändert ...
  }
}
```

Nun können wir das Styling-Objekt um ein Eigenschaft infoText erweitern. Dort sollen Farbe, Größe und Stärke der Schrift angepasst werden:

```
const styles = StyleSheet.create({
  infoText: {
    color: 'darkslategray',
    fontSize: 22,
    fontWeight: '300'
  },
  // ... die restlichen Styles bleiben unverändert ...
```

Mit color: 'darkslategray' setzen wir die Schriftfarbe auf ein dunkles Grau, das etwas dezenter als Schwarz wirkt. Wir erhöhen die Größe der Schrift, die wir auf 22 geräteunabhängige Pixel festlegen, damit der Text prominenter auf dem Bildschirm erscheint. Schließlich ändern wir die Strichstärke des Texts mit fontWeight: '300'. Dadurch wirkt die Schrift etwas leichtgewichtiger. Mögliche Werte für fontWeight sind 'normal' (der Defaultwert), 'bold' (Fettdruck) und Vielfache von 100 bis einschließlich 900, die allerdings nicht als Zahlen, sondern als Strings angegeben werden müssen (also '100', '200', ...,'900'). Durch diese Werte ist es möglich, feinere Abweichungen der Strichstärke zu erhalten.

---

[1] Eine Liste dieser vordefinierten Farbwerte in React Native ist hier zu finden: *facebook.github.io/react-native/docs/colors.html*.

> **Schriften in Android-Geräten**
> Wie in Abbildung 5-7 zu sehen, hat der Wert für die Strichstärke (fontWeight) auf meinem Android-Testgerät (Nexus 5) keine Auswirkung. Es ist durchaus möglich, dass der Text auf verschiedenen Android-Geräten unterschiedlich erscheint, da die Hersteller der Geräte oftmals Anpassungen am Betriebssystem vornehmen.

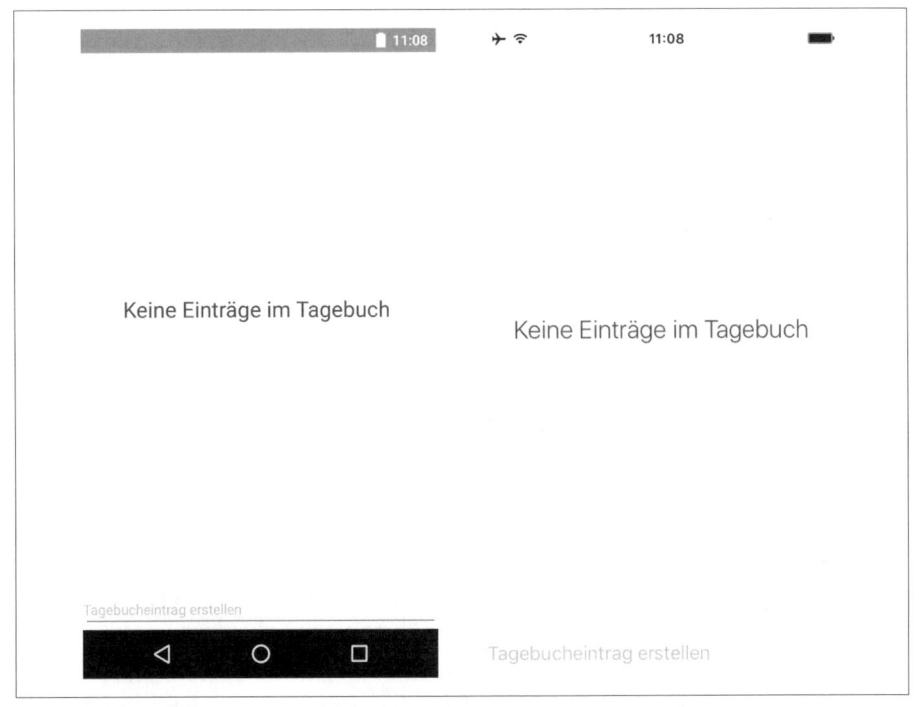

Abbildung 5-7: Angepasste Farbe, Größe und Stärke der Schrift

Neben `color`, `fontSize` und `fontWeight` gibt es für Text noch weitere Styling-Eigenschaften. Die restlichen sind der Beschreibung der Komponente Text in der offiziellen Dokumentation von React Native zu entnehmen (*facebook.github.io/react-native/*).

Rahmen um Komponenten darstellen

Das Texteingabefeld am unteren Bildschirmrand ist vielleicht das wichtigste UI-Element in MyJournal. Insbesondere im Fall eines leeren Tagebuchs sollten Benutzer der App klar und deutlich sehen, womit neue Tagebucheinträge erstellt werden können. Deshalb wollen wir das Texteingabefeld visuell durch einen hellblauen Rahmen hervorheben. In React Native gibt es vier wichtige Styling-Eigenschaften für Rahmen (*Border*): `borderStyle`, `borderColor`, `borderWidth` und `borderRadius`.

borderStyle
: Der Rahmen kann mit `borderStyle` einen von drei verschiedenen Stilen erhalten: `'solid'` ist der Defaultwert und stellt eine durchgezogene Linie dar, `'dotted'` führt zu einem gepunkteten Rahmen, und `'dashed'` ergibt eine gestrichelte Darstellung des Rahmens.

borderColor
: Die Farbe eines Rahmens wird mit `borderColor` bestimmt. Mögliche Werte entsprechen denen anderer Farbeigenschaften wie `color` für die Schriftfarbe oder `backgroundColor` für die Hintergrundfarbe. Wenn gewünscht, kann jede der vier Seiten eines Rahmens eine eigene Farbe erhalten. Dafür stehen die Eigenschaften `borderBottomColor` (untere Seite des Rahmens), `borderLeftColor` (linke Seite), `borderRightColor` (rechte Seite) und `borderTopColor` (obere Seite) zur Verfügung.

borderWidth
: Mit `borderWidth` können wir die Dicke des Rahmens mithilfe einer Zahl festlegen. Je höher die Zahl, desto dicker wird der Rahmen. Analog zu `borderColor` gibt es auch für `borderWidth` Eigenschaften, mit denen die Rahmendicke einzeln für alle vier Seiten eines Rahmens gesetzt werden kann (`borderBottomWidth`, `borderLeftWidth`, `borderRightWidth` und `borderTopWidth`).

borderRadius
: Durch Angabe einer Zahl für `borderRadius` werden die Ecken eines Rahmens abgerundet. Die vier Ecken eines Rahmens lassen sich jeweils durch eigene Werte abrunden. Für die unteren Ecken gibt es die Eigenschaften `borderBottomLeftRadius` und `borderBottomRightRadius`, und mit `borderTopLeftRadius` und `borderTopRightRadius` werden die Radien der oberen Ecken bestimmt.

Wir werden das Texteingabefeld durch einen dünnen, hellblauen Rahmen hervorheben, der an den Ecken abgerundet ist. Dazu betrachten wir zunächst die aktuelle Version von MyJournal in Abbildung 5-7. Bei der Android-Version ist zu sehen, dass das Eingabefeld mit einer Linie unterstrichen ist. Wenn dieses Feld durch einen weiteren Rahmen umgeben wird, benötigen wir diesen Unterstrich nicht mehr, und wir möchten, dass die Android-Version in dieser Hinsicht der iOS-Version gleicht. Mit dem `TextInput`-Prop `underlineColorAndroid="transparent"` kann erreicht werden, dass dieser Unterstrich des Eingabefelds in Android transparent die Hintergrundfarbe durchscheinen lässt und somit nicht sichtbar ist.

Wir umgeben dieses Element mit einer `View`-Komponente, die wir durch `style={styles.inputContainer}` mit dem gewünschten Rahmen stylen werden. Dadurch erhalten wir mehr Kontrolle über die Gestaltung des Rahmens. Bei der Darstellung von Rahmen sollte im Allgemeinen in React Native ein eigenes `View`-Element verwendet werden. Ändern Sie die Methode `render` in *App.js* wie in Beispiel 5-8 angegeben.

Beispiel 5-8: TextInput wird in App.js durch underlineColorAndroid="transparent" ohne Unterstrich in Android dargestellt. Außerdem wird ein äußeres View-Element eingeführt.

```
render() {
  return (
    <View style={styles.container}>
      <JournalItems items={this.state.items} />
      <KeyboardAvoidingView behavior="padding">
        <View style={styles.inputContainer}>
          <TextInput
            style={styles.input}
            ref={input => (this.textInput = input)}
            underlineColorAndroid="transparent"
            placeholder="Tagebucheintrag erstellen"
            returnKeyType="done"
            onSubmitEditing={event =>
              this._addItem(event.nativeEvent.text)}
          />
        </View>
      </KeyboardAvoidingView>
    </View>
  );
}
```

Erweitern Sie nun das Styling-Objekt in *App.js* mit einer Eigenschaft `inputContainer`, die in der eben hinzugefügten View-Komponente als Style verwendet wird. Dort vergeben wir passende Werte für borderColor, borderWidth und borderRadius, wie in Beispiel 5-9 aufgelistet. Der Stil des Rahmens wird nicht verändert, das heißt, der borderStyle muss nicht angepasst werden, da 'solid' der Defaultwert ist.

Beispiel 5-9: TextInput erhält Styles für einen Rahmen in App.js.

```
const styles = StyleSheet.create({
  container: {
    flex: 1
  },
  input: {
    height: 40
  },
  inputContainer: {
    borderColor: 'deepskyblue',
    borderRadius: 8,
    borderWidth: 1
  }
});
```

Wir haben nun etwas Farbe in die App gebracht, und das Texteingabefeld wird jetzt deutlich hervorgehoben, wie in Abbildung 5-8 dargestellt. Allerdings sind nicht alle Seiten des Rahmens klar zu erkennen, was wir gleich durch einen Abstand zum Bildschirmrand beheben werden.

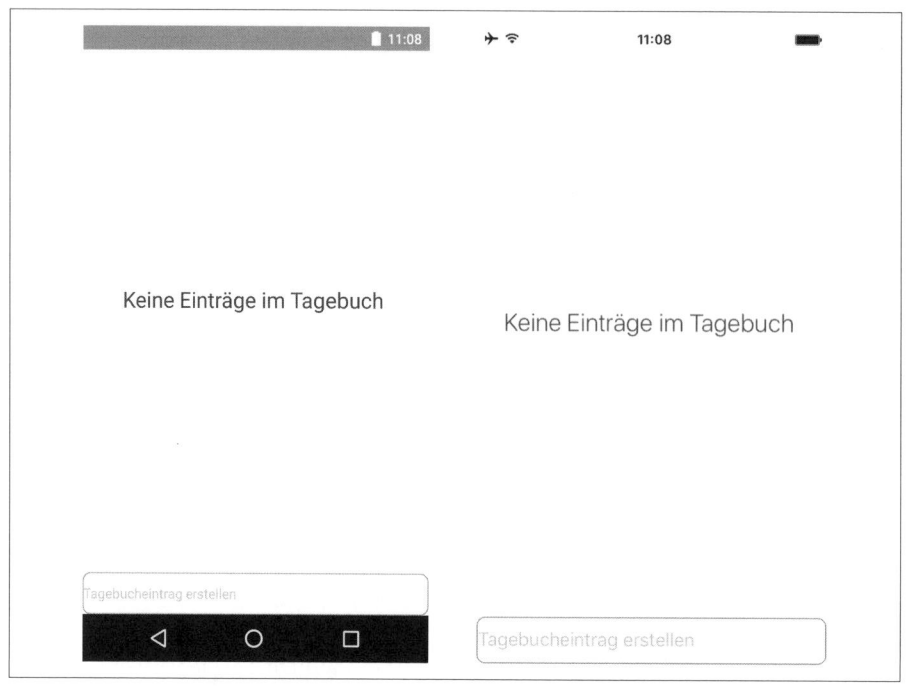

Abbildung 5-8: Rahmen und das Texteingabefeld

Äußere und innere Abstände (margin und padding)

Wie in CSS werden Abstände in React Native grundsätzlich auf zwei Arten definiert. Mit margin wird der äußere Abstand einer Komponente zu ihrer Elternkomponente bzw. zu benachbarten Komponenten festgelegt. Zusätzlich können wir mit padding einen inneren Abstand bestimmen, der sich auf den Leerraum des Inhalts einer Komponente zu ihrem Rand auswirkt.

Der Rahmen des Texteingabefelds soll nicht direkt am Bildschirmrand erscheinen, wie es aktuell der Fall ist (siehe Abbildung 5-8). Wir benötigen also einen kleinen äußeren Rand, der die Komponente nach außen umgibt. Dies erreichen wir z.B. durch die Styling-Eigenschaft margin: 5. Dieser Abstand wirkt sich auf alle vier Seiten des Rahmens aus und umgibt somit die Komponente durchgehend mit einem äußeren Abstand. Zusätzlich soll der Platzhaltertext bzw. der Inhalt des Eingabefelds mehr Abstand zum Rahmen erhalten. Der Rahmen gehört zur View-Komponente, und daher müssen wir für diese View einen inneren Abstand (padding) angeben. Allerdings genügt es, wenn sich in diesem Fall der innere Abstand nur auf die linke und die rechte Seite des Platzhaltertexts auswirkt. Der Abstand des Texts nach oben und unten ist ausreichend. Mit padding würde der Innenstand alle vier Seiten nach innen betreffen. Benötigt wird eine Eigenschaft, die innere Abstände nur auf horizontaler Ebene festlegt. Dafür stellt React Native die Eigenschaft paddingHorizontal zur Verfügung, die wir ebenfalls mit dem Wert 5 versehen. Wenn Sie diese beiden Eigenschaften in *App.js* dem Styling-Objekt unter inputContainer hinzufügen, wie in Beispiel 5-10 aufgeführt, erscheint der Rahmen um das Texteingabefeld wie gewünscht mit etwas Abstand nach innen und außen (siehe Abbildung 5-9).

Beispiel 5-10: margin und paddingHorizontal für die Abstände des Texteingabefelds

```
const styles = StyleSheet.create({
  container: {
    flex: 1
  },
  input: {
    height: 40
  },
  inputContainer: {
    borderColor: 'deepskyblue',
    borderRadius: 8,
    borderWidth: 1,
    margin: 5,
    paddingHorizontal: 5
  }
});
```

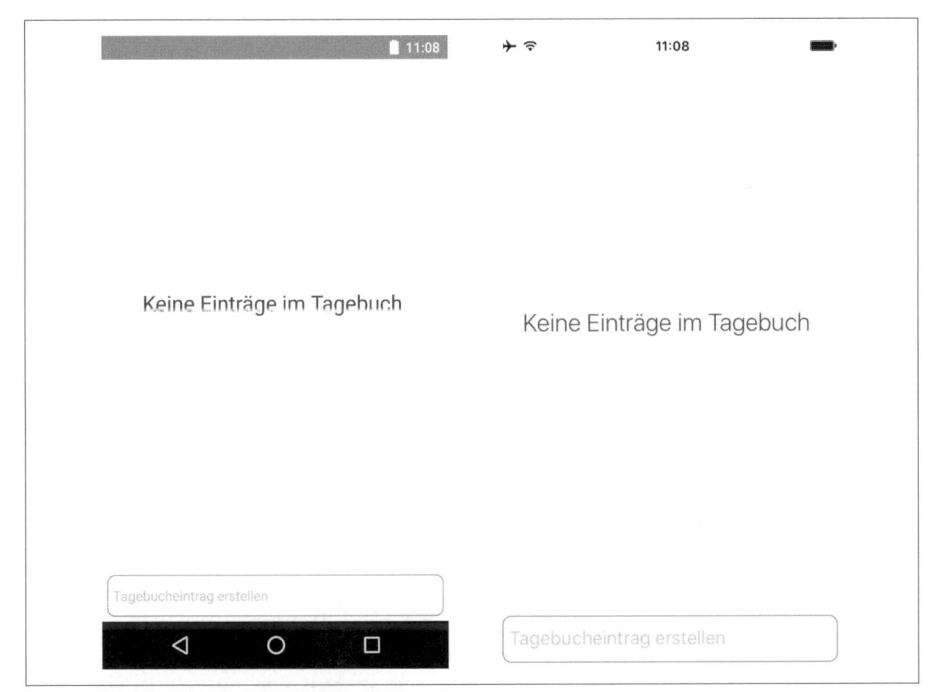

Abbildung 5-9: Rahmen mit umgebendem äußerem Abstand (margin) und horizontalem Innenabstand (paddingHorizontal).

Analog zu `paddingHorizontal` lässt sich mit `marginHorizontal` ein horizontaler Außenabstand definieren, der einen äußeren Rand nur auf der rechten und der linken Seite erzeugt. Wird nur ein vertikaler Abstand nach oben und unten benötigt, kann `marginVertical` bzw. `paddingVertical` verwendet werden. Darüber hinaus ist es möglich, jede Seite einer Komponente mit einem individuellen Abstand zu belegen (`marginBottom`/`paddingBottom`, `marginLeft`/`paddingLeft`, `marginRight`/`paddingRight` und `marginTop`/`paddingTop`). Schließlich sei noch erwähnt, dass für äußere und innere Abstände anstatt absoluter auch prozentuale Werte vergeben werden können, wodurch Abstände abhängig von der Bildschirmgröße dynamisch berechnet werden (z. B. `margin: '1%'` anstatt `margin: 5`).

SectionList stylen

Wir nehmen jetzt einige Anpassungen in der Darstellung der `SectionList` vor. Eine Trennlinie zwischen zwei Tagebucheinträgen soll die einzelnen Zeilen deutlicher voneinander abgrenzen, und die Überschriften der `SectionList` werden an das Aussehen der restlichen Komponenten angeglichen.

`SectionList` bietet mit dem Prop `ItemSeparatorComponent` die Möglichkeit, Trennlinien zwischen Einträgen anzuzeigen. Diesem Prop wird eine Callback-Methode zugewiesen, die eine `View`-Komponente zurückliefert. Erweitern Sie die Deklaration der `SectionList` in *JournalItems.js*, wie in Beispiel 5-11 gezeigt.

Beispiel 5-11: Trennlinien mit ItemSeparatorComponent für die SectionList in JournalItems.js

```
<SectionList
  style={styles.list}
  sections={this.props.items}
  renderItem={({ item }) =>
    <TouchableItem>
      <View>
        <Text>{item.text}</Text>
      </View>
    </TouchableItem>}
  renderSectionHeader={({ section }) =>
    <Text style={styles.listHeader}>{section.title}</Text>}
  keyExtractor={item => item.date}
  ItemSeparatorComponent={() =>
    <View style={styles.listSeparator} />}
/>
```

Die via `ItemSeparatorComponent` deklarierte `View` wird nun jeweils zwischen zwei Einträgen dargestellt. Allerdings sind diese `View`-Komponenten noch unsichtbar, weil mit `styles.listSeparator` ein noch nicht definierter Style referenziert wird. Erweitern Sie das Styling in *JournalItems.js* wie in Beispiel 5-12 angegeben mit `listSeparator` für die Trennlinien und `listHeader` für ein zusätzliches Styling der Überschriften in der `SectionList`.

Beispiel 5-12: Styling für Überschriften und Trennlinien in der SectionList
```
const styles = StyleSheet.create({

  // ... die restlichen Styles bleiben unverändert ...

  listHeader: {
    color: 'gray',
    backgroundColor: 'lightcyan',
    textAlign: 'center'
  },
  listSeparator: {
    height: StyleSheet.hairlineWidth,
    backgroundColor: 'lightblue'
  }
}
```

Durch diese Styles wird der Text in der Überschrift zentriert und erscheint in grauer Farbe auf einem hellblauen Hintergrund. Für die Zentrierung des Texts haben wir die Eigenschaft textAlign mit dem Wert center verwendet. Was die Trennlinien betrifft, werden diese nun als dünne, hellblaue Linien dargestellt. Mit StyleSheet.hairlineWidth setzen wir die Höhe des View-Elements auf eine minimale sichtbare Ausdehnung, die je nach Displayauflösung einen Pixel oder etwas mehr beträgt und der Dicke einer dünnen Linie nach Vorgaben der jeweiligen Plattform entspricht.

Zum Abschluss sehen Sie, dass alle Änderungen, die wir für die App MyJournal in den Dateien *App.js* und *JournalItems.js* vorgenommen haben, in Beispiel 5-13 bzw. Beispiel 5-14 aufgenommen wurden. Diese beiden Dateien stehen auch auf der Webseite zum Buch zum Download bereit.

Beispiel 5-13: App.js am Ende dieses Kapitels
```
import React, { Component } from 'react';
import {
  KeyboardAvoidingView,
  StyleSheet,
  Text,
  TextInput,
  View
} from 'react-native';
import JournalItems from './JournalItems';

const journalItems = [];

export default class App extends Component {
  state = { items: journalItems };

  _addItem(text) {
    let { items } = this.state;
    let [head, ...tail] = items;
```

```
    const now = new Date();
    const day = now.getDate();
    const month = now.getMonth() + 1;
    const year = now.getFullYear();
    const today = `${day}.${month}.${year}`;

    if (head === undefined || head.title !== today) {
      // ggf. neuer Abschnitt für heutiges Datum
      head = { data: [], title: today };
      tail = items;
    }
    const newItem = { text: text, date: now.getTime() };
    head.data = [newItem, ...head.data];
    items = [head, ...tail];
    this.setState({ items });
    this.textInput.clear();
  }

  render() {
    return (
      <View style={styles.container}>
        <JournalItems items={this.state.items} />
        <KeyboardAvoidingView behavior="padding">
          <View style={styles.inputContainer}>
            <TextInput
              style={styles.input}
              ref={input => (this.textInput = input)}
              underlineColorAndroid="transparent"
              placeholder="Tagebucheintrag erstellen"
              returnKeyType="done"
              onSubmitEditing={event =>
                this._addItem(event.nativeEvent.text)}
            />
          </View>
        </KeyboardAvoidingView>
      </View>
    );
  }
}

const styles = StyleSheet.create({
  container: {
    flex: 1
  },
  input: {
    height: 40
  },
  inputContainer: {
    borderColor: 'deepskyblue',
    borderRadius: 8,
    borderWidth: 1,
    margin: 5,
    paddingHorizontal: 5
  }
});
```

Beispiel 5-14: JournalItems.js am Ende dieses Kapitels

```
import React, { Component } from 'react';
import {
  Platform,
  SectionList,
  StyleSheet,
  Text,
  TouchableNativeFeedback,
  TouchableOpacity,
  View
} from 'react-native';

const TouchableItem =
  Platform.OS === 'ios' ? TouchableOpacity : TouchableNativeFeedback;

export default class JournalItems extends Component {
  render() {
    if (this.props.items.length === 0)
      return (
        <View style={styles.noItems}>
          <Text style={styles.infoText}>Keine Einträge im Tagebuch</Text>
        </View>
      );

    return (
      <SectionList
        style={styles.list}
        sections={this.props.items}
        renderItem={(({ item }) => (
          <TouchableItem>
            <View>
              <Text>{item.text}</Text>
            </View>
          </TouchableItem>
        )}
        renderSectionHeader={(({ section }) => (
          <Text style={styles.listHeader}>{section.title}</Text>
        )}
        keyExtractor={item => item.date}
        ItemSeparatorComponent={(() => (
          <View style={styles.listSeparator} />
        )}
      />
    );
  }
}

const styles = StyleSheet.create({
  infoText: {
    color: 'darkslategray',
    fontSize: 22,
    fontWeight: '300'
  },
```

```
  noItems: {
    flex: 1,
    alignItems: 'center',
    justifyContent: 'center'
  },
  list: {
    marginTop: 24
  },
  listHeader: {
    color: 'gray',
    backgroundColor: 'lightcyan',
    textAlign: 'center'
  },
  listSeparator: {
    height: StyleSheet.hairlineWidth,
    backgroundColor: 'lightblue'
  }
});
```

> **Übung**
>
> Die Darstellung der Tagebucheinträge in der `SectionList` haben wir in diesem Kapitel noch nicht mit Styling verbessert. Dies wird Teil des folgenden Kapitels sein. Zur Vertiefung der in diesem Kapitel besprochenen Konzepte empfehle ich Ihnen, die Liste mit den bisher besprochenen Aspekten des Stylings vorübergehend nach Ihren Vorlieben zu gestalten. Dies könnte z. B. die Schrift (Farbe, Größe) und die Abstände in den Überschriften und den Tagebucheinträgen betreffen.

Komponenten absolut positionieren

Zuletzt möchte ich kurz auf einen wichtigen Aspekt des Stylings eingehen, den wir nicht in unserer App MyJournal verwenden werden. Es geht um die Möglichkeit, die Position von Komponenten explizit mit absoluten Werten zu bestimmen. Hierzu gibt es in React Native die Eigenschaft `position`, die der gleichnamigen Eigenschaft in CSS teilweise ähnelt, aber auch Unterschiede zu ihr aufweist.

In React Native werden normalerweise alle Komponenten relativ zum Elternelement dargestellt, das heißt, es gilt per Default `position: 'relative'`. Im Gegensatz zu CSS können in React Native für die Eigenschaft `position` nur die Werte `'relative'` (der Defaultwert) und `'absolute'` angegeben werden. Für `position: 'relative'` wird meistens das Flexbox-Layout verwendet. Wird jedoch `position: 'absolute'` angegeben, ist es möglich, die Position einer Komponente explizit festzulegen. Dazu stehen die Positionseigenschaften `bottom`, `left`, `right` und `top` zur Verfügung, mit denen die Positionierung bestimmt wird. Mögliche Werte sind Zahlen für geräteunabhängige Pixel oder Strings mit Prozentangaben.

`bottom`
: Abstand der Komponente zum unteren Bildschirmrand.

`top`
: Abstand der Komponente zum oberen Bildschirmrand. Hat eine höhere Priorität als `bottom`, das heißt, ein Wert für `bottom` wirkt sich nicht aus, wenn ein Wert für `top` angegeben wurde.

`right`
: Abstand der Komponente zum rechten Bildschirmrand.

`left`
: Abstand der Komponente zum linken Bildschirmrand. Hat eine höhere Priorität als `right`, das heißt, ein Wert für `right` wird ignoriert, wenn ein Wert für `left` vorhanden ist.

In einem Flexbox-Layout werden Komponenten, klar voneinander abgegrenzt, neben- bzw. untereinander dargestellt. Komponenten mit `position: 'absolute'` hingegen werden genau so positioniert, wie es die eben vorgestellten Positionseigenschaften definieren. Somit können solche Komponenten andere Komponenten überlappen. Betrachten Sie dazu Abbildung 5-10. Der Kreis überdeckt Teile des Texts in der Mitte des Bildschirms.

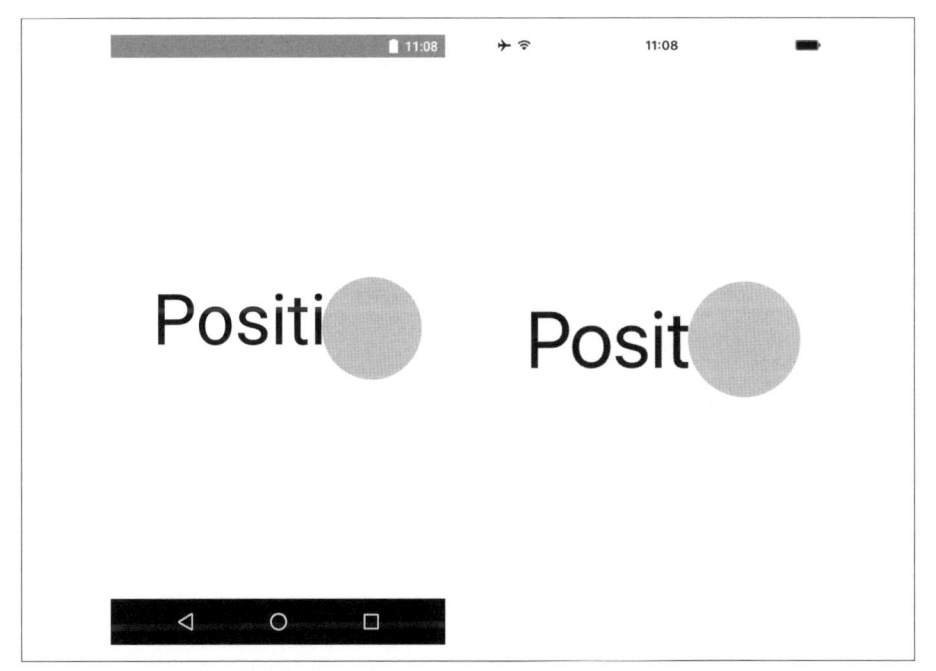

Abbildung 5-10: Der Kreis überdeckt den Text.

In Beispiel 5-15 ist der Code zu diesem Beispiel aufgelistet. Eine `View` enthält als Flex-Container eine `Text`-Komponente und eine weitere `View`. Letztere hat Styles in styles.circle, die diese View als Kreis erscheinen lassen (borderRadius entspricht der Hälfte der Breite und Höhe). Durch position: 'absolute', bottom und right wird der Kreis nicht unterhalb der Text-Komponente dargestellt, wie es der Reihenfolge der JSX-Deklaration entsprechen würde, sondern direkt auf einem Teil des Texts. Der Code dieses Beispiels steht Ihnen für eigene Experimente als Expo Snack unter *snack.expo.io/@behrends/absolute-positionierung* zur Verfügung.

Beispiel 5-15: Absolute Positionierung mit Werten für bottom und right, Beispiel im Browser: snack.expo.io/@behrends/absolute-positionierung

```
import React, { Component } from 'react';
import { Text, View, StyleSheet } from 'react-native';

export default class App extends Component {
  render() {
    return (
      <View style={styles.container}>
        <Text style={styles.text}>
          Position
        </Text>
        <View style={styles.circle}/>
      </View>
    );
  }
}

const styles = StyleSheet.create({
  container: {
    flex: 1,
    alignItems: 'center',
    justifyContent: 'center',
  },
  text: {
    fontSize: 74,
  },
  circle: {
    backgroundColor: 'gold',
    width: 108,
    height: 108,
    borderRadius: 54,
    position: 'absolute',
    bottom: 230,
    right: 25
  }
});
```

Fügen Sie dem Styling des Kreises weitere Positionseigenschaften für top und left hinzu, werden aufgrund der höheren Priorität von top und left die Werte für bottom und right ignoriert. Die Änderung des Codes in Beispiel 5-16 veranschaulicht das und bewirkt, dass der Kreis oberhalb des Texts angezeigt wird, ohne diesen zu überlappen, wie in Abbildung 5-11 zu sehen ist.

Beispiel 5-16: Bei absoluter Positionierung haben top und left höhere Priorität als bottom und right.

```
// Der Rest entspricht dem vorigen Beispiel
circle: {
  backgroundColor: 'gold',
  width: 108,
  height: 108,
  borderRadius: 54,
  position: 'absolute',
  bottom: 230,
  right: 25,
  top: 100,
  left: 80
}
```

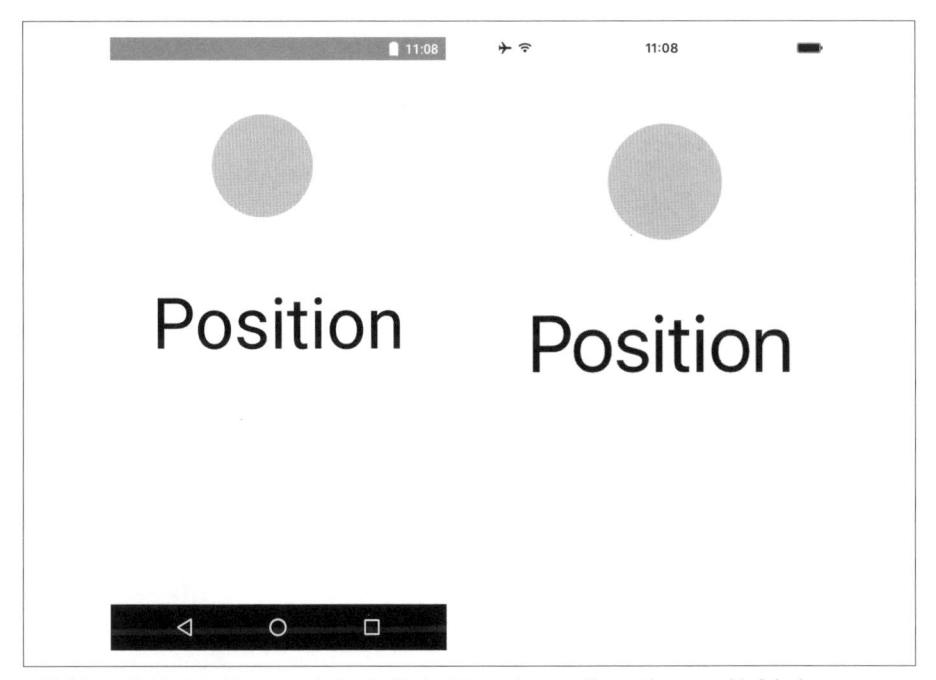

Abbildung 5-11: Der Kreis wird oberhalb des Texts dargestellt, weil top und left höhere Priorität als bottom und right haben.

Zusammenfassung

Wir haben uns in diesem Kapitel mit dem Styling von Komponenten beschäftigt. Eigenschaften zum Layout und zur Gestaltung werden mithilfe der StyleSheet-API in Form von JavaScript-Objekten definiert und von Komponenten im Attribut style referenziert. Außerdem haben Sie verschiedene Eigenschaften zur Gestaltung kennengelernt (unter anderem Farben und Abstände). Das Layout einer App lässt sich durch Flexbox auf vielseitige und dynamische Weise für unterschiedliche Displaygrößen in Android und iOS bestimmen. Es erfordert jedoch einige Zeit, mit Flexbox vertraut zu werden. Daher empfehle ich Ihnen, sich mit den Übungen in diesem Kapitel auseinanderzusetzen. Einige lassen sich ohne viel Aufwand in Expo Snack ausprobieren, sodass Sie direkt im Browser verschiedene Werte für die Flexbox-Eigenschaften an einfachen Beispielen nachvollziehen können.

KAPITEL 6
Fotos mit der Kamera aufnehmen

In den vorigen Kapiteln haben wir die grundlegenden Aspekte kennengelernt, um mobile Apps mit React Native zu entwickeln. Mir ist es ein wichtiges Anliegen, Sie mit diesem Buch dabei zu unterstützen, eigenständig Apps mit React Native umzusetzen. Daher haben wir verschiedene Konzepte nicht bloß allgemein abgehandelt, sondern direkt für die Implementierung der App MyJournal genutzt. Das Ziel dieses Kapitels ist es, MyJournal so weiterzuentwickeln, dass wir eine voll funktionsfähige App für die Erstellung von Tagebucheinträgen mit Fotos erhalten.

Wir haben bereits einige Komponenten und APIs von React Native kennengelernt. In diesem Kapitel werde ich mit Image eine weitere grundlegende, oft verwendete Komponente vorstellen. Zusätzlich gibt es ein paar Komponenten und APIs in React Native, die wir im Rahmen dieses Buchs nicht besprechen werden. Durch die praktische Anwendung der hier behandelten Komponenten werden Sie jedoch in der Lage sein, sich eigenständig über den Einsatz anderer Komponenten mithilfe der offiziellen Dokumentation von React Native zu informieren (siehe *facebook.github.io/react-native/docs*). Zwar hat jede Komponente gewisse Eigenheiten, aber die Art und Weise, wie sie eingesetzt werden (unter anderem mit Props, Callbacks und Styling), ähnelt sich grundlegend bei allen Komponenten.

In diesem Kapitel werde ich Ihnen einen kurzen Einblick in das umfangreiche SDK von Expo geben, das uns z. B. die Verwendung der Kamera des Smartphones plattformübergreifend für Android und iOS ermöglicht. Bei der Eingabe von Tagebucheinträgen werden wir in der Lage sein, mit der Kamera Fotos aufzunehmen und diese dem Eintrag hinzuzufügen. Wir werden uns daher hauptsächlich mit den Komponenten von MyJournal beschäftigen, die wir benötigen, um Einträge einzugeben und sie in der Liste anzuzeigen.

Tagebucheintrag als Komponente

Wir werden zunächst eine ansprechende Darstellung der Tagebucheinträge in der Liste umsetzen. Aktuell wird im UI nur der Text eines Eintrags angezeigt. Zusätzlich wollen wir für einen Eintrag auch die Uhrzeit seiner Erstellung in der Liste darstellen. Außerdem werden wir später in diesem Kapitel das Hinzufügen von Fotos zu Einträgen implementieren. Ein Foto soll verkleinert als Vorschaubild neben dem Text des Tagebucheintrags erscheinen. Die Skizze in Abbildung 6-1 zeigt eine mögliche Gestaltung eines Eintrags mit Foto, Text und Datum, die wir gleich implementieren werden.

Abbildung 6-1: Entwurf einer Komponente für Tagebucheinträge

In der Programmierung mit React Native nehmen wir oft eine Sichtweise ein, die sich stark an Komponenten orientiert. Abbildung Abbildung 6-1 kann als eine Komponente aufgefasst werden, die wiederum aus drei Bestandteilen zusammengesetzt ist: Foto, Text und Uhrzeit. Für die Umsetzung dieser Darstellung werden wir eine neue Komponente für Tagebucheinträge zur Anzeige in der Liste einführen.

Bisher wird die Darstellung eines Tagebucheintrags in der SectionList direkt in der Callback-Funktion von renderItem deklariert (siehe *JournalItems.js*):

```
renderItem={({ item }) =>
  <TouchableItem>
    <View>
      <Text>{item.text}</Text>
    </View>
  </TouchableItem>}
```

Diese Darstellung soll um ein Foto und die Uhrzeit der Erstellung des Eintrags erweitert werden. Das Foto ist allerdings optional, das heißt, es wird möglich sein, Einträge zu erstellen, die nur aus Text bestehen. Diese Logik zur Anzeige eines Eintrags sollte von der SectionList separat gekapselt werden, damit renderItem so einfach wie möglich bleibt. Wir werden daher eine neue Komponente JournalItemRow einführen, die für die Darstellung eines Eintrags in der Liste zuständig sein wird. Dadurch wird renderItem die neue Komponente JournalItemRow verwenden und ihr den anzuzeigenden Eintrag als Prop item übergeben:

```
renderItem={({ item }) => <JournalItemRow item={item} />}
```

Erstellen Sie im Editor eine neue Datei und fügen Sie dort den Code aus Beispiel 6-1 ein. Ein Großteil des Codes kann aus JournalItems kopiert werden: die import-Anweisungen, die Deklaration der Konstanten TouchableItem und Teile der Methode render. Der darzustellende Eintrag wird dieser Komponenten durch props.item übergeben. Sie finden den Code dieser Komponente auch auf der Webseite zum Buch. Speichern Sie die Datei unter dem Namen *JournalItemRow.js* im Projektordner ab.

Beispiel 6-1: Listeneintrag als eigene Komponente in JournalItemRow.js
```
import React, { Component } from 'react';
import {
  Platform,
  StyleSheet,
  Text,
  TouchableOpacity,
  TouchableNativeFeedback,
  View
} from 'react-native';

const TouchableItem = Platform.OS === 'ios'
  ? TouchableOpacity
  : TouchableNativeFeedback;

export default class JournalItemRow extends Component {
  render() {
    const { item } = this.props;

    return (
      <TouchableItem>
        <View>
          <Text>{item.text}</Text>
        </View>
      </TouchableItem>
    );
  }
}
```

Wenn Sie die Komponente JournalItemRow erstellt haben, kann die Komponente JournalItems die Darstellung eines Listeneintrags an JournalItemRow delegieren, wie bereits oben angedeutet. Außerdem wird JournalItems vereinfacht, da ein Teil des Codes nun in die Komponente *JournalItemRow.js* extrahiert wurde. Dies wird in Beispiel 6-2 gezeigt. Einige import-Anweisungen werden nicht mehr benötigt, und die Konstante TouchableItem wird nun in *JournalItemRow.js* deklariert.

Beispiel 6-2: JournalItems.js verwendet die neue Komponente JournalItemRow im Prop renderItem der SectionList.
```
import React, { Component } from 'react';
import { SectionList, StyleSheet, Text, View } from 'react-native';

import JournalItemRow from './JournalItemRow';

export default class JournalItems extends Component {
  render() {
    if (this.props.items.length === 0)
      return (
        <View style={styles.noItems}>
          <Text style={styles.infoText}>Keine Einträge im Tagebuch</Text>
        </View>
      );

    return (
```

```
        <SectionList
          style={styles.list}
          sections={this.props.items}
          renderItem={(({ item }) => <JournalItemRow item={item} />}
          renderSectionHeader={(({ section }) =>
            <Text style={styles.listHeader}>{section.title}</Text>}
          keyExtractor={item => item.date}
          ItemSeparatorComponent={(() =>
            <View style={styles.listSeparator} />}
        />
      );
    }
}
// ... die Styles bleiben unverändert ...
```

Das Verhalten der App hat sich durch diese Umstellung nicht verändert. Hierdurch haben wir Vorbereitungen für die folgenden Entwicklungsschritte zur zusätzlichen Darstellung des Fotos und der Uhrzeit in *JournalItemRow.js* getroffen. Wir werden als Nächstes eine weitere strukturierende Maßnahme durchführen, die die Organisation des Projektordners betrifft.

Code der eigenen Komponenten im Projektordner organisieren

Durch jede eigene Komponente, die wir einführen, erhalten wir eine zusätzliche JavaScript-Datei im Projektordner. Neben *App.js* als Hauptkomponente und Einstiegspunkt für Expo gibt es momentan die beiden Dateien *JournalItems.js* und *JournalItemInput.js*, in denen sich der Code unserer eigenen Komponenten befindet. Wenn wir davon ausgehen, dass wir im Laufe dieses Projekts noch weitere Komponenten entwickeln werden, wird der Projektordner durch die wachsende Anzahl von Dateien unübersichtlich. Deshalb werden wir jetzt einen Unterordner für unsere eigenen Komponenten erstellen.

React Native gibt nicht vor, wie wir den selbst geschriebenen Code in Ordnern zu strukturieren haben, das heißt, wir müssen uns eine passende Struktur überlegen. Dafür erstellen wir zunächst einen Unterordner *js*, in dem wir unsere JavaScript-Dateien abspeichern. Innerhalb des Ordners *js* ist es auf längere Sicht sinnvoll, weitere Unterordner zu erstellen: z. B. *components* für Komponenten und *screens* für Screens, die Teil der Navigationsstruktur sind (siehe Abschnitt »Navigation zwischen mehreren Screens mit Tabs« auf Seite 167). Zunächst haben wir lediglich Komponenten, sodass es hier genügt, den Ordner *js* und darin den Unterordner *components* zu erstellen. Legen Sie also den Ordner für Komponenten mit dem Pfad *js/components/* an und verschieben Sie die Dateien *JournalItems.js* und *JournalItemRow.js* dorthin. Passen Sie zusätzlich noch die import-Anweisung für *JournalItems.js* in *App.js* unter Berücksichtigung des neuen Ordners für Komponenten an:

```
    import JournalItems from './js/components/JournalItems';
```

Im Verlauf der restlichen Kapitel werden wir die JavaScript-Dateien eigener Komponenten im passenden Unterordner erstellen.

Einträge mit Uhrzeit und mehrzeiligem Text

Nun wollen wir erreichen, dass bei jedem Tagebucheintrag in der Liste die tatsächliche Uhrzeit seiner Erstellung angezeigt wird, wie im Entwurf in Abbildung 6-1 dargestellt. Wir haben Tagebucheinträge bereits früh in der Entwicklung von MyJournal mit einer Eigenschaft date ausgestattet, die den Zeitpunkt der Erstellung in Unix-Zeit enthält. Erzeugen wir aus diesem Wert ein Objekt vom Typ Date, liefert dieses Objekt mit den Methoden getHours() und getMinutes() in Stunden und Minuten den Zeitpunkt, zu dem der Eintrag erstellt wurde. Für die Anzeige der Uhrzeit eines Objekts date vom Typ Date müssen wir die entsprechenden Werte zusammensetzen, z. B. durch einen Template-String:

```
const time = `${date.getHours()}:${date.getMinutes()}`;
```

Welchen Wert hat time demnach für die Uhrzeit »fünf nach zwölf«? Wir erwarten, dass time in diesem Fall der String 12:05 zugewiesen wurde, jedoch wird durch den Template-String der Wert 12:5 berechnet. Dieser Wert kommt dadurch zustande, dass getMinutes() eine Zahl liefert (in diesem Beispiel die Zahl 5). Deshalb muss für Minutenangaben, die kleiner als 10 sind, eine 0 vorangestellt werden:

```
const minutes =
  (date.getMinutes() < 10 ? '0' : '') + date.getMinutes();
const time = `${date.getHours()}:${minutes}`;
```

Wir setzen dies durch eine separate Berechnung der Minutenangabe um, die einer Konstanten minutes zugewiesen wird. Die Uhrzeit im gewünschten Format steht uns dann in der Konstanten time zur Verfügung. Durch Einbettung von {time} in eine Text-Komponente können wir die Uhrzeit unterhalb des Texts eines Tagebucheintrags anzeigen. Einträge sollen nun auch bis zu drei Zeilen lang sein können, was wir durch die Erweiterung der entsprechenden Text-Komponente mit dem Attribut numberOfLines={3} erreichen. Führen Sie diese beiden Änderungen in der Methode render in *JournalItemRow.js* so durch, wie in Beispiel 6-3 dargestellt.

Beispiel 6-3: render in JournalItemRow.js mit mehrzeiligem Eintrag und Uhrzeit

```
render() {
  const { item } = this.props;
  const date = new Date(item.date);
  const minutes =
    (date.getMinutes() < 10 ? '0' : '') + date.getMinutes();
  const time = `${date.getHours()}:${minutes}`;

  return (
    <TouchableItem>
      <View>
        <Text numberOfLines={3}>{item.text}</Text>
```

```
      <Text style={styles.time}>{time}</Text>
    </View>
  </TouchableItem>
  );
}
```

Wir haben die Text-Komponente für die Anzeige der Uhrzeit mit einem Styling-Attribut styles.time erweitert, sodass wir für diese Komponente die Schrift anpassen können. Es wird hierfür eine etwas kleinere Schrift in grauer Farbe mit geringer Strichstärke verwendet, und zusätzlich richten wir diese Komponente mit alignSelf: 'flex-end' rechtsbündig aus. Fügen Sie die Styles in Beispiel 6-4 der Datei *js/components/JournalItemRow.js* hinzu.

Beispiel 6-4: Styles für die Uhrzeit in JournalItemRow.js

```
const styles = StyleSheet.create({
  time: {
    color: 'gray',
    fontSize: 11,
    fontWeight: '100',
    alignSelf: 'flex-end'
  }
});
```

Bilder mit Image einbinden

Für die Darstellung der Tagebucheinträge gemäß dem Entwurf in Abbildung 6-1 fehlt uns nur noch die Anzeige des Bilds bzw. Fotos. Da wir in MyJournal noch keine Fotos mit der Kamera aufnehmen können, werden wir zunächst für alle Einträge das gleiche Bild als Platzhalter verwenden, um das Design eines Eintrags in der Liste zu entwickeln. Sie können sich dazu das Bild unter der URL *www.behrends.io/react-native-buch/Kapitel6/foto.png* herunterladen oder auch ein beliebiges anderes Bild verwenden (möglichst im PNG-Format und in einer nicht zu großen symmetrischen Auflösung wie z.B. 150 * 150 Pixel). Wir werden dieses Bild nur vorübergehend einsetzen und später durch Fotos ersetzen, die mit der Kamera aufgenommen wurden. Für die folgenden Codebeispiele gehe ich davon aus, dass ein Bild als Datei *foto.png* im Projektordner von MyJournal vorhanden ist. Laden Sie sich also jetzt bitte das erwähnte Bild herunter und speichern Sie es im Hauptordner Ihres Projekts ab. Wir werden diese Bilddatei nur vorübergehend verwenden und nach der Implementierung der Kamerafunktionalität wieder entfernen.

Die folgenden Änderungen betreffen erneut *JournalItemRow.js*. Erweitern Sie dort zunächst die import-Anweisung um die Komponente Image:

```
import {
  Image,
  Platform,
  StyleSheet,
  Text,
```

```
  TouchableOpacity,
  TouchableNativeFeedback,
  View
} from 'react-native';
```

Das Bild soll neben dem Text und der Uhrzeit erscheinen, also erweitern wir die JSX-Deklaration des Rückgabewerts von render so, wie in Beispiel 6-5 gezeigt. Mit require binden wir das Foto als lokale Ressource ein. React Native geht also davon aus, dass es eine Datei gibt, die im Projekt ein Bestandteil der App ist (ein sogenanntes *Asset*). Dabei führt der relative Pfad mit ../../ ausgehend von dieser Komponente zur Wurzel des Projektordners, in dem die Datei *foto.png* zu finden ist. Das Styling für das Bild in styles.image legt seine Ausdehnung mit width/height fest, und mit marginRight stellen wir einen kleinen Abstand nach rechts zum Text her.

Beispiel 6-5: Das Bild wird mit Image angezeigt und erhält in den Styles eine feste Breite und Höhe.

```
// Rückgabewert in render anpassen
return (
  <TouchableItem>
    <Image style={styles.image} source={require('../../foto.png')} />
    <View>
      <Text numberOfLines={3}>{item.text}</Text>
      <Text style={styles.time}>{time}</Text>
    </View>
  </TouchableItem>
);

// ... der Rest bleibt unverändert ...

const styles = StyleSheet.create({
  image: {
    width: 70,
    height: 70,
    marginRight: 5
  },
  // ... die restlichen Styles bleiben unverändert ...
```

Wenn Sie die App neu laden und einen Tagebucheintrag erstellen, zeigt sich jedoch, dass das Bild oberhalb des Texts dargestellt wird.[1] Dies liegt an der Ausrichtung der Hauptachse in vertikaler Richtung im Flexbox-Layout von React Native (siehe auch Abschnitt »Styling des Layouts und des Erscheinungsbilds« auf Seite 91). Durch ein weiteres View-Element, das Image und die Text-Komponenten umfasst, können wir eine horizontale Ausrichtung dieser Teilkomponente festlegen, wie der Code in Beispiel 6-6 zeigt.

---

1   Um diese Änderungen zu sehen, könnte es erforderlich sein, ein Neuladen der App zu erzwingen (Gerät schütteln und im Entwicklermenü *Reload* auswählen).

Beispiel 6-6: Anpassungen zur Ausrichtung der Image-Komponente durch ein View-Elternelement mit passenden Styles

```
return (
  <TouchableItem>
    <View style={styles.container}>
      <Image style={styles.image} source={require('../../foto.png')} />
      <View>
        <Text numberOfLines={3}>{item.text}</Text>
        <Text style={styles.time}>{time}</Text>
      </View>
    </View>
  </TouchableItem>
);

// ... der Rest bleibt unverändert ...

const styles = StyleSheet.create({
  container: {
    flex: 1,
    flexDirection: 'row',
    paddingHorizontal: 5,
    paddingVertical: 3
  },
// ... die restlichen Styles bleiben unverändert ...
```

Die horizontale Ausrichtung wird durch `flexDirection: 'row'` erreicht, und die beiden zusätzlichen padding-Eigenschaften erzeugen etwas Abstand zu den Rändern. Durch die Änderung der Ausrichtung hat `alignSelf` für die Uhrzeit nicht mehr den gewünschten Effekt. Dies lässt sich besonders bei kurzen Texten gut nachvollziehen. Die View-Komponente, die die beiden Text-Elemente enthält, nimmt nur den benötigten Platz ein. Wenn wir dieser Komponente das Styling `flex: 1` zuweisen, wird sie auf eine maximale Größe neben dem Bild ausgedehnt. Zusätzlich verwenden wir `justifyContent: 'space-between'`, um die Uhrzeit am unteren Rand darzustellen. Diese Änderungen sind in Beispiel 6-7 aufgeführt.

Beispiel 6-7: Ausrichtung der Uhrzeit

```
return (
  <TouchableItem>
    <View style={styles.container}>
      <Image style={styles.image} source={require('../../foto.png')}/>
      <View style={styles.itemText}>
        <Text numberOfLines={3}>{item.text}</Text>
        <Text style={styles.time}>
          {time}
        </Text>
      </View>
    </View>
  </TouchableItem>
);
```

```
// ... der Rest bleibt unverändert ...

const styles = StyleSheet.create({
// ... die restlichen Styles bleiben unverändert ...
  itemText: {
    flex: 1,
    justifyContent: 'space-between'
  },
});
```

Abschließend werden wir noch einige Aspekte der Komponente Image beschreiben, die im Allgemeinen bei der Verwendung von Bildern in Projekten mit React Native relevant sind.

Image-Komponenten liegt eine Bildressource zugrunde, die mit dem Prop source angegeben wird. Dabei kann der Wert von source eine von zwei möglichen Formen annehmen:

1. `source={require('der/Pfad/zur/Datei')}`
   Eine statische Ressource (*Asset*) wird verwendet.
2. `source={{uri: 'eine Uri'}}`
   Ein Bild aus dem Web oder dem lokalen Dateisystem des Smartphones wird geladen.

Bisher haben Sie nur die erste Variante kennengelernt. Für ein Bild aus dem Web kann ein URI mit der Serveradresse angegeben werden, sodass das Bild von dort geladen wird, zum Beispiel:

```
<Image
  style={{ width: 30, height: 30 }}
  source={{uri: 'https://example.com/image.png'}}
/>
```

Bei Bildern, die eine Ressource mit {uri: ...} adressieren, verlangt React Native, dass für diese eine explizite Breite und Höhe im Styling spezifiziert wird. Fotos, die Sie mit der Kamera aufnehmen, werden im lokalen Dateisystem abgespeichert und können über ein URI der Form `file://...` eingebunden werden. Dies werden wir im Zusammenhang mit der Kamera später in diesem Kapitel sehen.

Wenn wir in einer App eigene Bilder wie z. B. Icons darstellen möchten, können wir bis zu drei verschiedene Varianten eines Bilds für Geräte mit unterschiedlichen Auflösungen bereitstellen. Hat die Bildressource beispielsweise den Namen *myimage.png*, können wir dem App-Projekt mit *myimage@2x.png* und *myimage@3x.png* Varianten mit einer höheren Auflösung hinzufügen. React Native wird zur Laufzeit das zum Gerät am besten passende Bild zur Anzeige auswählen. Dazu müssen lediglich alle drei Dateien im gleichen Ordner liegen und entsprechende Dateinamen haben. Die Dokumentation zu React Native beschreibt dies sowie weitere Aspekte zu Image, die wir in diesem Buch nicht benötigen (*facebook.github.io/react-native/docs/images.html*).

Texteingabe und Icon als kombinierte Komponente

Bisher wird das Texteingabefeld zusammen mit KeyboardAvoidingView in der Hauptkomponente App deklariert. Da wir das Texteingabefeld mit Funktionalität zur Aufnahme eines Fotos erweitern wollen, wird dieser Teil der App komplexer. Um den zugehörigen Code zu kapseln, werden wir zunächst eine neue Komponente einführen, die wie in Abbildung 6-2 angedeutet gestaltet wird. Wird das Icon angetippt, soll die Kamera-App des Smartphones gestartet werden. Diese Komponente, genannt JournalItemInput, wird für die Erstellung eines Eintrags inklusive Text und Foto zuständig sein. Zur Vorbereitung werden wir also diese neue Komponente definieren.

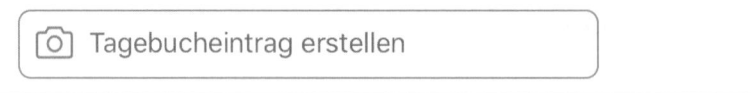

Abbildung 6-2: Komponente zur Erstellung eines Tagebucheintrags mit Foto und Text

Öffnen Sie im Editor eine neue Datei, fügen Sie den Inhalt aus Beispiel 6-8 ein und speichern Sie die Datei unter dem Namen *JournalItemInput.js* im Ordner *js/components/* ab. Sie finden die Datei auch zum Download auf der Webseite zum Buch.

Beispiel 6-8: Komponente JournalItemInput.js zur Erstellung eines Tagebucheintrags

```
import React, { Component } from 'react';
import {
  KeyboardAvoidingView,
  StyleSheet,
  TextInput,
  View
} from 'react-native';

export default class JournalItemInput extends Component {
  _submit(text) {
    this.textInput.clear();
    this.props.onSubmit(text);
  }

  render() {
    return (
      <KeyboardAvoidingView behavior="padding">
        <View style={styles.inputContainer}>
          <TextInput
            style={styles.input}
            ref={input => (this.textInput = input)}
            placeholder="Tagebucheintrag erstellen"
            returnKeyType="done"
            underlineColorAndroid="transparent"
            onSubmitEditing={event => this._submit(event.nativeEvent.text)}
          />
        </View>
```

```
      </KeyboardAvoidingView>
    );
  }
}

const styles = StyleSheet.create({
  inputContainer: {
    borderColor: 'deepskyblue',
    borderRadius: 8,
    borderWidth: 1,
    margin: 5,
    paddingHorizontal: 5
  },
  input: {
    height: 40
  }
});
```

Der Großteil des Codes wurde direkt aus *App.js* übernommen. Die einzige relevante Änderung besteht aus der lokalen Methode _submit, die aufgerufen wird, wenn die Eingabe im Textfeld bestätigt wird. In _submit wird zunächst mit this.textinput.clear() der Inhalt des Textfelds entfernt. Danach wird durch den Aufruf von this.props.onSubmit(text) die Erstellung des Eintrags an eine Methode onSubmit delegiert, die dieser Komponente via this.props als Callback-Methode zur Verfügung stehen muss. Das wird durch die JSX-Deklaration in *App.js* erreicht, wobei der Komponente JournalItemInput die Methode _addItem als Callback via onSubmit übergeben wird:

```
<JournalItemInput onSubmit={text => this._addItem(text)} />
```

Diese Deklaration ist in render des Codelistings aus Beispiel 6-9 für die angepasste Datei *App.js* zu sehen. Zusätzlich ist in _addItem der Aufruf von this.textinput.clear() entfernt worden, da dies jetzt von JournalItemInput ausgeführt wird. Insgesamt ist *App.js* nach dieser Umstellung deutlich kürzer und übersichtlicher geworden, da einige import-Anweisungen und style-Deklarationen aufgrund der nun verwendeten Komponente JournalItemInput nicht mehr benötigt werden.

Beispiel 6-9: In App.js wird JournalItemInput verwendet.

```
import React, { Component } from 'react';
import { StyleSheet, View } from 'react-native';

import JournalItems from './js/components/JournalItems';
import JournalItemInput from './js/components/JournalItemInput';

const journalItems = [];

export default class App extends Component {
  state = { items: journalItems };

  _addItem(text) {
```

```
    let { items } = this.state;
    let [head, ...tail] = items;

    const now = new Date();
    const day = now.getDate();
    const month = now.getMonth() + 1;
    const year = now.getFullYear();
    const today = `${day}.${month}.${year}`;

    if (head === undefined || head.title !== today) {
      // ggf. neuer Abschnitt für heutiges Datum
      head = { data: [], title: today };
      tail = items;
    }
    const newItem = { text: text, date: now.getTime() };
    head.data = [newItem, ...head.data];
    items = [head, ...tail];
    this.setState({ items });
  }

  render() {
    return (
      <View style={styles.container}>
        <JournalItems items={this.state.items} />
        <JournalItemInput onSubmit={text => this._addItem(text)} />
      </View>
    );
  }
}

const styles = StyleSheet.create({
  container: {
    flex: 1
  }
});
```

Jetzt kann das Aussehen der Komponente JournalItemInput wie im Entwurf in Abbildung 6-2 vorgegeben gestaltet werden. Um dem Texteingabefeld das Kamera-Icon hinzuzufügen, können wir uns aus der umfangreichen Icon-Kollektion bedienen, die von Expo zur Verfügung gestellt wird. Die verfügbaren Icons sind in verschiedenen Sammlungen organisiert und online unter *expo.github.io/vector-icons/* aufgelistet. Wir werden ein Icon aus der Sammlung SimpleLineIcons verwenden. Fügen Sie dazu folgende import-Anweisung in *JournalItemInput.js* ein:

```
import { SimpleLineIcons } from '@expo/vector-icons';
```

Alle Icons der Sammlung SimpleLineIcons können nun im Code eingebunden werden. Für diese Sammlung stellt Expo eine Komponente <SimpleLineIcons> bereit, mit Props zur Angabe des gewünschten Icons mit konfigurierbarer Größe und Farbe:

```
<SimpleLineIcons name="camera" size={24} color="deepskyblue" />
```

Dies zeigt die Deklaration eines Icons namens camera mit einer Größe von 24 Pixeln und einer blauen Farbe, die der Rahmenfarbe der Komponente JournalItemInput entspricht. Ergänzen Sie also diese JSX-Deklaration der Methode render in *Journal ItemInput.js*, wie der Code in Beispiel 6-10 zeigt.

Beispiel 6-10: Das Kamera-Icon wird in JournalItemInput.js in der Methode render verwendet.

```
<KeyboardAvoidingView behavior="padding">
  <View style={styles.inputContainer}>
    <SimpleLineIcons name="camera" size={24} color="deepskyblue" />
    <TextInput
      style={styles.input}
      ref={input => (this.textInput = input)}
      placeholder="Tagebucheintrag erstellen"
      returnKeyType="done"
      underlineColorAndroid="transparent"
      onSubmitEditing={event => this._submit(event.nativeEvent.text)}
    />
  </View>
</KeyboardAvoidingView>
```

In der App erscheint die Komponente nun wie in Abbildung 6-3. In Abschnitt »Styling des Layouts und des Erscheinungsbilds« auf Seite 91 haben wir besprochen, dass Container in React Native defaultmäßig eine vertikale Ausrichtung der enthaltenen Elemente haben. Deshalb werden das Icon und das Eingabefeld untereinander angeordnet.

Abbildung 6-3: Darstellung aufgrund der vertikalen Ausrichtung

Mit den in Beispiel 6-11 aufgelisteten Anpassungen der Styles in *JournalItemInput.js* werden die beiden Elemente nebeneinander angeordnet.

Beispiel 6-11: Styles für TextInput in JournalItemInput.js

```
const styles = StyleSheet.create({
  inputContainer: {
    flexDirection: 'row',
    borderColor: 'deepskyblue',
    borderRadius: 8,
    borderWidth: 1,
    margin: 5,
    paddingHorizontal: 5
  },
  input: {
    flex: 1,
    height: 40
  }
});
```

Das View-Element mit dem blauen Rahmen erhält durch flexDirection: 'row' eine horizontale Anordnung der enthaltenen Elemente, damit das Kamera-Icon neben dem Texteingabefeld erscheint. Mit flex: 1 in input wird die TextInput-Komponente angewiesen, eine maximale Ausdehnung einzunehmen. Die vertikale Ausrichtung werden wir nach der folgenden Änderung anpassen.

Durch das Antippen des Icons soll eine Aktion ausgelöst werden, sodass wir das Icon als Touchkomponente deklarieren müssen. In *JournalItemRow.js* wird bereits TouchableItem als Konstante definiert, die diese Funktionalität plattformübergreifend umsetzt. Bisher wurde TouchableItem nur dort eingesetzt, jedoch möchten wir sie nun auch für das Kamera-Icon wiederverwenden. Erstellen Sie also im Editor eine neue Datei *TouchableItem.js*, die Sie wie üblich im Ordner *js/components/* speichern. Der Inhalt dieser Datei ist in Beispiel 6-12 aufgelistet.

Beispiel 6-12: TouchableItem.js als eigenständige Komponente

```
import {
  Platform,
  TouchableNativeFeedback,
  TouchableOpacity
} from 'react-native';

const TouchableItem =
  Platform.OS === 'ios' ? TouchableOpacity : TouchableNativeFeedback;

export default TouchableItem;
```

Der Code in Beispiel 6-12 deklariert die Komponente TouchableItem als Konstante. Je nach Plattform wird die entsprechende in React Native vordefinierte Komponente verwendet. Hierzu benötigen wir keine Klasse mit render-Methode. In JournalItemRow müssen Sie nun TouchableItem importieren und die Deklaration der Konstanten entfernen. Außerdem fallen durch diese Umstellung einige import-Anweisungen weg, wie in Beispiel 6-13 zu sehen.

Beispiel 6-13: In JournalItemRow wird TouchableItem importiert und verwendet.

```
import React, { Component } from 'react';
import { Image, StyleSheet, Text, View } from 'react-native';

import TouchableItem from './TouchableItem';

export default class JournalItemRow extends Component {
  // ... der Rest bleibt unverändert ...
```

Nun wenden wir uns wieder der Komponente JournalItemInput zu. Auch hier importieren wir TouchableItem. Somit können wir das Kamera-Icon mit TouchableItem inklusive zugehörigen Styles umgeben, um Touchfähigkeit herzustellen. Ändern Sie *js/components/JournalItemInput.js*, wie in Beispiel 6-14 aufgeführt.

Beispiel 6-14: Das Kamera-Icon in JournalItemInput wird touchfähig, indem SimpleLineIcons mit TouchableItem umgeben wird.

```
// ... die restlichen import-Anweisungen bleiben unverändert ...
import TouchableItem from './TouchableItem';

// ... der Rest bleibt unverändert ...
render() {
  return (
    <KeyboardAvoidingView behavior="padding">
      <View style={styles.inputContainer}>
        <View style={styles.photoIcon}>
          <TouchableItem>
            <SimpleLineIcons
              name="camera"
              size={24}
              color="deepskyblue"
            />
          </TouchableItem>
        </View>
        <TextInput
        // ... usw. ...


// Kamera-Icon wird zentriert und erhält etwas Abstand
const styles = StyleSheet.create({
  // ... die restlichen Styles bleiben unverändert ...
  },
  photoIcon: {
    alignSelf: 'center',
    marginLeft: 5,
    marginRight: 15
  }
}
```

Die Stylings in photoIcon sorgen dafür, dass das Icon etwas Abstand nach links und rechts erhält und dass es vertikal ausgerichtet wird (alignSelf: 'center' wirkt sich senkrecht entgegen der horizontalen Hauptachse des Elternelements aus).

> Für diesen Zwischenstand finden Sie die geänderten bzw. neuen Dateien auf der Webseite zum Herunterladen.

Kamera ansteuern und Foto übernehmen

Nachdem wir die Komponente zur Eingabe mit einem Icon erweitert haben, werden wir jetzt beim Antippen des Icons die Kamera-App des Smartphones starten. Da React Native nur grundlegende UI-Komponenten und APIs zur Verfügung stellt, bei denen bislang die Kamerafunktionalität noch nicht enthalten ist, werden wir eine Komponente des Expo-SDK verwenden. Mit ImagePicker können wir mit der Kamera plattformübergreifend in Android und iOS interagieren.[2] Ergänzen Sie *JournalItemInput.js* mit der folgenden import-Anweisung:

```
import { ImagePicker } from 'expo';
```

Danach erweitern wir das TouchableItem-Element, das das Kamera-Icon enthält, um ein Attribut onPress. Der Wert des Attributs ist wie üblich eine Callback-Funktion, die beim Antippen des Icons ausgeführt wird. Setzen Sie hier eine Pfeilfunktion ohne Argumente ein, die eine lokale Methode this._launchCamera aufruft:

```
render() {
    return (
        <KeyboardAvoidingView behavior="padding">
            <View style={styles.inputContainer}>
                <View style={styles.photoIcon}>
                    <TouchableItem onPress={() => this._launchCamera()}>
    // ... der Rest bleibt unverändert ...
```

Jetzt müssen wir nur noch die Methode _launchCamera implementieren, in der die Kamera-App mit ImagePicker gestartet werden soll. ImagePicker stellt hierfür eine asynchrone Funktion launchCameraAsync bereit. _launchCamera muss daher mit async deklariert werden, um ImagePicker.launchCameraSync mit dem Schlüsselwort await asynchron aufzurufen. Erweitern Sie also die Klasse JournalItemInput mit der folgenden Implementierung der Methode _launchCamera:

```
export default class JournalItemInput extends Component {
  _launchCamera = async () => {
    const result = await ImagePicker.launchCameraAsync();
    console.log(result);
  };
  // ... der Rest bleibt unverändert ...
```

ImagePicker.launchCameraAsync() liefert ein Ergebnisobjekt zurück, das wir der Konstanten result zuweisen. Dieses Objekt wird unter anderem den Dateipfad des aufgenommenen Fotos enthalten. Vorerst geben wir dieses Objekt auf der Konsole aus, um auszuprobieren, ob die Kamera erwartungsgemäß funktioniert.

Wenn Sie MyJournal nun testen, sollte die Kamera-App durch Antippen des Icons gestartet werden. Je nachdem, ob Sie ein Foto übernehmen oder nicht, erhalten Sie ein entsprechendes Objekt in result, das auf der Konsole erscheint.

> Falls Sie *Hot Reloading* verwenden, sollten Sie hier zur Sicherheit die App noch einmal neu laden. Zusätzlich kann es erforderlich sein, dass Sie Expo einmalig die Erlaubnis geben, auf die Kamera zuzugreifen.

---

2   Expo hat zusätzlich eine API Camera, mit der die Benutzeroberfläche der Kamera angepasst und erweitert werden kann, siehe *docs.expo.io/versions/latest/sdk/camera.html*.

Beispiel 6-15: Mögliche Rückgabewerte von ImagePicker.launchCameraAsync in der Konsole

```
# kein Foto übernommen:
{
  cancelled: true
}
# Foto bestätigt:
{
  cancelled: false,
  width: 2448,
  uri: "file:///var/mobile/Containers/Data/.../file.jpg",
  height: 3264
}
```

Sowohl in Android als auch in iOS gibt es zwei mögliche Szenarien, wenn wir von der Kamera zu MyJournal zurückkehren: Entweder wurde ein Foto zur Verwendung aufgenommen, oder die Aufnahme wurde verworfen. Im ersten Fall enthält result in der Eigenschaft cancelled den Wert false, im zweiten Fall ist result.cancelled gleich true, und es gibt zusätzliche Informationen zum Foto, wie z.B. den Pfad des Fotos im Dateisystem des Smartphone-Betriebssystems in der Eigenschaft uri. Nur für den zweiten Fall, wenn ein Foto aufgenommen und verwendet werden soll, soll es auch in der Liste erscheinen. Dies überprüfen wir mit einer passenden if-Anweisung und weisen den Dateipfad des Fotos dem state-Objekt zu, was mit setState erreicht wird. Im anderen Fall können wir den Vorgang ignorieren. Ändern Sie also _launchCamera in *js/components/JournalItemInput.js*, wie in Beispiel 6-16 angegeben.

Beispiel 6-16: Der Dateipfad des Fotos wird im state-Objekt hinterlegt.

```
export default class JournalItemInput extends Component {
  _launchCamera = async () => {
    const result = await ImagePicker.launchCameraAsync();
    if (!result.cancelled) {
      this.setState({ photo: result.uri });
    }
  };
  // ... der Rest bleibt unverändert ...
```

Durch den Aufruf von setState wird die App wie zuvor dargestellt, und es ist noch kein Foto im UI zu sehen. Falls eines aufgenommen wurde und im Tagebucheintrag erscheinen soll, sollte es in der App dargestellt werden. Für diesen Fall werden wir das Kamera-Icon mit einem kleinen Bild zur Vorschau des Fotos ersetzen, wie Abbildung 6-4 illustriert.

Wurde ein Foto aufgenommen und in der Kamera-App zur Auswahl bestätigt, wurde der Dateipfad des Fotos in this.state.photo hinterlegt. Bei der Darstellung der Komponente JournalItemInput werden daher in render zwei Fälle unterschieden:

1. Aufnahme vorhanden: Falls this.state.photo definiert ist, soll das Foto als kleines Image erscheinen.
2. Keine Aufnahme: In diesem Fall stellen wir das Kamera-Icon dar.

Abbildung 6-4: Vorschau des Fotos im Eingabefeld nach Bestätigung der Aufnahme in der Kamera-App (hier für iOS gezeigt)

Diese Fallunterscheidung ist in Beispiel 6-17 umgesetzt, sodass Sie den Code in *JournalItemInput.js* entsprechend anpassen können.

Beispiel 6-17: In render wird der Konstanten photoIcon ein Vorschaubild oder das Kamera-Icon zugewiesen.

```
// Image-Komponente importieren
import React, { Component } from 'react';
import {
  Image,
  KeyboardAvoidingView,
  StyleSheet,
  TextInput,
  View
} from 'react-native';

// ... restliche import-Anweisungen bleiben unverändert ...

export default class JournalItemInput extends Component {
  state = { photo: null }; // initialer Zustand: kein Foto

  // ... der Rest bleibt unverändert ...

  render() {
    // Kamera-Icon oder Foto als Vorschau anzeigen
    const photoIcon = this.state.photo
```

```
        ? <Image
            style={styles.imagePreview}
            source={{ uri: this.state.photo }}
          />
        : <SimpleLineIcons name="camera" size={24} color="deepskyblue" />;
      return (
        <KeyboardAvoidingView behavior="padding">
          <View style={styles.inputContainer}>
            <View style={styles.photoIcon}>
              <TouchableItem onPress={() => this._launchCamera()}>
                {photoIcon}
              </TouchableItem>
            </View>

            // ... der Rest bleibt unverändert ...

// Das Vorschaubild soll im Eingabefeld nur 24 Pixel groß sein.
const styles = StyleSheet.create({
  // ... die restlichen Styles bleiben unverändert ...
  },
  imagePreview: {
    width: 24,
    height: 24
  }
}
```

Zunächst wird Image importiert. Dann legen wir für die Komponente mit state = { photo: null }; den initialen Zustand fest (kein Foto vorhanden). In der Methode render wird der Konstanten photoIcon entweder ein Image oder eine SimpleLine Icons-Komponente zugewiesen (const photoIcon = ... ? ... : ...;). Im JSX-Code wird der passende Inhalt der Konstanten in TouchableItem verwendet ({photoIcon}). Zusätzlich benötigen wir Styles mit Breite und Höhe, die wir der Image-Komponente für das kleine Vorschaubild zuweisen (jeweils 24 Pixel, siehe styles.imagePreview).

In Abbildung 6-4 ist zu sehen, dass die Tastatur angezeigt wird. Damit wir nach Bestätigung einer Aufnahme direkt unsere Texteingabe fortsetzen können, setzen wir den Fokus auf die TextInput-Komponente mit this.textInput.focus(), was wir im Code in der Methode _launchCamera umsetzen:

```
_launchCamera = async () => {
  const result = await ImagePicker.launchCameraAsync();
  if (!result.cancelled) {
    this.setState({ photo: result.uri });
    this.textInput.focus(); // Eingabefeld fokussieren
  }
};
```

Auf der Webseite zum Buch finden Sie den aktuellen Zwischenstand zur Verwendung der Kamera. Alle Anpassungen in diesem Abschnitt wurden in der Datei *js/components/JournalItemInput.js* durchgeführt.

Foto im Tagebucheintrag darstellen

Wenn die Eingabe eines neuen Eintrags (mit oder ohne Foto) über die Tastatur bestätigt wird, dann wird in JournalItemInput die Methode _submit aufgerufen. Dort wird das konkrete Hinzufügen des Eintrags mit this.props.onSubmit via Props an die Komponente delegiert, die JournalItemInput als Komponente eingebunden hat. Im aktuellen Stand von MyJournal ist das die Hauptkomponente *App.js*, genauer gesagt, deren Methode _addItem. Damit das Foto für den Eintrag hinzugefügt wird, erweitern wir den Aufruf des Callbacks in this.props.onSubmit mit dem Dateipfad des Fotos in this.state.photo und setzen danach photo im state-Objekt zurück auf null, denn die Eingabe ist nun abgeschlossen, und das Kamera-Icon soll wieder erscheinen. Ändern Sie also die Methode _submit in JournalItemInput, wie in Beispiel 6-18 angegeben.

Beispiel 6-18: In der Methode _submit in JournalItemInput wird der Dateipfad an den Callback in onSubmit übergeben.

```
_submit(text) {
  this.textInput.clear();
  this.props.onSubmit(text, this.state.photo);
  this.setState({ photo: null });
}
```

Öffnen Sie nun die *App.js* im Editor. Durch den Aufruf von this.props.onSubmit wird in *App.js* letztendlich die Methode _addItem ausgeführt, da diese an this.props.onSubmit gebunden ist. Erweitern Sie die Methodendeklaration um ein Argument für das Foto (_addItem(text, photo)) und ergänzen Sie das Erzeugen des Objekts in newItem mit dem Foto (photo: photo). Zusätzlich muss die Pfeilfunktion im Attribut onSubmit der JSX-Deklaration von JournalItemInput so angepasst werden, dass das Foto als Argument entgegengenommen und weitergereicht wird. Führen Sie diese drei Änderungen an der *App.js* wie in Beispiel 6-19 gezeigt durch.

Beispiel 6-19: Drei Änderungen an der App.js sind nötig: die Methodendeklaration von _addItem, die Zuweisung von newItem und die Pfeilfunktion im Attribut onSubmit der JSX-Deklaration von JournalItemInput.

```
_addItem(text, photo) {
  let { items } = this.state;
  let [head, ...tail] = items;

  const now = new Date();
  const day = now.getDate();
  const month = now.getMonth() + 1;
  const year = now.getFullYear();
  const today = `${day}.${month}.${year}`;

  if (head === undefined || head.title !== today) {
    // ggf. neuer Abschnitt für heutiges Datum
    head = { data: [], title: today };
    tail = items;
  }
```

```
    const newItem = { text: text, photo: photo, date: now.getTime() };
    head.data = [newItem, ...head.data];
    items = [head, ...tail];
    this.setState({ items: items });
  }

  render() {
    return (
      <View style={styles.container}>
        <JournalItems items={this.state.items} />
        <JournalItemInput
          onSubmit={(text, photo) => this._addItem(text, photo)}
        />
      </View>
    );
  }
}
// ... der Rest bleibt unverändert ...
```

Somit wird das Foto zusammen mit dem Eintrag in `this.state.items` in *App.js* angelegt. Schließlich müssen wir das Foto noch in `JournalItemRow` anzeigen. Öffnen Sie also *JournalItemRow.js* im Editor und passen Sie dort die Methode render wie in Beispiel 6-20 gezeigt an, um statt des statisch vorgegebenen Fotos in *foto.png* das möglicherweise vorhandene Foto in `item` als `Image` darzustellen.

Beispiel 6-20: In JournalItemRow wird nun das Foto durch die Angabe von {photo} in render angezeigt.

```
export default class JournalItemRow extends Component {
  render() {
    const { item } = this.props;
    const date = new Date(item.date);
    const minutes =
      (date.getMinutes() < 10 ? '0' : '') + date.getMinutes();
    const time = `${date.getHours()}:${minutes}`;
    const photo = item.photo ? (
      <Image style={styles.image} source={{ uri: item.photo }} />
    ) : null;

    return (
      <TouchableItem>
        <View style={styles.container}>
          {photo}
          <View style={styles.itemText}>
            <Text numberOfLines={3}>{item.text}</Text>
            <Text style={styles.time}>{time}</Text>
          </View>
        </View>
      </TouchableItem>
    );
  }
}
// ... der Rest bleibt unverändert ...
```

Die Datei *foto.png* wird nicht mehr benötigt und kann nun gelöscht werden. Probieren Sie MyJournal aus, um Tagebucheinträge mit und ohne Fotos zu erstellen.

Durch die Einbindung der Kamera und die Darstellung der Fotos ist die App nun viel interessanter als zuvor.

Wir haben in diesem Kapitel für MyJournal mehrere JavaScript-Dateien erstellt und geändert. Die betroffenen Dateien werden im Folgenden vollständig aufgelistet. Zusätzlich finden Sie die Dateien zum Download auf der Webseite zum Buch (*www.behrends.io/react-native-buch*).

Beispiel 6-21: App.js am Ende dieses Kapitels

```
import React, { Component } from 'react';
import { StyleSheet, View } from 'react-native';

import JournalItems from './js/components/JournalItems';
import JournalItemInput from './js/components/JournalItemInput';

const journalItems = [];

export default class App extends Component {
  state = { items: journalItems };

  _addItem(text, photo) {
    let { items } = this.state;
    let [head, ...tail] = items;

    const now = new Date();
    const day = now.getDate();
    const month = now.getMonth() + 1;
    const year = now.getFullYear();
    const today = `${day}.${month}.${year}`;

    if (head === undefined || head.title !== today) {
      // ggf. neuer Abschnitt für heutiges Datum
      head = { data: [], title: today };
      tail = items;
    }
    const newItem = { text: text, photo: photo, date: now.getTime() };
    head.data = [newItem, ...head.data];
    items = [head, ...tail];
    this.setState({ items });
  }

  render() {
    return (
      <View style={styles.container}>
        <JournalItems items={this.state.items} />
        <JournalItemInput
          onSubmit={(text, photo) => this._addItem(text, photo)}
        />
      </View>
    );
  }
}

const styles = StyleSheet.create({
  container: {
    flex: 1
  }
});
```

Beispiel 6-22: js/components/JournalItems.js am Ende dieses Kapitels

```js
import React, { Component } from 'react';
import { SectionList, StyleSheet, Text, View } from 'react-native';

import JournalItemRow from './JournalItemRow';

export default class JournalItems extends Component {
  render() {
    if (this.props.items.length === 0)
      return (
        <View style={styles.noItems}>
          <Text style={styles.infoText}>Keine Einträge im Tagebuch</Text>
        </View>
      );

    return (
      <SectionList
        style={styles.list}
        sections={this.props.items}
        renderItem={(({ item }) => <JournalItemRow item={item} />)}
        renderSectionHeader={(({ section }) => (
          <Text style={styles.listHeader}>{section.title}</Text>
        )}
        keyExtractor={item => item.date}
        ItemSeparatorComponent={() => (
          <View style={styles.listSeparator} />
        )}
      />
    );
  }
}

const styles = StyleSheet.create({
  infoText: {
    color: 'darkslategray',
    fontSize: 22,
    fontWeight: '300'
  },
  noItems: {
    flex: 1,
    alignItems: 'center',
    justifyContent: 'center'
  },
  list: {
    marginTop: 24
  },
  listHeader: {
    color: 'gray',
    backgroundColor: 'lightcyan',
    textAlign: 'center'
  },
  listSeparator: {
    height: StyleSheet.hairlineWidth,
    backgroundColor: 'lightblue'
  }
});
```

Beispiel 6-23: js/components/TouchableItem.js am Ende dieses Kapitels

```
import {
  Platform,
  TouchableNativeFeedback,
  TouchableOpacity
} from 'react-native';

const TouchableItem =
  Platform.OS === 'ios' ? TouchableOpacity : TouchableNativeFeedback;

export default TouchableItem;
```

Beispiel 6-24: JournalItemRow.js

```
import React, { Component } from 'react';
import { Image, StyleSheet, Text, View } from 'react-native';

import TouchableItem from './TouchableItem';

export default class JournalItemRow extends Component {
  render() {
    const { item } = this.props;
    const date = new Date(item.date);
    const minutes =
      (date.getMinutes() < 10 ? '0' : '') + date.getMinutes();
    const time = `${date.getHours()}:${minutes}`;
    const photo = item.photo ? (
      <Image style={styles.image} source={{ uri: item.photo }} />
    ) : null;

    return (
      <TouchableItem>
        <View style={styles.container}>
          {photo}
          <View style={styles.itemText}>
            <Text numberOfLines={3}>{item.text}</Text>
            <Text style={styles.time}>{time}</Text>
          </View>
        </View>
      </TouchableItem>
    );
  }
}

const styles = StyleSheet.create({
  container: {
    flex: 1,
    flexDirection: 'row',
    paddingHorizontal: 5,
    paddingVertical: 3
  },
  image: {
    width: 70,
    height: 70,
    marginRight: 5
  },
```

```
    itemText: {
      flex: 1,
      justifyContent: 'space-between'
    },
    time: {
      color: 'gray',
      fontSize: 11,
      fontWeight: '100',
      alignSelf: 'flex-end'
    }
});
```

Beispiel 6-25: js/components/JournalItemInput.js am Ende dieses Kapitels

```
import React, { Component } from 'react';
import {
  Image,
  KeyboardAvoidingView,
  StyleSheet,
  TextInput,
  View
} from 'react-native';
import { SimpleLineIcons } from '@expo/vector-icons';
import { ImagePicker } from 'expo';

import TouchableItem from './TouchableItem';

export default class JournalItemInput extends Component {
  state = { photo: null };

  _launchCamera = async () => {
    const result = await ImagePicker.launchCameraAsync();
    if (!result.cancelled) {
      this.setState({ photo: result.uri });
      this.textInput.focus();
    }
  };

  _submit(text) {
    this.textInput.clear();
    this.props.onSubmit(text, this.state.photo);
    this.setState({ photo: null });
  }

  render() {
    const photoIcon = this.state.photo ? (
      <Image
        style={styles.imagePreview}
        source={{ uri: this.state.photo }}
      />
    ) : (
      <SimpleLineIcons name="camera" size={24} color="deepskyblue" />
    );
    return (
      <KeyboardAvoidingView behavior="padding">
        <View style={styles.inputContainer}>
```

```
          <View style={styles.photoIcon}>
            <TouchableItem onPress={() => this._launchCamera()}>
              {photoIcon}
            </TouchableItem>
          </View>
          <TextInput
            style={styles.input}
            ref={input => (this.textInput = input)}
            placeholder="Tagebucheintrag erstellen"
            returnKeyType="done"
            underlineColorAndroid="transparent"
            onSubmitEditing={event => this._submit(event.nativeEvent.text)}
          />
        </View>
      </KeyboardAvoidingView>
    );
  }
}

const styles = StyleSheet.create({
  inputContainer: {
    flexDirection: 'row',
    borderColor: 'deepskyblue',
    borderRadius: 8,
    borderWidth: 1,
    margin: 5,
    paddingHorizontal: 5
  },
  input: {
    flex: 1,
    height: 40
  },
  photoIcon: {
    alignSelf: 'center',
    marginLeft: 5,
    marginRight: 15
  },
  imagePreview: {
    width: 24,
    height: 24
  }
});
```

> ### Übung
>
> Wenn die Erstellung eines Tagebucheintrags durch Drücken oberhalb der Eingabekomponente abgebrochen wird, soll der Inhalt dieser Komponente (Text und Fotovorschau) entfernt werden. Setzen Sie das mit dem Prop onBlur der Komponente TextInput um.

Zusammenfassung

Wir haben MyJournal in diesem Kapitel so erweitert, dass wir Tagebucheinträge mit einem Foto erstellen können. Fotos werden mit der Kamera-App aufgenommen, die wir über die API ImagePicker des Expo-SDK ansteuern. Für diese Änderungen haben wir mehrere eigene Komponenten in einem Unterordner *js/components* erstellt. Die Eingabe eines Tagebucheintrags erfolgt in einer eigens dafür entworfenen Komponente, die aus einem Kamera-Icon bzw. einem Vorschaubild neben dem Texteingabefeld besteht. In der Liste der Tagebucheinträge werden nun neben dem Text auch die Uhrzeit der Erstellung und das zugehörige Foto angezeigt (falls vorhanden).

> Das Expo-SDK bietet neben ImagePicker viele weitere nützliche Komponenten, APIs und Erweiterungen zu React Native an. Wenn Sie für einen besonderen Anwendungsfall eine Komponente benötigen, die nicht in React Native enthalten ist, lohnt es sich, in der Dokumentation zu Expo (*docs.expo.io*) nach einer geeigneten Lösung zu suchen.

KAPITEL 7

Daten lokal speichern und aus dem Web laden

In diesem Kapitel zeige ich Ihnen, wie Daten mit der `AsyncStorage`-API lokal auf dem Gerät gespeichert werden können. Somit können wir mit MyJournal Tagebucheinträge erstellen, die uns über das erneute Laden der App hinaus erhalten bleiben. Dies erfordert automatisch eine zusätzliche Funktionalität, um ungewollte Einträge wieder zu entfernen. Allerdings werden wir das Löschen einzelner Einträge erst in Kapitel 10 im Zusammenhang mit Touchgesten und Animationen implementieren. Daher werden wir als vorübergehende Lösung das Löschen aller Einträge ermöglichen.

Ein weiterer Schwerpunkt dieses Kapitels beschäftigt sich damit, wie mit React Native Daten aus dem Web integriert werden können. Dazu werden wir bei der Erstellung eines neuen Tagebucheintrags den Standort des Geräts ermitteln und dessen aktuelle Wetterdaten mithilfe eines Webservice anfordern.

Lokale Datenspeicherung mit AsyncStorage

Die Daten der Tagebucheinträge werden in MyJournal bisher nur mit `setState` im state-Objekt verwaltet. Wird die App neu geladen, stehen uns die Daten nicht mehr zur Verfügung, weil das state-Objekt beim Neuladen einer App zurückgesetzt wird. React Native stellt die API `AsyncStorage` bereit, durch die Daten mit wenig Aufwand lokal auf dem Smartphone dauerhaft abgespeichert werden können. Diese plattformübergreifende API stellt einen persistenten Speicher für Android und iOS zur Verfügung. Die Speicherung der Daten über `AsyncStorage` wird mit einer Abstraktion in Schlüssel-Wert-Paaren (*Key-Value Pairs*) umgesetzt, wobei die tatsächliche Speicherung auf der jeweiligen Plattform von dieser API verborgen wird. Je nach Verfügbarkeit und Datengröße könnte das in Android z. B. `SQLite` sein, und in iOS wird eine Kombination aus serialisiertem Dictionary und zusätzlichen Dateien eingesetzt.

Wir werden nur die Aspekte von `AsyncStorage` behandeln, die wir für die Speicherung, das Laden und das Entfernen von Tagebucheinträgen benötigen. Dazu genügt die Verwendung der Methoden `AsyncStorage.setItem`, `AsyncStorage.getItem` und `AsyncStorage.removeItem`.

Der Code zum Umgang mit persistenten Daten sollte vom übrigen Anwendungscode getrennt werden, unter anderem damit zukünftige Änderungen an der Art der Speicherung leichter durchgeführt werden können. Dieser Fall könnte zum Beispiel eintreten, wenn eine Speicherung der Daten in der Cloud eingeführt werden soll. Daher haben die meisten Softwareprojekte eine Art Persistenzschicht, in der die Datenspeicherung isoliert vom Rest des Codes stattfindet. Entsprechend werden wir in unserem Projekt den Umgang mit Daten in einer Datei *Store.js* umsetzen. Dort wird eine Klasse Store die Speicherung, das Laden und das Entfernen von Tagebucheinträgen via `AsyncStorage` mit statischen Methoden implementieren:

- `saveItems`: Speichert alle Einträge ab.
- `loadItems`: Lädt die Tagebucheinträge.
- `deleteItems`: Löscht alle Tagebucheinträge.

Erstellen Sie also im Editor eine neue Datei *Store.js*. Da Store eine allgemeine Klasse und insbesondere keine Komponente ist, speichern wir die Datei im Ordner *js* des Projekts ab. Fügen Sie den Inhalt aus Beispiel 7-1 in *Store.js* ein. Alternativ können Sie *Store.js* von der Webseite zum Buch *www.behrends.io/react-native-buch* herunterladen und sie in Ihrem Projekt im Ordner *js* ablegen.

Beispiel 7-1: Für die Datenspeicherung ist Store.js zuständig.

```
import { AsyncStorage } from 'react-native';

const ITEMS_KEY = 'MYJOURNAL_ITEMS';

export default class Store {
  static loadItems = async () => {
    let items = null;
    try {
      const jsonItems = await AsyncStorage.getItem(ITEMS_KEY);
      items = JSON.parse(jsonItems);
    } catch (error) {
      console.error('Error loading journal items.', error.message);
    }
    return items || [];
  };

  static saveItems = async items => {
    try {
      await AsyncStorage.setItem(ITEMS_KEY, JSON.stringify(items));
    } catch (error) {
      console.error('Error saving journal items.', error.message);
    }
  };

  static deleteItems = async () => {
    try {
      await AsyncStorage.removeItem(ITEMS_KEY);
```

```
    } catch (error) {
      console.error('Error deleting journal items.', error.message);
    }
  };
}
```

Zunächst importieren wir die API `AsyncStorage` wie üblich am Anfang der Datei. Dies ist die einzige `import`-Anweisung, die wir in *Store.js* benötigen, da `Store` eine gewöhnliche Klasse und insbesondere keine UI-Komponente ist.

Benötigt wird ein String, der als Schlüssel zur Speicherung der Daten für die Tagebucheinträge in `AsyncStorage` dienen wird. Wir werden die Daten mithilfe einer Konstanten `ITEMS_KEY` laden und speichern. Der Wert der Konstanten kann beliebig lauten. Wir verwenden den String `'MYJOURNAL_ITEMS'`, um anzudeuten, dass die Daten zur App MyJournal gehören (`MYJOURNAL_`) und dass es sich um die Tagebucheinträge handelt (`ITEMS`).

In JavaScript werden Hilfsmethoden oft als statische Methoden deklariert. Dies ist auch bei der Klasse `Store` der Fall, die drei statische Methoden bereitstellt. Jede dieser Methoden deckt einen der Anwendungsfälle zum Laden, Speichern und Löschen ab und ist entsprechend benannt. Wie der Name `AsyncStorage` andeutet, handelt es sich um eine API, die asynchrone Methoden enthält. Deshalb werden die drei Methoden mit dem Schlüsselwort async ebenfalls als asynchrone Methoden deklariert. In jeder Methode findet dann ein Aufruf der zum Anwendungsfall passenden Funktion in `AsyncStorage` mit await statt, z.B.

```
    await AsyncStorage.removeItem(ITEMS_KEY);
```

in der Methode `deleteItems`. Die Methodenaufrufe in `AsyncStorage` sind mit try...catch-Anweisungen umgeben, um mögliche Ausnahmen (*Exceptions*) zur Laufzeit abzufangen und für diese passende Fehlermeldungen auszugeben.

Die Methode `saveItems` erhält im Parameter `items` alle Tagebucheinträge als Liste. Wir speichern diese komplett im JSON-Format ab, indem sie mit `JSON.stringify` als JSON-String serialisiert und im Speicher als Wert dem Schlüssel in `ITEMS_KEY` zugewiesen werden:

```
    await AsyncStorage.setItem(ITEMS_KEY, JSON.stringify(items));
```

Im AsyncStorage-Speicher wird die Liste aller Einträge somit als JSON-String mit dem Schlüssel aus `ITEMS_KEY` persistiert. Dadurch wird `deleteItems` zur einfachsten der drei Methoden, denn dort werden alle Tagebucheinträge durch Entfernen des Eintrags für `ITEMS_KEY` komplett aus `AsyncStorage` entfernt:

```
    await AsyncStorage.removeItem(ITEMS_KEY);
```

Die Methode `deleteItems` werden wir im Laufe dieses Kapitels verwenden, um bei Bedarf das Tagebuch komplett zu leeren. In `loadItems` können wir mit `AsyncStorage.getItem` die Daten aus dem Speicher laden:

```
    const jsonItems = await AsyncStorage.getItem(ITEMS_KEY);
```

Da die Daten der Tagebucheinträge im JSON-Format vorliegen, können wir diese durch `JSON.parse` in JavaScript-Objekte umwandeln, nachdem wir sie mit `AsyncStorage.getItem` aus dem Speicher geladen haben:

```
const jsonItems = await AsyncStorage.getItem(ITEMS_KEY);
items = JSON.parse(jsonItems);
```

Für den Rückgabewert verwenden wir einen Ausdruck, der sicherstellt, dass das Ergebnis der Funktion nie `null` sein wird und dass gegebenenfalls das leere Array zurückgegeben wird (`return items || []`).

Mit *Store.js* steht uns nun eine Schnittstelle zum Laden, Speichern und Löschen der Tagebucheinträge zur Verfügung, die wir beispielsweise wie folgt verwenden können:

```
import Store from './js/Store.js';

// Einträge aus dem Speicher laden
const items = await Store.loadItems();

// Einträge abspeichern
Store.saveItems(items);

// Alle Einträge im Speicher löschen
Store.deleteItems();
```

Aufgrund der Tatsache, dass es sich bei den Methoden in `Store` um mit `static` deklarierte Methoden handelt, werden diese mit Angabe des Klassennamens aufgerufen (z.B. `Store.loadItems()`). In der Regel benötigen wir nur beim Aufruf von `Store.loadItems()` die vorangestellte `await`-Anweisung, da wir nur bei dieser Methode einen Rückgabewert erwarten. Erst wenn das asynchrone Laden der Tagebucheinträge abgeschlossen ist, werden die nachfolgenden Anweisungen ausgeführt.

Die Datenstruktur, die in der `SectionList` verwendet wird, haben wir bisher im state-Objekt der Hauptkomponente `App` verwaltet. Dabei handelt es sich um ein »geschachteltes« Objekt, das aus Abschnitten für die Tage besteht (*Sections*), die wiederum jeweils eine Liste von Einträgen für einen bestimmten Tag enthalten. Mit der Klasse `Store` können wir nun Einträge in `AsyncStorage` speichern und laden. Allerdings ist die Datenstruktur zur Speicherung in `AsyncStorage` ein gewöhnliches bzw. eindimensionales Array, das lediglich eine Liste aller Einträge darstellt, ohne diese in Abschnitte für die verschiedenen Tage einzuteilen. Nach dem Laden der Daten aus dem Speicher muss also eine Datenstruktur erzeugt werden, die von `SectionList` verarbeitet werden kann. Die dazu nötigen Änderungen und weitere Anpassungen finden Sie in Beispiel 7-2. Setzen Sie diese Änderungen für *App.js* um bzw. laden Sie die entsprechende Datei von der Webseite zum Buch herunter.

Beispiel 7-2: App.js verwendet Store mit Tagebucheinträgen als Liste in state.

```
import React, { Component } from 'react';
import { StyleSheet, View } from 'react-native';
```

```
import JournalItems from './js/components/JournalItems';
import JournalItemInput from './js/components/JournalItemInput';

import Store from './js/Store';

export default class App extends Component {
  state = { items: [] };

  // Lädt die Daten vor der Darstellung der Komponenten
  componentWillMount() {
    this._refreshItems();
  }

  // Hilfsmethode: Lädt die Daten aus dem Speicher
  _refreshItems = async () => {
    const items = await Store.loadItems();
    this.setState({ items });
  };

  // Hilfsmethode: formatierte Abschnittsüberschrift
  _getSectionTitleFromDate(date) {
    const dateObj = new Date(date);
    const day = dateObj.getDate();
    const month = dateObj.getMonth() + 1;
    const year = dateObj.getFullYear();
    return `${day}.${month}.${year}`;
  }

  // Hilfsmethode: Erzeugt Datenstruktur für SectionList
  _getItemsWithSections(items) {
    if (items.length === 0) return [];

    // Datenstruktur für Sections mit Eintrag initialisieren
    let sectionTitle = this._getSectionTitleFromDate(items[0].date);
    let sections = [{ data: [], title: sectionTitle }];
    items.forEach(item => {
      sectionTitle = this._getSectionTitleFromDate(item.date);
      let lastSection = sections[sections.length - 1];

      // Trägt item in section data ein, falls item am gleichen Tag
      if (lastSection.title == sectionTitle) {
        lastSection.data.push(item);
      } else {
        // Neue Section anhängen, falls item an anderem Tag
        sections.push({ data: [item], title: sectionTitle });
      }
    });
    return sections;
  }

  _addItem(text, photo) {
    let { items } = this.state;
    // Neuen Eintrag am Anfang der Liste eintragen und speichern
```

```
    const newItem = { text, photo, date: Date.now() };
    items = [newItem, ...items];
    this.setState({ items: items });
    Store.saveItems(items);
  }

  render() {
    const sections = this._getItemsWithSections(this.state.items);
    return (
      <View style={styles.container}>
        <JournalItems items={sections} />
        <JournalItemInput
          onSubmit={(text, photo) => this._addItem(text, photo)}
        />
      </View>
    );
  }
}

const styles = StyleSheet.create({
  container: {
    flex: 1
  }
});
```

Bevor eine Komponente durch die Ausführung von render dargestellt wird, wird die React-Lebenszyklusmethode componentWillMount ausgeführt, sofern diese in der Komponente implementiert wurde. Im Allgemeinen besteht somit die Möglichkeit, Vorbereitungen für die Darstellung der Komponente zu treffen. In componentWill Mount wird das Laden der Tagebucheinträge aus AsyncStorage ausgeführt, indem die asynchrone Hilfsmethode _refreshItems aufgerufen wird. Dort werden die Einträge aus dem Speicher geladen und im state-Objekt abgelegt.

In render wird nun einer Konstanten sections die Datenstruktur mit Abschnitten zugewiesen, die von der SectionList erwartet wird. Die Hilfsmethode _getItems WithSections erzeugt dieses »geschachtelte« Objekt aus dem Array der Tagebucheinträge im state-Objekt und verwendet dabei eine weitere Hilfsmethode _get SectionTitleFromDate, die die Abschnittsüberschriften aus einem Datumsobjekt ableitet.

Die Methode _addItem hat die gleiche Zuständigkeit wie zuvor, ist aber deutlich übersichtlicher geworden. Ein neuer Eintrag muss nun lediglich am Anfang des Arrays im state-Objekt eingefügt werden.

Löschen der Daten ermöglichen

Eben haben wir das Speichern neuer Tagebucheinträge im AsyncStorage implementiert. Somit bleiben diese auch nach einem Neustart der App bestehen. Während der Entwicklung der App könnte es gelegentlich vorkommen, dass Einträge nur zum Testen einer bestimmten Funktionalität erstellt werden. Wenn diese Einträge danach wieder entfernt werden sollen, wäre es praktisch, wenn wir dazu eine Möglichkeit hätten, dies in der Benutzeroberfläche der App auszulösen. Wir werden dazu rechts neben dem Textfeld ein Mülleimer-Icon darstellen, das durch Antippen zunächst einen Bestätigungsdialog anzeigt. Wird dieser mit *Ja* bestätigt, werden alle Tagebucheinträge gelöscht. Das Icon und der zugehörige Dialog sind in Abbildung 7-1 dargestellt.

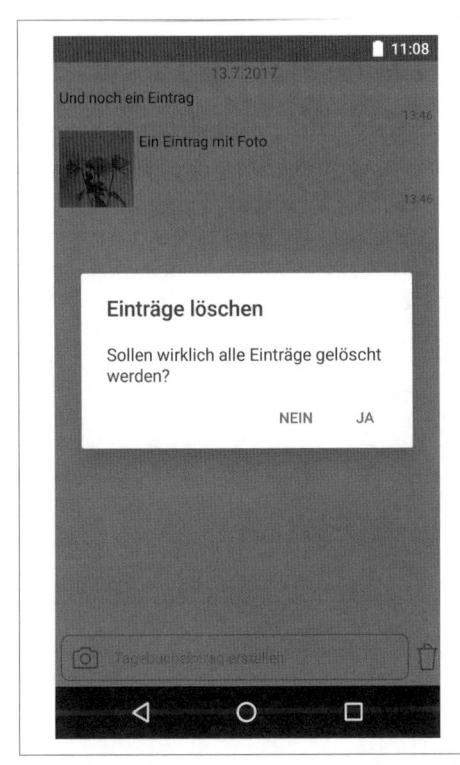

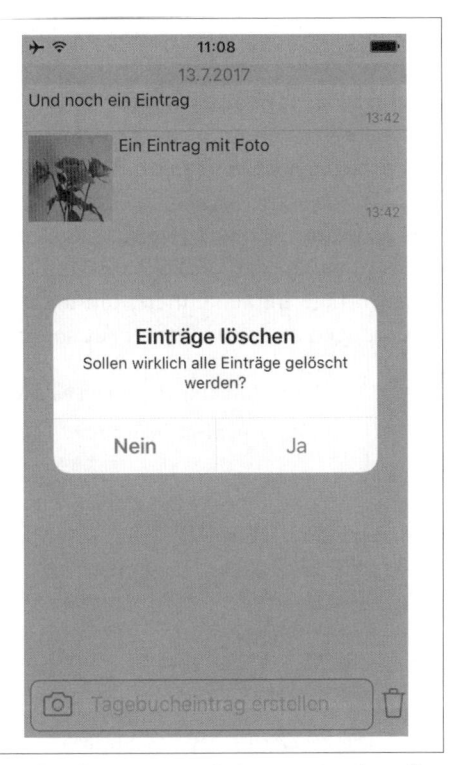

Abbildung 7-1: Mülleimer-Icon am unteren Bildrand und Bestätigungsdialog zum Löschen aller Tagebucheinträge

Der hier beschriebene Ansatz zum Löschen aller Tagebucheinträge ist eine vorübergehende Lösung, die nur für dieses Kapitel relevant ist. Im folgenden Kapitel werden wir durch die Einführung einer Navigationsstruktur in MyJournal größere Umstellungen an der Benutzeroberfläche vornehmen, sodass ein Button zum Löschen aller Tagebucheinträge an anderer Stelle im UI zu finden sein wird. Wenn Sie möchten, können Sie diesen Abschnitt überspringen – allerdings ist es nützlich, für den Rest dieses Kapitels eine Möglichkeit zu haben, ungewollte Einträge löschen zu können. Online finden Sie den entsprechenden Code wie gewohnt auf der Webseite zum Buch.

Wenn das Mülleimer-Icon angetippt wird, soll ein Bestätigungsdialog angezeigt werden. In React Native gibt es eine API Alert, mit der das umgesetzt werden kann. Alert stellt eine Methode alert bereit, die mehrere Parameter zur Konfiguration des Dialogs erhalten kann. Diese beinhalten unter anderem den Titel, den Textinhalt und die Buttons des Dialogs. Ein Aufruf von alert könnte wie folgt aufgebaut sein:

```
Alert.alert(title, message, buttons);
```

Hier wären title und message jeweils Strings für den Titel und den Textinhalt, und buttons könnte ein Array für die Buttons enthalten. In Abbildung 7-1 ist neben Titel und Textinhalt zu sehen, dass der Dialog zwei Buttons hat: Mit *Ja* wird der Löschvorgang bestätigt und eingeleitet, und mit *Nein* soll keine Aktion erfolgen. Wir erweitern *js/components/JournalItemInput.js* mit einer Methode _deleteItems, die als temporäre Lösung für die Darstellung des Bestätigungsdialogs zuständig ist. Zusätzlich müssen wir dort die API Alert und unsere Hilfsklasse Store importieren. In Store haben wir bereits eine Methode deleteItems für das Löschen aller Tagebucheinträge implementiert, die in _deleteItems aufgerufen wird. Setzen Sie die Änderungen an JournalItemInput so um, wie in Beispiel 7-3 aufgeführt.

Beispiel 7-3: JournalItemInput.js erhält eine Methode zum Löschen aller Einträge.

```
// Alert und Store werden importiert.
import {
  Alert,
  Image,
  KeyboardAvoidingView,
  StyleSheet,
  TextInput,
  View
} from 'react-native';

import Store from '../Store';

// ... die restlichen imports bleiben unverändert ...

export default class JournalItemInput extends Component {
  state = { photo: null };

  _deleteItems() {
    Alert.alert(
      'Einträge löschen',
      'Sollen wirklich alle Einträge gelöscht werden?',
      [
        {
          text: 'Nein',
          style: 'cancel'
        },
        {
          text: 'Ja',
          onPress: async () => {
            await Store.deleteItems();
```

```
            this.props.refresh();
          }
        }
      ]
    );
  }
```

// ... der Rest der Komponente bleibt unverändert ...

Die ersten beiden Parameter im Aufruf von Alert.alert werden als Titel bzw. Textinhalt des Dialogs verwendet. Der dritte Parameter ist ein Array mit zwei Objekten, wobei jedes Objekt den Button wie gewünscht konfiguriert. Der linke Button wird mit Nein beschriftet und in iOS in stärkerer Schrift dargestellt (style: 'cancel'). Dieser Button führt keine Aktion aus. Der zweite bzw. rechte Button hat den Text Ja, und mit onPress definieren wir eine asynchrone, anonyme Callback-Methode, die Store.deleteItems zum Löschen aller Tagebucheinträge aufruft und danach einen weiteren Callback in this.props.refresh ausführt. Der Prop refresh soll dieser Komponente aus *App.js* übergeben werden, wozu die Änderungen in Beispiel 7-4 durchgeführt werden müssen.

Beispiel 7-4: App definiert Callback im Prop refresh für JournalItemInput.

```
// ... der Rest in App.js bleibt unverändert ...
render() {
  const sections = this._getItemsWithSections(this.state.items);
  return (
    <View style={styles.container}>
      <JournalItems items={sections} />
      <JournalItemInput
        onSubmit={(text, photo) => this._addItem(text, photo)}
        refresh={() => this.setState({ items: [] })}
      />
    </View>
  );
}
```

Wie oben zu sehen, wird in *App.js* die JSX-Deklaration von JournalItemInput in render um ein Attribut refresh ergänzt, sodass in JournalItemInput mit this.props.refresh ein Callback zur Verfügung steht, der im state-Objekt für die Eigenschaft items ein leeres Array zuweist. Durch setState wird im Zustand der App ein leeres Array für die Tagebucheinträge gesetzt, und die App wird dadurch automatisch die Benutzeroberfläche aktualisieren.

Somit sind der Bestätigungsdialog sowie das Löschen von Tagebucheinträgen verwendbar. Es fehlen nur noch Änderungen zur Darstellung des Mülleimer-Icons neben dem Texteingabefeld, das durch Antippen den eben implementierten Bestätigungsdialog darstellt. Dazu sind Änderungen am JSX-Code in render der Klasse JournalItemInput und am Styling notwendig. Diese sind in Beispiel 7-5 zusammengefasst.

Beispiel 7-5: Mülleimer-Icon in JournalItemInput darstellen und mit Bestätigungsdialog verknüpfen.

```
// ... der Rest in JournalItemInput bleibt unverändert ...
render() {
  const photoIcon = this.state.photo ? (
      <Image
        style={styles.imagePreview}
        source={{ uri: this.state.photo }}
      />
    ) : (
      <SimpleLineIcons name="camera" size={24} color="deepskyblue" />
    );
  return (
    <KeyboardAvoidingView behavior="padding">
      <View style={styles.container}>
        <View style={styles.inputContainer}>
          <View style={styles.photoIcon}>
            <TouchableItem onPress={() => this._launchCamera()}>
              {photoIcon}
            </TouchableItem>
          </View>
          <TextInput
            style={styles.input}
            ref={input => (this.textInput = input)}
            placeholder="Tagebucheintrag erstellen"
            returnKeyType="done"
            underlineColorAndroid="transparent"
            onSubmitEditing={event =>
              this._submit(event.nativeEvent.text)}
          />
        </View>
        <TouchableItem onPress={() => this._deleteItems()}>
          <View>
            <SimpleLineIcons
              name="trash"
              size={24}
              color="deepskyblue"
            />
          </View>
        </TouchableItem>
      </View>
    </KeyboardAvoidingView>
  );
}

const styles = StyleSheet.create({
  container: {
    flexDirection: 'row',
    alignItems: 'center'
  },
  inputContainer: {
    flex: 1,
  // ... der Rest bleibt unverändert ...
```

Damit das neue Icon neben dem Eingabefeld erscheint, wird als direktes Kindelement von `KeyboardAvoidingView` eine weitere `View`-Komponente eingefügt, die mit den Styles in `styles.container` eine zeilenbasierte Ausrichtung erhält (`flexDirection: 'row'`). Mit `flex: 1` in `styles.inputContainer` wird das Eingabefeld angewiesen, nur so viel Platz wie benötigt einzunehmen. In der JSX-Deklaration ist ein weiteres `TouchableItem` mit `SimpleLineIcons` zu finden, das beim Antippen (`onPress`) die zuvor implementierte Methode `_deleteItems` aufruft, sodass der Bestätigungsdialog erscheint.

Bemerkungen zu AsyncStorage

In der offiziellen Dokumentation von React Native wird darauf hingewiesen, dass AsyncStorage nur für kleinere Anwendungen verwendet werden sollte. Einerseits werden die Daten nämlich unverschlüsselt gespeichert, und andererseits ist in Android die Größe des verfügbaren Speicherplatzes in AsyncStorage auf 6 MByte beschränkt.[1] Für unseren Prototyp einer Tagebuch-App genügt dieser Ansatz zunächst.

> **Speicherung mit SQLite oder Realm**
>
> Das Expo-SDK bietet eine plattformübergreifende API an, mit der eine lokale SQLite-Datenbank in der App verwendet werden kann (*docs.expo.io/versions/latest/sdk/sqlite.html*). SQLite steht sowohl in Android als auch in iOS zur Verfügung und ist vielseitiger als AsyncStorage.
>
> Eine weitere Alternative für die lokale Speicherung stellt *Realm* dar (*realm.io*), ein speziell für mobile Geräte entwickeltes Datenbanksystem, das neben React Native auch mit anderen mobilen Entwicklungsplattformen eingesetzt werden kann.

Zusätzlich ist zu beachten, dass eine größere Anzahl von Fotos viel Speicherplatz im Dateisystem des Geräts benötigt. Langfristig wird in vielen App-Projekten daher eine Speicherung der Daten in der Cloud mit Synchronisierungsmechanismen eine wichtige Anforderung sein, unter anderem damit die Daten auf verschiedenen Geräten oder für mehrere Anwender zur Verfügung stehen. Dieses komplexe Thema lässt sich jedoch im Rahmen dieses Buchs nicht behandeln. Ein Beispiel einer plattformübergreifenden Cloud-Lösung ist Firebase von Google (*firebase.google.com*).

Datenverwaltung ist ein umfangreiches Thema. Wir haben uns bewusst auf die nötigsten Aspekte mit AsyncStorage beschränkt, um eine lokale Speicherung der Tagebucheinträge für unseren Prototyp von MyJournal umzusetzen und den Rahmen des Buchs nicht zu sprengen.

---

[1] In MyJournal tragen die Fotos kaum dazu bei, da sie im Dateisystem gespeichert werden und lediglich ihr URI in AsyncStorage hinterlegt wird.

Daten aus dem Web mit fetch einbinden

Für den Zugriff auf Daten aus dem Web stellt React Native eine API zur Verfügung, die sich am *Fetch Standard* der WHATWG orientiert. In Kombination mit async/await, die in ECMAScript 2017 definiert werden und in React Native bereitstehen, ist die Verwendung von fetch leicht zugänglich (siehe Abschnitt »Netzwerkzugriff mit fetch und asynchrone Funktionen« auf Seite 40). Zur Veranschaulichung von fetch werden wir Tagebucheinträge bei ihrer Erstellung mit Informationen zum aktuellen Wetter am Standort erweitern, wie in Abbildung 7-2 dargestellt.

Abbildung 7-2: Tagebucheintrag mit Informationen zum Wetter am Standort der Erstellung

Die erste Änderung, die wir am Code vornehmen, betrifft die Hauptkomponente in *App.js*. Wir ändern die Methode _addItem so, dass diese nur ein Argument item erhält, das bereits den neu erstellten Tagebucheintrag repräsentiert. Dazu muss auch in der JSX-Deklaration der Callback in onSubmit angepasst werden, sodass dort _addItem mit einem Argument item aufgerufen wird. Diese Änderungen vereinfachen die Erweiterung von Tagebucheinträgen um zusätzliche Informationen, wie es hier z.B. mit den Wetterdaten und dem Standort geschehen soll. Passen Sie also *App.js* wie in Beispiel 7-6 gezeigt an.

Beispiel 7-6: Die Parameter der Methode _addItem und des Callbacks in onSubmit werden in App.js als item zusammengefasst.

```
_addItem(item) { // Parameter zusammenfassen: item statt text/photo
  let { items } = this.state;
  // Neuen Eintrag am Anfang der Liste eintragen und speichern
  item.date = Date.now();
  items = [item, ...items];
  this.setState({ items: items });
  Store.saveItems(items);
}

render() {
  const sections = this._getItemsWithSections(this.state.items);
  return (
    <View style={styles.container}>
      <JournalItems items={sections} />
      <JournalItemInput
        onSubmit={item => this._addItem(item)} // item statt text/photo
        refresh={() => this.setState({ items: [] })}
      />
    </View>
  );
}
```

Die Wetterdaten werden wir zunächst für einen bestimmten Standort aus einer fest vorgegebenen JSON-Datei einlesen. Die Datei liegt auf der Webseite zum Buch unter der URL *www.behrends.io/react-native-buch/Kapitel7/weather.json* bereit und enthält beispielhafte Wetterdaten für mehrere Orte. Erweitern Sie nun die Datei *js/components/JournalItemInput.js* mit zwei Methoden _getWeather und _sub mitWithWeather, wie in Beispiel 7-7 zu sehen.

Beispiel 7-7: JournalItemInput.js fügt einem neuen Eintrag Informationen zum Wetter sowie den Standort hinzu.

```
// ... der Rest der Komponente JournalItemInput bleibt unverändert ...

_getWeather = async () => {
  let result = { location: null, weather: null };
  const location = 'Freiburg';
  const url =
    'https://www.behrends.io/react-native-buch/Kapitel7/weather.json';
  try {
    const response = await fetch(url);
    const weatherJSON = await response.json();
    const { weather, main } = weatherJSON[location];
    result = {
      location: location,
      weather: `${Math.floor(main.temp)}°C ${weather[0].description}`
    };
  } catch (error) {
    console.log('Error fetching weather', error);
  }
  return result;
};

_submitWithWeather = async (text, photo) => {
  const { location, weather } = await this._getWeather();
  this.props.onSubmit({ text, photo, location, weather });
};

_submit(text) {
  this.textInput.clear();
  this._submitWithWeather(text, this.state.photo);
  this.setState({ photo: null });
}
```

Durch die Hilfsmethode _getWeather wird die Funktionsweise von fetch deutlich. Der Wert für location wird hier mit Freiburg festgelegt. Sie können auch jeden anderen Ort verwenden, der in der Datei *weather.json* aufgeführt ist. _getWeather greift mit fetch auf diese Datei im Web zu und liefert ein Objekt zurück, das Informationen zum Standort (location) und zum Wetter (weather) enthält, wobei die Wetterdaten aus der Temperatur und der Beschreibung bestehen.

Die Wetter- und Standortinformationen werden zusammen mit Text und Foto-URI als ein Objekt mit dem Aufruf des Callbacks in this.props.onSubmit (siehe _submit

WithWeather) an *App.js* übergeben und dort von der eben angepassten Methode
_addItem weiterverarbeitet.

Die zusätzlichen Informationen zum Standort und zum Wetter sollen für einen Tagebucheintrag angezeigt werden. Dies wird durch die Änderungen in *js/components/JournalItemRow.js* erreicht, die in Beispiel 7-8 zu finden sind.

Beispiel 7-8: JournalItemRow.js stellt Wetterdaten und Standort in einem Text-Element in render dar.

```
export default class JournalItemRow extends Component {
  render() {
    const { item } = this.props;
    const { text, location, weather } = item;

    // ... der Rest von render bleibt unverändert ...

    return (
      <TouchableItem>
        <View style={styles.container}>
          {photo}
          <View style={styles.itemText}>
            <Text numberOfLines={3}>{text}</Text>
            <Text style={styles.time}>
              {`${location || ''} ${weather || ''}   ${time}`}
            </Text>
          </View>
        </View>
      </TouchableItem>
    );
  }
}

const styles = StyleSheet.create({
  container: {
    flex: 1,
    flexDirection: 'row',
    paddingHorizontal: 5,
    paddingVertical: 3,
    minHeight: 50
  },
// ... die restlichen Styles bleiben unverändert ...
```

Aktuelle Wetterdaten für den Standort anfordern

Wir werden nun durch eine Anfrage an einen Webservice die aktuellen Wetterdaten einbinden. Viele Webservices können kostenlos verwendet werden, erfordern aber für den Zugriff einen persönlichen API-Schlüssel, der erst nach einer Registrierung erstellt werden kann. Dies gilt auch für den Webservice *OpenWeatherMap*, den wir für MyJournal einsetzen wollen. Um die aktuellen Wetterdaten aus OpenWeatherMap abzufragen, müssen wir lediglich die Methode _getWeather in *JournalItemInput.js* anpassen (siehe Beispiel 7-9).

Wenn Sie sich nicht bei OpenWeatherMap registrieren wollen, können Sie die Änderungen in diesem Abschnitt ohne Angabe eines API-Schlüssels übernehmen oder komplett weglassen.

Beispiel 7-9: JournalItemInput.js greift auf OpenWeatherMap zu.

```
_getWeather = async () => {
  let result = { location: null, weather: null };
  const location = 'q=Freiburg';
  const apiKey = 'APPID='; // OpenWeatherMap API-Key einsetzen
  const url =
    'http://api.openweathermap.org/data/2.5/weather?' +
    location +
    '&' +
    apiKey +
    '&units=metric&lang=de';
  try {
    const response = await fetch(url);
    const weatherJSON = await response.json();
    const { weather, main, name } = weatherJSON;
    result = {
      location: name,
      weather: `${Math.floor(main.temp)}°C ${weather[0].description}`
    };
  } catch (error) {
    console.log('Error fetching weather', error);
  }
  return result;
};
```

Würde Ihr API-Key `ABC123456` lauten, müssten Sie die entsprechende Zeile in Beispiel 7-9 wie folgt anpassen:

```
const apiKey = 'APPID=ABC123456'; // OpenWeatherMap-API-Key einsetzen
```

Falls Sie keinen API Key verwenden, sollte die App trotzdem funktionieren. Sie erhalten allerdings keine Wetterdaten, und in der Konsole wird eine Fehlermeldung erscheinen, die aus dem `catch`-Block in der Methode `_getWeather` erzeugt wird.

Jetzt können Sie im Code in Beispiel 7-9 den Ort anpassen. Ersetzen Sie dazu Freiburg mit einem beliebigen Ort Ihrer Wahl, um für diesen die Wetterdaten bei Erstellung eines neuen Eintrags zu erhalten (vorausgesetzt, dass der Ort bei OpenWeatherMap bekannt ist).

Als letzte Änderung werden wir den Standort dynamisch abfragen. Dazu verwenden wir die `Location`-API aus dem Expo-SDK, die uns mit `getCurrentPositionAsync` ein Objekt liefert, das den Längen- und Breitengrad des aktuellen Standorts enthält. Diese Koordinaten stammen vom GPS-System des Smartphones. Der Code in Beispiel 7-10 zeigt den Einsatz dieser API.

Beispiel 7-10: Verwendung von Location und Permissions zur Abfrage des Standorts in JournalItemInput.js

```javascript
// ... die restlichen import-Anweisungen bleiben unverändert ...

import { ImagePicker, Location, Permissions } from 'expo';

// ... _getWether wie folgt anpassen ...

_getWeather = async () => {
  let result = { location: null, weather: null };
  try {
    const { status } = await Permissions.askAsync(Permissions.LOCATION);
    if (status !== 'granted') {
      console.log('Permission to access location was denied');
      return result;
    }

    const position = await Location.getCurrentPositionAsync({});
    const { longitude, latitude } = position.coords;
    const location = `lon=${longitude}&lat=${latitude}`;
    const apiKey = 'APPID='; // OpenWeatherMap API-Key einsetzen
    const url =
      'http://api.openweathermap.org/data/2.5/weather?' +
      location +
      '&' +
      apiKey +
      '&units=metric&lang=de';
    const response = await fetch(url);
    const weatherJSON = await response.json();
    const { weather, main, name } = weatherJSON;
    result = {
      location: name,
      weather: `${Math.floor(main.temp)}°C ${weather[0].description}`
    };
  } catch (error) {
    console.log('Error fetching weather', error);
  }
  return result;
};
```

Mit `Permissions.askAsync` wird mithilfe der `Permissions`-API des Expo-SDK geprüft, ob die App den Standort des Smartphones abfragen darf. Bei der ersten Verwendung dieser Funktionalität erscheint ein Dialog (siehe Abbildung 7-3), in dem Sie bestätigen müssen, dass auf den Standort zugegriffen werden darf. Falls diese Berechtigung nicht erteilt wurde, wird dies in der Konsole geloggt, und die Methode wird mit leerem Ergebnisobjekt verlassen. Ansonsten wird mit `Location.getCurrentPositionAsync` der aktuelle Standort ermittelt, und die Koordinaten (Längengrad und Breitengrad) werden in der Anfrage bei OpenWeatherMap verwendet. Diese liefert die Wetterdaten wie zuvor, und zusätzlich wird in der Eigenschaft `name` der Name des Standorts enthalten sein.

Geolocation-API

React Native stellt eine eigene API namens Geolocation zur Verfügung, mit der Standortdaten abgefragt werden können (*facebook.github.io/react-native/docs/geolocation.html*). Allerdings erfordert die Verwendung von Geolocation spezielle Konfigurationen in den nativen Teilen eines App-Projekts. Deshalb setzen wir in MyJournal die API Location des Expo-SDK ein, die lediglich zur Laufzeit eine Berechtigungsabfrage mit Permissions erfordert.

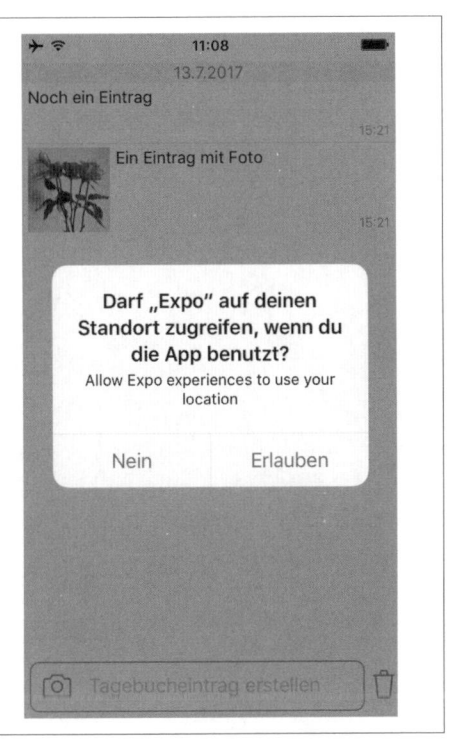

Abbildung 7-3: Zugriff auf den Standort erlauben

Zusammenfassung

Sie haben mit AsyncStorage eine API kennengelernt, mit der wir relevante Daten einer prototypischen App zumindest lokal speichern können. Durch die in diesem Kapitel beschriebenen Anpassungen an MyJournal bleiben uns die Tagebucheinträge über das Neuladen der App hinaus erhalten.

Zusätzlich haben wir MyJournal so erweitert, dass ein Tagebucheintrag bei seiner Erstellung mit den aktuellen Wetterdaten für den Standort angereichert wird. Dies haben wir mithilfe eines Webservice und fetch umgesetzt. Hierbei haben wir außerdem die aktuellen GPS-Koordinaten durch die API Location des Expo-SDK ermittelt.

> **Übungen**
>
> - Stellen Sie neben der Temperatur und der Wetterbeschreibung auch andere Informationen dar, wie z. B. den Wert der Luftfeuchtigkeit (*Humidity*).
> - Verwenden Sie statt OpenWeatherMap einen anderen Webservice für Wetterdaten, wie z. B. den von AccuWeather (*apidev.accuweather.com*).

KAPITEL 8
Navigation zwischen mehreren Screens mit Tabs

Bis zu diesem Kapitel haben wir grundlegende Konzepte von React Native kennengelernt und in der App MyJournal eingesetzt. Dazu gehörten einige häufig verwendete Komponenten, nützliche APIs und das Styling. Mit MyJournal ist es inzwischen möglich, Tagebucheinträge mit Text, Foto und Informationen zu Wetter und Standort zu erstellen. In der App wurden alle Funktionalitäten der App durch nur eine Bildschirmansicht bzw. einen *Screen* implementiert.

Besteht eine App aus mehreren Screens, müssen diese durch eine Navigationsstruktur miteinander verbunden werden, sodass Benutzer die einzelnen Bereiche der App erreichen können. Plattformübergreifende Navigation ist nicht Bestandteil der Komponentenliste von React Native, sodass die Navigation einer App mit einer zusätzlichen Bibliothek umgesetzt werden muss. Mit *react-navigation* steht seit Anfang 2017 eine allgemein empfohlene Bibliothek zur Verfügung, mit der Navigation für Android und iOS vollständig in JavaScript implementiert werden kann (siehe *reactnavigation.org*). Wir werden die Bibliothek *react-navigation* in diesem und dem folgenden Kapitel behandeln und in MyJournal einsetzen, um eine Navigationsstruktur mit Tabs, wie in Abbildung 8-1 dargestellt, zu implementieren. Wir werden also neben der Liste aller Tagebucheinträge noch weitere Screens entwickeln: eine Art Fotogalerie zur Ansicht aller Fotos der Tagebucheinträge sowie einen Bereich für Einstellungen.

> ### Alternative Ansätze zur Navigation
> Seit der Veröffentlichung von React Native wurden mehrere Ansätze zur Navigation vorgestellt. Mit NavigatorIOS stellt React Native zwar eine Komponente zur Navigation bereit, jedoch kann diese nur für iOS verwendet werden. Aus der React-Native-Community sind daher mehrere unterschiedliche Bibliotheken für eine plattformübergreifende Navigation hervorgegangen, die in React-Native-Projekte eingebunden werden können. Bei *react-navigation* handelt es sich um die offiziell empfohlene Bibliothek für die Navigation in neuen Projekten. Falls ein App-Projekt bereits für Android oder iOS in herkömmlicher Weise nativ entwickelt wurde und

> nun Teile in React Native umgesetzt werden sollen, stellt die Integration der in React Native implementierten Teile in die bestehende Navigationsstruktur eine besondere Herausforderung dar. Für solche Umstände stellen die Bibliotheken *Native Navigation* (*airbnb.io/native-navigation*) und *React Native Navigation* (*github.com/wix/react-native-navigation*) möglicherweise besser geeignete Alternativen zu *react-navigation* dar.

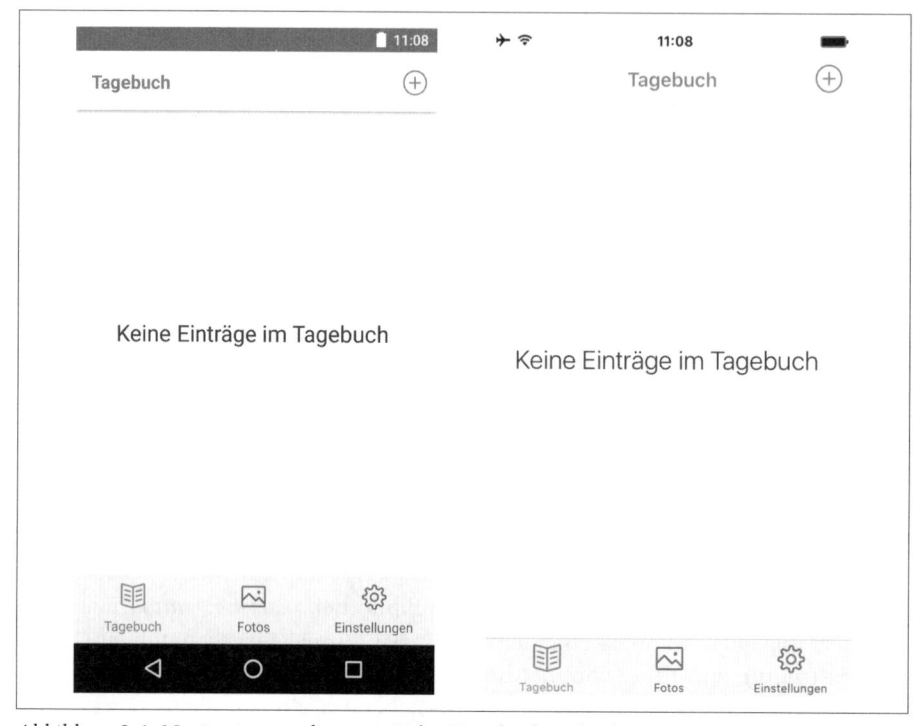

Abbildung 8-1: Navigationsstruktur mit Tabs (Tagebuch ist leer)

Die Bibliothek react-navigation

> Im November 2017 befand sich *react-navigation* noch im Betastatus (Version *1.0.0-beta.21*). Achten Sie also auf mögliche Neuerungen oder Inkompatibilitäten mit den Codebeispielen in diesem Buch. Gegebenenfalls finden Sie entsprechende Hinweise auf der Webseite zum Buch.

Im Allgemeinen ist es keine leichte Aufgabe, die Navigationsstruktur einer App zu gestalten. Es hängt von vielen verschiedenen Bedingungen ab, wie solch eine Struktur aufgebaut wird, z. B. von der Anzahl der Screens, der Wichtigkeit einzelner Screens (Muss ein Bereich der App leicht erreichbar sein? Wird ein Screen häufig verwendet?) oder den Zusammenhängen von Ansichten (z. B. Liste mit einer

Detailansicht). Außerdem unterscheiden sich die Richtlinien zur Gestaltung von Apps in Android und iOS auch in Bezug auf die Navigationsstruktur, sodass es für manche App-Projekte sogar erforderlich sein kann, dass die Navigationsstruktur der Android-Version anders aufgebaut ist als die der iOS-Variante.

Trotz der vielfältigen Randbedingungen für die Navigation in einer mobilen App haben sich dennoch häufig eingesetzte wiederkehrende Muster (bzw. Patterns) für den Aufbau einer Navigationsstruktur herausgebildet. Ein Beispiel ist die Tableiste, wie bereits in Abbildung 8-1 für MyJournal dargestellt. Falls eine App nur wenige Screens hat, können diese durch Tabs mit Icons in einer Tableiste leicht erreicht werden. Dieses Pattern findet sich häufig in Apps wieder, und zwar sowohl in Android als auch in iOS.

Die Bibliothek *react-navigation*, die wir in MyJournal verwenden wollen, stellt verschiedene plattformübergreifende Komponenten bereit, die Patterns zur Navigation umsetzen. Diese Komponenten werden in *react-navigation* als »Navigatoren« bezeichnet. Wir werden in diesem Kapitel mit TabNavigator zunächst den einfachsten Navigator einsetzen und im folgenden Kapitel die Verwendung von StackNavigator beschreiben. Im Verlauf dieser beiden Kapitel werde ich im Zuge der praktischen Anwendung in unserer App die nötigen Aspekte und Konzepte erläutern, sodass Sie mit *react-navigation* umgehen und bei Bedarf mit weiteren Navigatoren arbeiten können.

> **Beispiel-App zu Navigation für die Expo-App**
> Um einen konkreten Einblick in die Möglichkeiten der Navigation mit *react-navigation* zu erhalten, können Sie direkt auf einem Android- oder iOS-Gerät in Expo eine Beispiel-App namens *NavigationPlayground* ausprobieren, die unter *exp.host/@react-navigation* verfügbar ist. Gleichzeitig deuten die Beispiele in dieser App an, wie vielfältig und unterschiedlich Navigationsstrukturen sein können.

Nun wollen wir jedoch beginnen, MyJournal mit Navigation zu erweitern. Zunächst müssen wir *react-navigation* als Bibliothek mit npm in das Projekt einbinden. Öffnen Sie dazu eine Konsole, wechseln Sie in den Projektordner von MyJournal und fügen Sie die Bibliothek *react-navigation* dem Projekt hinzu:

```
npm install --save react-navigation
```

> Anfang Oktober 2017 lief die Installation der damals aktuellen Version von *react-navigation* auf meinem Rechner nicht ohne Fehler ab. Ich musste den React Native Packager beenden und den Ordner *node_modules* löschen. Nach Aufruf von `npm install` im Projektordner wurden alle benötigten Bibliotheken in *node_modules* neu installiert, und der Packager startete daraufhin ohne Fehler mit `npm start`. Zusätzlich musste ich die App auf dem Smartphone in Expo durch Scannen des QR-Codes erneut laden. Falls Sie auf weitere Probleme bei der Installation von *react-navigation* stoßen, schauen Sie bitte auf der Webseite zum Buch nach zusätzlichen Informationen und Hilfestellungen.

In MyJournal stehen uns nun die verschiedenen Navigatoren von *react-navigation* zur Verfügung. Im Wesentlichen können die Navigatoren wie Komponenten in React Native verwendet werden, allerdings gibt es auch einige Besonderheiten zu beachten, wie wir noch sehen werden.

Screens für Tagebuch, Fotogalerie und Einstellungen vorbereiten

Bisher haben wir nur einen Screen in der App, nämlich die Liste aller Tagebucheinträge. Die App soll um zwei neue Screens erweitert werden: eine Fotogalerie, in der alle Fotos des Tagebuchs betrachtet werden können, und einen Bereich für Einstellungen, in dem unter anderem die Möglichkeit bestehen soll, alle Einträge zu löschen. Über drei Tabs in einer Tableiste am unteren Bildschirmrand sollen die drei Screens erreichbar sein, wie bereits in Abbildung 8-1 dargestellt. In *react-navigation* steht mit `TabNavigator` ein Navigator zur Verfügung, mit dem Tabs umgesetzt werden können.

Bevor wir `TabNavigator` einsetzen, werden wir zur Vorbereitung zwei einfache Screens für die Fotogalerie und die Einstellungen erstellen. Außerdem erzeugen wir einen neuen Ordner *js/screens*, in dem wir die JavaScript-Dateien für die Screens speichern. Neben *js/components* gibt es somit einen Ordner *js/screens*, durch den wir eine weitere Unterteilung des Projektordners in Komponenten mit verschiedenen Zuständigkeiten erreichen: *screens* für Komponenten, die als Screens im Sinne der Navigation verwendet werden, und *components* für alle anderen Komponenten, die Bestandteil eines Screens im UI sein können.

Erstellen Sie zwei neue Dateien im Editor, die Sie als *PhotosScreen.js* bzw. *SettingsScreen.js* in dem neuen Ordner *js/screens* abspeichern. Die Inhalte dieser Dateien sind in Beispiel 8-1 und Beispiel 8-2 zu finden und wie gewohnt online auf der Webseite zum Buch. Bis auf den Klassennamen und den Inhalt der Text-Komponente sind die Inhalte der beiden Dateien identisch. Diese beiden Screens stellen vorübergehend nur einen Text dar und werden später vollständig implementiert, weil wir zunächst lediglich Screens benötigen, um die Funktionsweise von *react-navigation* nachvollziehen zu können.

Beispiel 8-1: js/screens/PhotosScreen.js ist der Screen für die Fotogalerie.

```
import React, { Component } from 'react';
import { Text, View } from 'react-native';

export default class PhotosScreen extends Component {
  render() {
    return (
      <View style={{ flex: 1, justifyContent: 'center' }}>
        <Text style={{ textAlign: 'center' }}>Fotos</Text>
      </View>
    );
  }
}
```

Beispiel 8-2: js/screens/SettingsScreen.js wird ein Screen für Einstellungen sein.

```
import React, { Component } from 'react';
import { Text, View } from 'react-native';

export default class SettingsScreen extends Component {
  render() {
    return (
      <View style={{ flex: 1, justifyContent: 'center' }}>
        <Text style={{ textAlign: 'center' }}>Settings</Text>
      </View>
    );
  }
}
```

Neben den eben erstellten Screens werden wir auch den Screen für die Tagebucheinträge in einer separaten Datei *js/screens/JournalScreen.js* umsetzen. Erstellen Sie diese Datei und fügen Sie den Code aus Beispiel 8-3 ein oder laden Sie diese Datei von der Webseite zum Buch herunter.

Beispiel 8-3: js/screens/JournalScreen.js ist der neue Screen für das Tagebuch.

```
import React, { Component } from 'react';
import { StyleSheet, View } from 'react-native';

import JournalItems from '../components/JournalItems';
import JournalItemInput from '../components/JournalItemInput';

export default class JournalScreen extends Component {
  _getSectionTitleFromDate(date) {
    const dateObj = new Date(date);
    const day = dateObj.getDate();
    const month = dateObj.getMonth() + 1;
    const year = dateObj.getFullYear();
    return `${day}.${month}.${year}`;
  }

  _getItemsWithSections(items) {
    if (items.length === 0) return [];

    // Datenstruktur für Sections mit Eintrag initialisieren
    let sectionTitle = this._getSectionTitleFromDate(items[0].date);
    let sections = [{ data: [], title: sectionTitle }];
    items.forEach(item => {
      sectionTitle = this._getSectionTitleFromDate(item.date);
      let lastSection = sections[sections.length - 1];

      // Trägt item in section data ein, falls item am gleichen Tag
      if (lastSection.title == sectionTitle) {
        lastSection.data.push(item);
      } else {
        // Neue Section anhängen, falls item an anderem Tag
        sections.push({ data: [item], title: sectionTitle });
      }
    });
    return sections;
```

```
  }
  render() {
    const { items, refresh, onSubmit } = this.props.screenProps;
    const sections = this._getItemsWithSections(items);
    return (
      <View style={styles.container}>
        <JournalItems items={sections} />
        <JournalItemInput onSubmit={onSubmit} refresh={refresh} />
      </View>
    );
  }
}

const styles = StyleSheet.create({
  container: {
    flex: 1
  }
});
```

Ihnen fällt bestimmt auf, dass der meiste Code in JournalScreen aus *App.js* übernommen wurde. Bei der Navigation mit Tabs, die wir in diesem Kapitel einführen, werden die drei Screens durch die entsprechenden Klassen bzw. Komponenten repräsentiert, und insbesondere die Komponente App wird nicht mehr wie bisher für die Darstellung der Tagebucheinträge zuständig sein. Daraus ergibt sich, dass *App.js* angepasst werden muss, was wir im Laufe dieses Kapitels durchführen werden.

Beachten Sie, dass in der Methode render von JournalScreen ein Prop namens this.props.screenProps verwendet wird. Dies ist ein besonderer Prop zur Datenübermittlung an Screens in *react-navigation*. Wir werden screenProps noch im Detail besprechen.

Die Funktionsweise von TabNavigator

Bevor wir die Tableiste zur Navigation in MyJournal implementieren, werde ich die Funktionsweise von TabNavigator grundlegend erläutern.

> In diesem Abschnitt dienen Code und Abbildungen nur der Veranschaulichung der Funktionsweise von TabNavigator. Die Codebeispiele dieses Abschnitts werden daher nicht in MyJournal eingebaut.

TabNavigator baut eine Tableiste bestehend aus einzelnen Tabs auf. Ein Tab wiederum ist im Wesentlichen ein bestimmter Screen, der in der Regel durch eine eigene Komponente dargestellt wird. Wir haben zuvor drei solcher Screens erstellt, die wir nun als Tabs in einer Tableiste verwenden wollen. Dazu können wir zunächst für jeden Screen ein JavaScript-Objekt deklarieren, das den gewünschten Screen in einer Eigenschaft screen enthält:

```
import JournalScreen from './js/screens/JournalScreen';
import PhotosScreen from './js/screens/PhotosScreen';
import SettingsScreen from './js/screens/SettingsScreen';

// Deklariert drei Objekte zur Verwendung als Tabs
const tab1 = {
  screen: JournalScreen
};

const tab2 = {
  screen: PhotosScreen
};

const tab3 = {
  screen: SettingsScreen
};
```

Die Bezeichnung der drei Konstanten mit tab1, tab2 und tab3 deutet bereits an, dass diese Objekte jeweils einen bestimmten Tab und den dazugehörigen Screen repräsentieren. Dies dient als Vorbereitung zur Verwendung der Screens in Tab Navigator.

Nun können wir TabNavigator importieren und die Tableiste erzeugen. Jeder Navigator in *react-navigation* stellt dazu eine Funktion bereit, die den Namen des Navigators trägt (also z.B. TabNavigator(...)) und die eine konkrete Navigator-Komponente erzeugt. Bei TabNavigator geben wir im Funktionsaufruf die soeben erzeugten Objekte bzw. Konstanten als Tabs an, wobei jedem »Tab-Objekt« ein Name zugeordnet wird:

```
import { TabNavigator } from 'react-navigation';

// Tableiste mit drei Tabs erzeugen
// Jeder Parameter hat die Form tabName: TabObjekt
const Tabs = TabNavigator({
  Journal: tab1,
  Photos: tab2,
  Settings: tab3
});
```

Somit können wir auf deklarative Weise eine Tableiste bestehend aus einzelnen Tabs erzeugen. Ein Tab hat also einen Namen (z.B. Photos) und ein Objekt zur Konfiguration des Tabs, das in diesem Beispiel zunächst nur aus dem zugeordneten Screen besteht (z.B. {screen: PhotosScreen} in tab2).

Mit Tabs steht uns nun ein Objekt zur Verfügung, das einer TabNavigator-Komponente entspricht. Es lässt sich wie eine gewöhnliche Komponente in React Native im JSX-Code verwenden:

```
// Verwendung des TabNavigator in der Konstanten Tabs im JSX-Code
render() {
  return <Tabs />;
}
```

Hierdurch wird die Tableiste mit den drei Tabs wie soeben deklariert dargestellt, wie Sie in Abbildung 8-2 sehen können. Da wir das Styling der Tableiste noch nicht konfiguriert haben, erscheint sie gemäß den UI-Richtlinien der jeweiligen Plattform (am oberen Bildschirmrand in Android und unten in iOS). Durch Antippen der Tabs in der Leiste wäre es nun möglich, zwischen den einzelnen Screens zu navigieren.

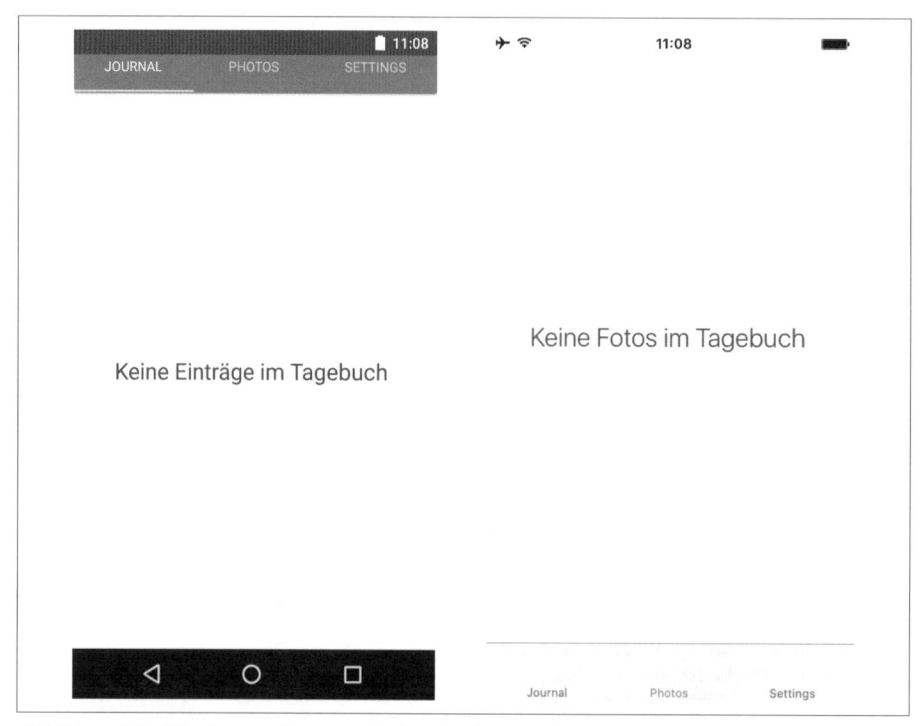

Abbildung 8-2: Hier ist zu sehen, wie die beschriebene Tableiste in MyJournal erscheinen würde.

Für die Anzeige des jeweiligen Screens in der App ist nun die TabNavigator-Komponente zuständig. Dafür mussten wir lediglich die einzelnen Tabs konfigurieren. Insbesondere haben wir für TabNavigator keine render-Methode implementiert, weshalb es auch nicht möglich ist, Daten an die einzelnen Screen-Komponenten wie gewohnt mit props zu übermitteln. Zur Datenübermittlung an die Screens stellt *react-navigation* andere Ansätze bereit. So ist es z.B. möglich, bei der JSX-Deklaration der TabNavigator-Komponente das Attribut screenProps zu verwenden, um Daten an alle Screens der Tableiste zu übergeben:

```
// Durch screenProps werden Daten an alle Screens übermittelt.
// Jeder Screen der Tableiste kann auf items zugreifen.
render() {
  return <Tabs screenProps={{ items: this.state.items }} />
}
```

In `screenProps` werden die zu übertragenden Daten in einem JavaScript-Objekt zusammengefasst. Die Daten in `screenProps` stehen allen Screens via `this.props.screenProps` zur Verfügung. Im obigen Beispiel werden die Tagebucheinträge in der Eigenschaft `items` an die Screens weitergereicht, sodass diese mit `this.props.screenProps.items` verwendet werden können. Im `JournalScreen` haben wir bereits in der Methode `render` den Zugriff auf verschiedene Daten in `this.props.screenProps` implementiert (siehe Beispiel 8-3).

Die Tabs in einer Tableiste sollen in der Regel einen Titel und ein Icon bekommen, die zum jeweiligen Screen passen. Dies wird für MyJournal in Abbildung 8-1 am Anfang dieses Kapitels dargestellt. Beispielsweise soll für die Liste aller Tagebucheinträge in `JournalScreen` der entsprechende Tab den Titel *Tagebuch* haben und ein aufgeschlagenes Buch als Icon anzeigen. Bei der Deklaration eines Tabs können unter anderem Titel und Icon des Tabs mit `navigationOptions` festgelegt werden. Das Tab-Objekt für das Tagebuch könnte z.B. wie folgt deklariert werden:

Beispiel 8-4: Tabs können durch Angabe von navigationOptions konfiguriert werden.

```
const tab1 = {
  screen: JournalScreen,
  navigationOptions: {
    title: 'Tagebuch',
    tabBarIcon: ({ tintColor }) =>
      <SimpleLineIcons name="book-open" size={24} color={tintColor} />
  }
};
```

Neben der Eigenschaft `screen` werden also weitere Einstellungen mit `navigationOptions` zusammengefasst. Für MyJournal sind nur der Titel (bzw. die Beschriftung des Tabs) und das Icon relevant.[1] Das Icon wird in `tabBarIcon` durch eine anonyme Funktion mit einem Parameter `tintColor` festgelegt, wodurch eine Färbung des Icons zur Laufzeit möglich wird. Wir werden hierauf später in diesem Kapitel eingehen, wenn wir das Styling der Tableiste vornehmen. Für das Icon setzen wir ein `SimpleLineIcon` aus dem Expo-SDK namens `book-open` ein, das ein aufgeklapptes Buch darstellt. Für die Tabs der Fotogalerie und der Einstellungen werden wir gleich ebenso passende Titel und Icons angeben.

> ### Konfiguration von Tabs vs. Screens
>
> In Beispiel 8-4 werden Titel und Icon eines Tabs via `navigationOptions` in der Konfiguration eines Tabs festgelegt. Alternativ können diese `navigationOptions` im Screen konfiguriert werden. Das folgende Codefragment deutet das für `JournalScreen` an:

---

[1] In der Dokumentation zu *react-navigation* (*reactnavigation.org/docs*) wird beschrieben, welche `navigationOptions` für die verschiedenen Navigatoren existieren.

```
    export default class JournalScreen extends Component {
      static navigationOptions = {
        title: 'Tagebuch',
        tabBarIcon: ({ tintColor }) =>
          <SimpleLineIcons name="book-open" size={24} color={tintColor} />
      };
      // usw. ...
```

Viele Beispiele zu *react-navigation* verwenden diesen Ansatz, der dazu führt, dass die Konfiguration eines Tabs an verschiedenen Stellen im Code geschieht. Im Gegensatz dazu bevorzuge ich es, ein Tab wie in Beispiel 8-4 zu konfigurieren, weil diese Optionen sich eher auf den Tab beziehen als auf den Screen und weil hierdurch die Konfiguration eines Tabs an einer zentralen Stelle durchgeführt wird.

Eine Tableiste für MyJournal

Jetzt werden wir mit `TabNavigator` eine Tableiste in MyJournal integrieren. Dazu werden Sie hier den Code wie gewohnt in MyJournal einbauen. Die Deklaration der Tableiste soll in einer neuen Datei *js/AppNavigator.js* geschehen, um die Navigationsstruktur der App als eigenständigen Bestandteil des Codes zu kapseln. In Beispiel 8-5 ist zu sehen, wie ein `TabNavigator` mit den eben beschriebenen Tab-Konfigurationen erzeugt wird. Erstellen Sie die Datei mit diesem Inhalt im Editor oder laden Sie sie von der Webseite zum Buch herunter.

Beispiel 8-5: In js/AppNavigator.js wird die Navigationsstruktur der App definiert.

```
import React from 'react';
import { TabNavigator } from 'react-navigation';

import { SimpleLineIcons } from '@expo/vector-icons';

import JournalScreen from './screens/JournalScreen';
import PhotosScreen from './screens/PhotosScreen';
import SettingsScreen from './screens/SettingsScreen';

const Tabs = TabNavigator({
  Journal: {
    screen: JournalScreen,
    navigationOptions: {
      title: 'Tagebuch',
      tabBarIcon: ({ tintColor }) =>
        <SimpleLineIcons name="book-open" size={24} color={tintColor} />
    }
  },
  Photos: {
    screen: PhotosScreen,
    navigationOptions: {
      title: 'Fotos',
      tabBarIcon: ({ tintColor }) =>
        <SimpleLineIcons name="picture" size={24} color={tintColor} />
```

```
      }
    },
    Settings: {
      screen: SettingsScreen,
      navigationOptions: {
        title: 'Einstellungen',
        tabBarIcon: ({ tintColor }) =>
          <SimpleLineIcons name="settings" size={24} color={tintColor} />
      }
    }
  });

  export default Tabs;
```

Zunächst müssen wir TabNavigator aus *react-navigation* und die drei Screens unserer App importieren. Daraufhin initialisieren wir eine Konstante Tabs, der ein Tab Navigator zugewiesen wird. Hier deklarieren wir die drei Tabs nicht wie zuvor explizit als Konstanten, sondern geben die Konfigurationen direkt inline im Aufruf von TabNavigator an. Dabei verwenden wir passende Titel und Icons für die drei Tabs mithilfe von SimpleLineIcons. Schließlich exportieren wir den Navigator in der Konstanten Tabs zur Verwendung in unserer App; das werden wir als Nächstes umsetzen.

In der Hauptkomponente *App.js* von MyJournal wurde bisher die Liste aller Tagebucheinträge in render zusammengestellt. Inzwischen haben wir für die Tagebucheinträge einen eigenen Screen erstellt (JournalScreen) und mit *AppNavigator.js* eine Navigationsstruktur definiert. Die Aufgabe von *App.js* besteht nach dieser Umstellung darin, die Navigationsstruktur für die App im UI zu erstellen. Durch die Konfiguration der Tabs in *AppNavigator.js* werden die einzelnen Screens automatisch durch den verwendeten TabNavigator angezeigt. Der Code in Beispiel 8-6 zeigt die relevanten Änderungen in *App.js*, die Sie nun in Ihrem Projekt durchführen sollten.

Beispiel 8-6: In App.js wird die Navigationsstruktur mit AppNavigator verwendet.

```
import React, { Component } from 'react';
import AppNavigator from './js/AppNavigator';

// Einige import-Anweisungen werden nicht mehr benötigt.

import Store from './js/Store';

export default class App extends Component {
  state = { items: [] };

  componentWillMount() {
    this._refreshItems();
  }

  // _getSectionTitleFromDate und _getItemsWithSections werden entfernt.
  // Nur die Methoden _refreshItems und _addItem bleiben erhalten.

  render() {
```

```
    return (
      <AppNavigator
        screenProps={{
          items: this.state.items,
          refresh: this._refreshItems,
          onSubmit: item => this._addItem(item)
        }}
      />
    );
  }
}
// Auch die Styles können entfernt werden.
```

Einige import-Anweisungen und die Styles werden nicht mehr benötigt, denn in render wird jetzt lediglich `AppNavigator` für die Tabs deklariert. Durch `screenProps` erreichen wir, dass alle Screens im `TabNavigator` Zugriff auf die Tagebucheinträge (`items`), eine Funktion zum Aktualisieren (`refresh`) und eine Funktion zur Erstellung eines Eintrags haben (`onSubmit`). Deutlich wird das in `JournalScreen` (siehe Beispiel 8-3), wo wir die `screenProps` zur Verwendung in render in Konstanten einlesen:

```
    const { items, refresh, onSubmit } = this.props.screenProps;
```

In den Screens für die Fotos und die Einstellungen verwenden wir die `screenProps` noch nicht. Wir werden sie jedoch später in diesem Kapitel bei der Implementierung der Fotogalerie und der Einstellungen brauchen.

In der Entwicklung von MyJournal haben wir ein größeres wichtiges Zwischenziel erreicht, denn wir haben für Android und iOS eine plattformübergreifende Navigationsstruktur mit Tabs bereitgestellt. Hierdurch sind wir in der Lage, den Funktionsumfang der App durch weitere Screens zu erhöhen. Durch Antippen der Tabs können wir zwischen verschiedenen Screens navigieren. In der Android-Version ist das auch mit einer horizontalen »Wischbewegung« möglich, und zusätzlich wird in Android durch *react-navigation* automatisch der Zurück-Button unterstützt.

Einheitliche Tableiste in Android und iOS

Wenn wir die App nun testen, sehen wir, dass die Darstellung der Tabs in Android und iOS sehr unterschiedlich ist, wie in Abbildung 8-3 abgebildet.

In der Grundkonfiguration werden Tabs durch `TabNavigator` in Android am oberen Bildschirmrand ohne Icons und in blauer Farbe angezeigt. In der iOS-Version hingegen erscheinen die Tabs unten in Hellgrau mit Icons. Und es gibt noch weitere Unterschiede: Im Gegensatz zur iOS-Version besteht die Beschriftung der Tabs in Android aus Großbuchstaben, und der aktive Tab hat einen gelben Strich am unteren Rand.

Die Tatsache, dass manche Komponenten von React Native in Android und iOS unterschiedlich dargestellt werden, ist uns bereits im Zusammenhang mit der

Button-Komponente in Abschnitt »Button und die Touchable-Komponenten« auf Seite 77 begegnet. Solche Unterschiede spiegeln die Eigenheiten der jeweiligen Plattform wider und sind durchaus berechtigt, denn eine App sollte für Nutzer der jeweiligen Plattform in einer gewohnten Weise erscheinen und sich an die Richtlinien zur UI-Gestaltung in Android bzw. iOS halten.

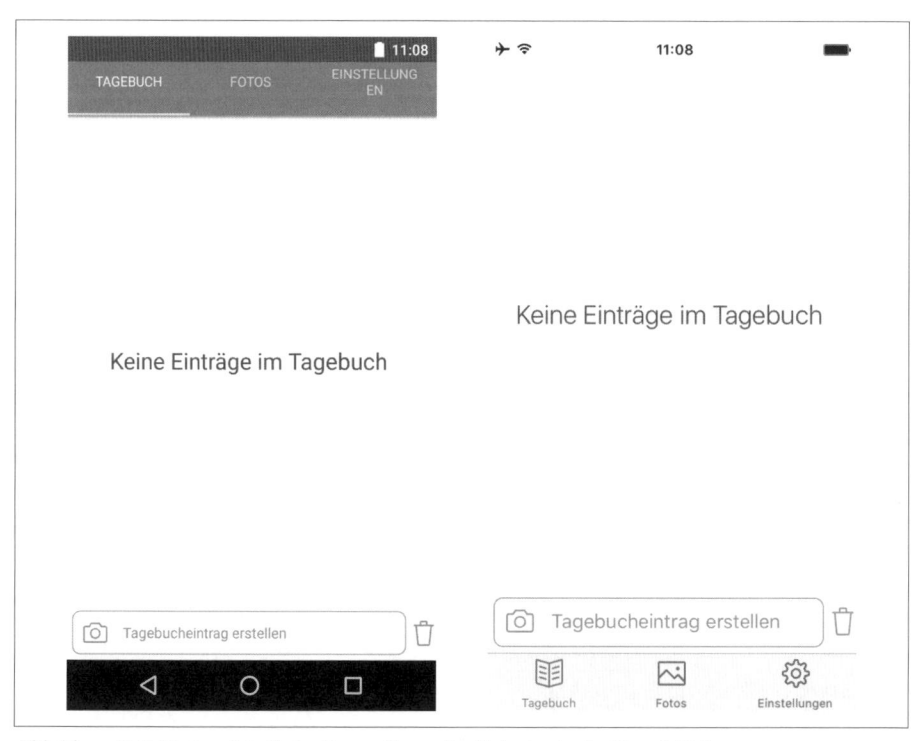

Abbildung 8-3: Unterschiedliche Darstellung der Tabs in Android und iOS

Was die Navigationsstruktur einer App betrifft, gibt es für deren Umsetzung auf beiden Plattformen diverse verschiedene Ansätze. Im Allgemeinen hängt es von vielen Aspekten ab, wie die Navigation in einer App gestaltet wird: unter anderem von der Anzahl der Screens, wie häufig diese verwendet werden und ob es mehrere Ebenen innerhalb der Screens gibt. Tabs eignen sich dann, wenn die App nur wenige Hauptbereiche hat, für die es möglich sein soll, sie direkt anzusteuern. Dies ist in MyJournal der Fall, denn es wird vorerst nur drei separate Screens geben (*Tagebuch*, *Fotos* und *Einstellungen*). Deshalb haben wir für MyJournal eine Struktur mit Tabs eingeführt.

Im Allgemeinen ist es hilfreich, sich an den UI-Richtlinien der betroffenen Plattform zu orientieren. Im Fall von Android gibt es im *Material Design* verschiedene Ansätze bzw. Muster (*Patterns*) für die Navigation (siehe *material.io/guidelines/patterns/navigation.html#navigation-patterns*). Ein solches Muster ist die sogenannte *Bottom Navigation* (siehe *material.io/guidelines/components/bottom-naviga tion.html*), die im Wesentlichen der Tab-Navigation in iOS entspricht, denn die Tableiste wird am unteren Rand des Bildschirm dargestellt. Zusätzlich haben die Tabs dort eine Beschriftung in gewöhnlicher Schreibweise, die nicht nur aus Großbuchstaben besteht.

Tabs am unteren Bildschirmrand sind meiner Meinung nach besser zu bedienen, als wenn die Tabs oben erscheinen, denn sie sind viel leichter mit einer Hand und insbesondere mit dem Daumen zu erreichen.[2] Deshalb wollen wir, dass die Tableiste auch in der Android-Version am unteren Rand erscheint, wobei wir uns am Navigationspattern *Bottom Navigation* orientieren werden. Wir wollen daher die Darstellung der Tableiste vereinheitlichen, damit sie wie in Abbildung 8-1 am Anfang des Kapitels erscheint.

Bisher haben wir für die Tableiste in MyJournal lediglich festgelegt, welche Tabs angezeigt werden sollen. In Beispiel 8-5 wurde dazu beim Aufruf von TabNavigator ein umfangreiches JavaScript-Objekt mit den Konfigurationen der einzelnen Tabs als Parameter übergeben. Im Allgemeinen hat die API von TabNavigator folgende Form:

```
TabNavigator(RouteConfigs, TabNavigatorConfig)
```

RouteConfigs entspricht hierbei den Konfigurationen der Tabs, und mit einem weiteren Argument (angedeutet durch TabNavigatorConfig) können zusätzliche Optionen als JavaScript-Objekt an TabNavigator übergeben werden. Durch diese können wir weitere Anpassungen am TabNavigator in MyJournal umsetzen. Zum Beispiel ist es möglich, die Anzeige der Tableiste am unteren Bildschirmrand in Android und iOS zu erzwingen. Die verfügbaren Optionen sind zum Teil plattformspezifisch und werden in der Dokumentation zu TabNavigator beschrieben (siehe *react-navigation.org/docs/navigators/tab*).

> Die anderen Navigatoren in *react-navigation* haben eine entsprechende API, z.B. auch StackNavigator, den wir im folgenden Kapitel einsetzen werden: StackNavigator(RouteConfigs, StackNavigatorConfig).

Wir möchten zunächst festlegen, dass die Tableiste stets am unteren Bildschirmrand erscheint. Dies geschieht durch die Deklaration tabBarPosition: 'bottom', die sich insbesondere auf die Android-Version auswirken wird. Für das Erscheinungsbild der Tableiste steht die Eigenschaft tabBarOptions zur Verfügung, die wiederum aus einzelnen Deklarationen zusammengesetzt werden kann. Zum Beispiel kann mit activeTintColor die Färbung des Icons im aktiven Tab inklusive Beschriftung bestimmt werden. Wir werden die Farbe deepskyblue einsetzen, wodurch die Tableiste an das »Look-and-feel« von MyJournal angepasst wird. Die erwähnten Ein-

---

[2] Hieran ist zu erkennen, dass bei der Entwicklung mobiler Apps andere Aspekte eine wichtige Rolle spielen als z.B. bei Webanwendungen für größere Bildschirme.

stellungen können folgendermaßen als Objekt für TabNavigatorConfig deklariert werden:

```
{
  tabBarPosition: 'bottom',
  tabBarOptions: {
    activeTintColor: 'deepskyblue'
  }
}
```

Öffnen Sie nun *AppNavigator.js* im Editor, um diese Anpassungen an die Tableiste zu implementieren. Fügen Sie dazu dem Aufruf von TabNavigator einen weiteren Parameter für die Konfiguration der Tableiste hinzu:

Beispiel 8-7: Die Darstellung der Tableiste wird in AppNavigator konfiguriert.
```
const Tabs = TabNavigator({
    // ... Screens für Tagebuch und Fotos bleiben unverändert ...
    Settings: {
      screen: SettingsScreen,
      navigationOptions: {
        title: 'Einstellungen',
        tabBarIcon: ({ tintColor }) => (
          <SimpleLineIcons name="settings" size={24} color={tintColor} />
        )
      }
    }
  },
  {
    tabBarPosition: 'bottom',
    tabBarOptions: {
      activeTintColor: 'deepskyblue'
    }
  }
);
```

Jetzt wird auch der Zweck der anonymen Funktion in tabBarIcon nachvollziehbar. Zur Laufzeit wird dieser Funktion der Farbwert deepskyblue als tintColor übergeben, wenn der betroffene Tab aktiv wird. Wir werden nun weitere Einstellungen in tabBarOptions vornehmen, sodass die Tableiste in Android gemäß dem Pattern *Bottom Navigation* erscheint und im Wesentlichen der iOS-Variante entspricht.

> Falls Sie nur an der iOS-Version interessiert sind und die App nicht für Android anpassen wollen, genügt es, für die iOS-Version lediglich activeTintColor in den tabBarOptions anzupassen, wie der Code in Beispiel 8-7 zeigt. Sie können daher die folgenden Änderungen für tabBarOptions ignorieren. Allerdings könnte langfristig auch für Sie die Beschreibung zu Platform.select relevant sein. Ab dem Abschnitt »Fotogalerie und Einstellungen umsetzen« auf Seite 184 ist die Weiterentwicklung von MyJournal wieder plattformübergreifend.

Fügen Sie jetzt folgende Eigenschaften zur Konfiguration der Tableiste in tabBarOptions hinzu:

Beispiel 8-8: Die Tableiste wird in AppNavigator für Android angepasst.

```
const Tabs = TabNavigator({
   // ... die Screens bleiben unverändert ...
  },
  {
    tabBarPosition: 'bottom',
    tabBarOptions: {
      activeTintColor: 'deepskyblue',
      inactiveTintColor: '#929292',
      style: {
        backgroundColor: '#f4f4f4' // Hintergrundfarbe der Tableiste
      },
      indicatorStyle: {
        height: 0 // Kein Strich am unteren Rand in Android
      },
      showIcon: true,
      upperCaseLabel: false
    }
  }
);
```

Mit `inactiveTintColor` erscheint die Schrift der inaktiven Tabs in der gleichen Farbe wie in iOS, und mit `style: {backgroundColor: '#f4f4f4'}` wird der Hintergrund der Tableiste wie in iOS gefärbt. Durch `indicatorStyle: {height: 0}` verschwindet die gelbe Markierungslinie unterhalb des ausgewählten Tabs. Schließlich erhalten wir mit `showIcon: true` bzw. `upperCaseLabel: false` eine Beschriftung der Icons in normaler Schreibweise.

Durch diese Änderungen haben wir für die Tableiste bereits ein große Ähnlichkeit in Android und iOS erreicht. Allerdings fällt in Android auf, dass es unterhalb der Beschriftung der Icons zu viel Abstand nach unten gibt, wie in Abbildung 8-4 zu sehen ist.

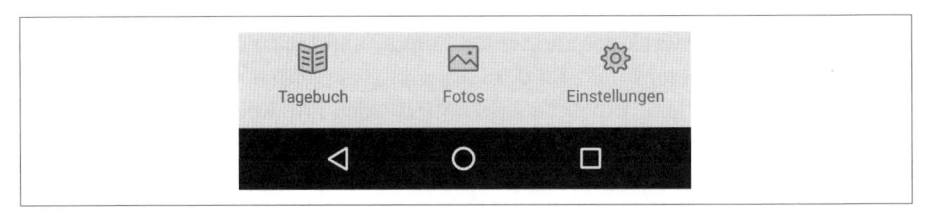

Abbildung 8-4: In Android ist der Abstand zwischen Beschriftung und unterem Bildschirmrand zu groß.

Um den Abstand nach unten zu entfernen, könnte `tabBarOptions` mit der Eigenschaft `labelStyle` erweitert werden:

```
labelStyle: {
  marginBottom: 0
}
```

In dieser Form würde sich die Deklaration allerdings auch auf iOS auswirken. Dort ist diese Änderung allerdings nicht nötig. Wir werden `labelStyle` daher nur für

Android anpassen. Dazu können wir mit der `Platform`-API herausfinden, ob die App auf einem Android-Gerät ausgeführt wird. Zunächst importieren wir in *App Navigator.js* diese API:

```
import { Platform } from 'react-native';
```

`Platform` stellt eine Methode `select` bereit, mit der es möglich ist, für die jeweilige Plattform, auf der die App ausgeführt wird, spezielle Werte zurückzuliefern. Betrachten Sie folgendes Beispiel:

```
const x = Platform.select({
  android: 'Android-Gerät',
  ios: 'iOS-Gerät'
});
```

Auf Android-Geräten würde x der Wert `Android-Gerät` zugewiesen, und auf einem iPhone würde x den String `iOS-Gerät` erhalten. Somit können wir in unserer Situation ausschließlich für Android der Eigenschaft `labelStyle` ein Styling zuordnen, das den Abstand nach unten verkleinert:

```
labelStyle: {
  ...Platform.select({
    android: {
      marginBottom: 0
    }
  })
}
```

Mit dem Spread-Operator (...) wird das Ergebnis von `Platform.select` zur Laufzeit in die Deklaration eingebettet. In der Android-Version ist dies `marginBottom: 0`. Fügen Sie die `Platform.select`-Anweisung der Konfiguration der Tableiste in *App Navigator.js* hinzu, wie in Beispiel 8-9 zu sehen.

Beispiel 8-9: Die Tableiste soll in der Android-Variante keinen Abstand nach unten haben (Anpassung in AppNavigator).

```
// Platform importieren
import { Platform } from 'react-native';

{
  tabBarPosition: 'bottom',
  tabBarOptions: {
    // ... der Rest bleibt unverändert ...
    showIcon: true,
    upperCaseLabel: false,
    labelStyle: { // nur Android: kein Abstand nach unten
      ...Platform.select({ android: { marginBottom: 0 } })
    }
  }
}
```

Nun sollte die Tableiste in beiden Plattformen übereinstimmen.

Fotogalerie und Einstellungen umsetzen

Jetzt werden wir die beiden neuen Screens für die Fotogalerie und die Einstellungen vollständig implementieren. Die Änderungen betreffen ausschließlich die beiden Dateien *SettingsScreen.js* und *PhotosScreen.js* im Ordner *js/screens*. Insbesondere an der Navigationsstruktur sind hierfür keine Anpassungen nötig. Sie können die Änderungen wie gewohnt anhand der Codebeispiele im Editor vornehmen oder die beiden Dateien von der Webseite zum Buch herunterladen.

Für die Einstellungen sind die Änderungen in Beispiel 8-10 zusammengefasst. Es wird lediglich ein Button dargestellt, mit dem alle Tagebucheinträge gelöscht werden können. Der Code dazu stammt im Wesentlichen aus *js/components/JournalItemInput.js*. Vorübergehend haben wir nun zwei Möglichkeiten in der App, das Tagebuch zu leeren. Gleich werden wir die Eingabe eines Tagebucheintrags als eigenen Screen implementieren und dabei diese Redundanz entfernen.

Beispiel 8-10: SettingsScreen.js mit Button zum Löschen aller Einträge

```
import React, { Component } from 'react';
import { Alert, Button, StyleSheet, View } from 'react-native';

import Store from '../Store';

export default class SettingsScreen extends Component {
  _deleteItems() {
    Alert.alert(
      'Einträge löschen',
      'Sollen wirklich alle Einträge gelöscht werden?',
      [
        {
          text: 'Nein',
          style: 'cancel'
        },
        {
          text: 'Ja',
          onPress: async () => {
            await Store.deleteItems();
            this.props.screenProps.refresh();
          }
        }
      ]
    );
  }

  render() {
    return (
      <View style={styles.container}>
        <Button
          title="Alle Einträge löschen"
          onPress={() => this._deleteItems()}
        />
      </View>
    );
```

```
    }
}
const styles = StyleSheet.create({
  container: {
    flex: 1,
    justifyContent: 'center',
    alignItems: 'center'
  }
});
```

Die Fotogalerie soll eine Möglichkeit dazu bieten, dass die Benutzer der App bequem alle Fotos des Tagebuchs betrachten können. Der Screen dazu wird wie in Abbildung 8-5 dargestellt erscheinen, und der zugehörige Code für die Umsetzung ist in Beispiel 8-11 aufgelistet.

Beispiel 8-11: PhotosScreen.js stellt eine Fotogalerie dar.

```
import React, { Component } from 'react';
import {
  Dimensions,
  Image,
  ScrollView,
  StyleSheet,
  Text,
  View
} from 'react-native';

export default class PhotosScreen extends Component {
  _getPhotos(items) {
    return items.map(item =>
      <Image
        style={styles.photo}
        source={{ uri: item.photo }}
        resizeMode="cover"
        key={item.date}
      />
    );
  }

  render() {
    const items = this.props.screenProps.items.filter(
      item => item.photo !== null
    );

    if (items.length === 0)
      return (
        <View style={styles.noItems}>
          <Text style={styles.infoText}>Keine Fotos im Tagebuch.</Text>
        </View>
      );

    return (
      <ScrollView>
        {this._getPhotos(items)}
      </ScrollView>
```

```
    );
  }
}

const width = Dimensions.get('window').width;

const styles = StyleSheet.create({
  noItems: {
    flex: 1,
    alignItems: 'center',
    justifyContent: 'center'
  },
  infoText: {
    color: 'darkslategray',
    fontSize: 22,
    fontWeight: '300'
  },
  photo: {
    width: width,
    height: width,
    marginBottom: 2
  }
});
```

Abbildung 8-5: Fotogalerie

Im Code in Beispiel 8-11 ist zu sehen, dass mit `Dimensions` und `ScrollView` eine API und eine Komponente importiert werden, die wir bisher noch nicht verwendet haben. Diese werden zur Darstellung der Fotos eingesetzt, wie wir gleich sehen werden.

Zunächst weisen wir in render der Konstanten items alle Tagebucheinträge zu, die ein Foto haben, indem wir alle Einträge aus this.props.screenProps.items mit der Bedingung item.photo !== null filtern. Ähnlich wie bei der Liste aller Tagebucheinträge stellen wir einen Hinweistext dar, wenn items keine Einträge mit Fotos enthält. Falls Fotos vorhanden sind, betten wir diese mithilfe der Methode _getPhotos als einzelne Image-Komponenten in eine ScrollView ein. Die Komponente Scroll View ermöglicht, Inhalte automatisch in einer scrollbaren Ansicht darzustellen, wenn sie nicht in den sichtbaren Bereich des Smartphone-Bildschirms passen.

> ScrollView rendert alle darzustellenden Inhalte – auch wenn diese nicht im aktuell sichtbaren Bereich des Bildschirms liegen. Gibt es viele Fotos in MyJournal, könnte sich die Verwendung einer Scroll View in der Fotogalerie nachteilig auf die Performance auswirken. Für solche Fälle ist eine Listenkomponente wie z.B. FlatList besser geeignet, da mit dieser nur die zur Anzeige benötigten Komponenten gerendert werden. Wir setzen hier ScrollView ein, um den Code in der Fotogalerie möglichst übersichtlich zu halten.

Für das Einbetten der Fotos als Image-Komponenten in ScrollView ist die lokale Hilfsmethode _getPhotos zuständig. Diese bildet jeden Tagebucheintrag mithilfe der map-Funktion auf ein passendes Image-Element ab. Wie in React üblich, benötigen wir für jedes dieser Elemente ein eindeutiges Prop key, denn _getPhotos liefert ein Array von JSX-Elementen zurück (ansonsten zeigt die App im Entwicklungsmodus eine Warnung an). Mit item.date steht uns ein geeigneter eindeutiger Wert für key zur Verfügung.

Fotos können mit Smartphones im Hoch- oder Querformat aufgenommen werden. Wie in Abbildung 8-5 zu sehen, sollen die Fotos in der Galerie unabhängig von ihrem Format die ganze Breite des Bildschirms ausfüllen. Wir nutzen die API Dimensions, um die Breite des Bildschirms zur Laufzeit zu bestimmen (Dimensions.get('window').width), und setzen in den Styles die Breite und Höhe auf diesen Wert, damit die Fotos einheitlich erscheinen. In den einzelnen Image-Komponenten wird durch resizeMode="cover" sichergestellt, dass die Fotos gleichmäßig die durch das Styling zugewiesene Breite und Höhe ausfüllen und dabei das Größenverhältnis beibehalten.

Zusammenfassung

Sobald eine App aus mehreren Bereichen bzw. Screens besteht, wird eine Möglichkeit zur Navigation zwischen den Screens benötigt. Für React Native steht mit *react-navigation* eine offiziell empfohlene Bibliothek bereit, mit der verschiedene Navigationsstrukturen plattformübergreifend durch JavaScript-Code umgesetzt werden können.

Für die App MyJournal haben wir *react-navigation* mit npm dem Projekt hinzugefügt, um eine Tableiste mit TabNavigator umzusetzen. Einerseits werden Navigatoren aus *react-navigation* wie gewöhnliche Komponenten verwendet, jedoch sind andererseits einige Besonderheiten zu beachten. So werden Navigatoren lediglich durch JavaScript-Objekte konfiguriert, und eine Implementierung der Methode render ist nicht nötig. Für die Übermittlung von Daten an die Screens eines Navigators steht mit screenProps ein besonderer Prop bereit.

Wir haben das TabNavigator-Objekt so angepasst, dass die erzeugte Tableiste in Android und iOS das gleiche Erscheinungsbild hat und am unteren Bildschirmrand erscheint. Für Android haben wir somit das Navigationspattern *Bottom Navigation* implementiert. Drei Screens können nun durch Tabs erreicht werden: die Liste der Tagebucheinträge (bzw. das Tagebuch), eine Fotogalerie und ein Bereich für die Einstellungen.

> In *react-navigation* gibt es mit DrawerNavigator einen weiteren Navigator für eine »Schubladennavigation«, die oft in Android-Apps zu sehen ist. Meistens wird dazu durch einen Knopfdruck im linken Bereich des Bildschirms eine Liste mit mehreren Menüpunkten angezeigt, durch deren Anwahl zu bestimmten Screens navigiert werden kann. Dieser Navigator stellt eine Alternative zu TabNavigator dar, wenn die fünf möglichen Einträge in der Tableiste nicht ausreichen.

Auch das folgende Kapitel wird sich mit der Navigation und *react-navigation* befassen. Wir werden zusätzliche Screens erstellen und diese durch StackNavigator in die Navigationsstruktur von MyJournal einbinden.

> Wir haben in diesem Kapitel ScrollView eingesetzt, um in der Fotogalerie alle Fotos untereinander darzustellen. ScrollView ist eine vielseitig konfigurierbare Komponente, die unter anderem auch horizontal verwendet werden kann und das Blättern (*Paging*) durch ihre Inhalte ermöglicht. Da ScrollView nur kurz vorgestellt wurde, habe ich unten eine Übung formuliert, mit der Sie unter Zuhilfenahme der Dokumentation diese wichtige Komponente besser kennenlernen.

Übungen

- Erstellen Sie einen weiteren Screen, der nur aus Text besteht, und binden Sie diesen in die Tableiste ein.
- Passen Sie die Komponente ScrollView in der Fotogalerie so an, dass Sie horizontal durch die Fotos blättern können (»Wischen« von links nach rechts und umgekehrt). Eine »Wischgeste« soll dabei immer zur Anzeige genau eines Fotos führen, das heißt, es sollen nicht zwei Fotos nur teilweise sichtbar sein. Suchen Sie dazu in der Dokumentation die nötigen Props für ScrollView heraus. Durch diese Übung lernen Sie die Vielseitigkeit von ScrollView kennen.
- Ersetzen Sie in der Fotogalerie die ScrollView durch eine FlatList. Hierdurch wird der Gebrauch von FlatList wiederholt und vertieft.

KAPITEL 9
Detailansicht und Editor mit StackNavigator einbinden

In MyJournal sind Foto und Text eines Tagebucheintrags bisher nur eingeschränkt in der Liste im Tagebuch-Screen zu sehen. Das Foto wird dort stark verkleinert dargestellt, und von längeren Texten ist nur der Anfang sichtbar. Um Tagebucheinträge vollständig betrachten zu können, werden wir für sie eine Detailansicht implementieren. Außerdem werden wir einen Screen entwickeln, in dem wir den Text und das Foto eines Eintrags ändern können. Wir wollen daher in diesem Kapitel mit der Detailansicht und einer Art Editor für Einträge zwei weitere Screens umsetzen. Um diese in die Navigationsstruktur der App einzubinden, werden wir von der Komponente StackNavigator aus *react-navigation* Gebrauch machen.

Funktionsweise von StackNavigator

Im Gegensatz zu TabNavigator gibt StackNavigator keine statische Navigationsstruktur vor. Während die in einem TabNavigator organisierten Screens sozusagen »nebeneinander« in einer Tableiste angeordnet werden, ergibt StackNavigator keine explizite Anordnung der beteiligten Screens. Findet eine Navigation von einem Screen zu einem anderen statt, merkt sich StackNavigator die Reihenfolge der Screens in einer Abfolge von Navigationsschritten. Bildlich gesprochen, wird der Screen, zu dem navigiert wurde, wie in einem Stapel (*Stack*) oberhalb des bisherigen Screens abgelegt (siehe Abbildung 9-1). Dadurch wird in StackNavigator der Navigationsverlauf verwaltet.

Mit StackNavigator lassen sich flexible Navigationsstrukturen erstellen, die zum Teil an die Navigation im Web erinnern. Jeder Screen, der in einem StackNavigator registriert wird, kann als Navigationsziel dienen. Ein Navigationsschritt kann auf verschiedene Arten ausgelöst werden, z.B. durch das Drücken eines Knopfs. Und ähnlich wie in einem Webbrowser ergibt die Navigation in StackNavigator einen Verlauf mit der Möglichkeit, zum vorherigen Screen zurückzukehren.

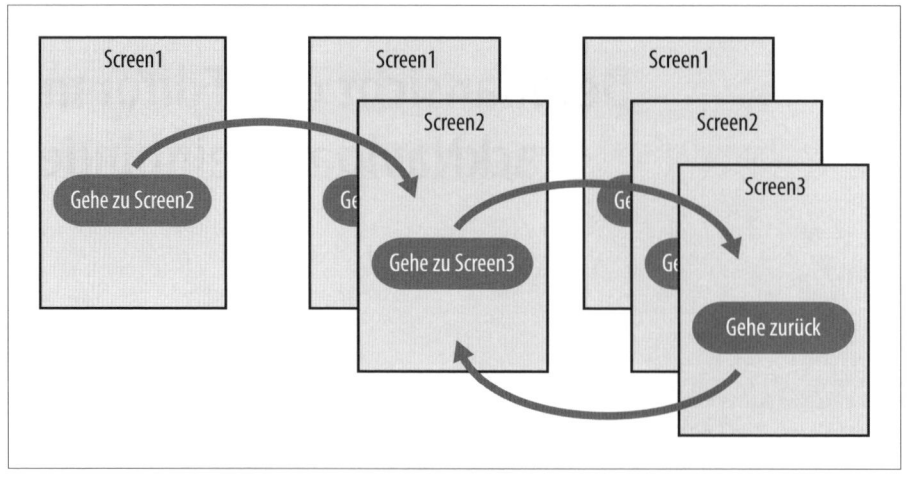

Abbildung 9-1: Bei der Navigation mit StackNavigator wird der aktuelle Screen durch das Navigationsziel ersetzt und auf einer Art Stapel (Stack) abgelegt. Im Navigationsverlauf kann zum vorherigen Screen zurückgekehrt werden.

StackNavigator in die Navigationsstruktur aufnehmen

In MyJournal wollen wir nun einen Screen für die Detailansicht eines Tagebucheintrags erstellen, der durch das Antippen des Eintrags in der Liste des Tagebuch-Screens mittels StackNavigator erreichbar sein soll. Die Detailansicht soll vorübergehend einen statischen Text anzeigen. Erstellen Sie dazu den Screen als neue Datei *ItemScreen.js* im Ordner *js/screens*, wie in Beispiel 9-1 gezeigt.

Beispiel 9-1: Einfache Version von js/screens/ItemScreen.js für die Detailansicht eines Tagebucheintrags

```
import React, { Component } from 'react';
import { StyleSheet, Text, View } from 'react-native';

export default class ItemScreen extends Component {
  render() {
    const item = { text: 'Ein Tagebucheintrag...' };
    return (
      <View style={styles.container}>
        <Text>{item.text}</Text>
      </View>
    );
  }
}

const styles = StyleSheet.create({
  container: {
    flex: 1
  }
});
```

Für jeden Tagebucheintrag soll somit durch den Code in Beispiel 9-1 vorübergehend der Text *Ein Tagebucheintrag...* angezeigt werden. Im Laufe des Kapitels werden wir diesen Screen so erweitern, dass der tatsächliche Text und das Foto eines Eintrags dargestellt werden.

Öffnen Sie nun die Datei *AppNavigator.js*, um einen StackNavigator in die Navigationsstruktur aufzunehmen und ItemScreen als Navigationsziel zu deklarieren. Erweitern Sie dazu die import-Anweisungen, damit StackNavigator und ItemScreen eingebunden werden (siehe Beispiel 9-2).

Beispiel 9-2: StackNavigator und ItemScreen in AppNavigator.js importieren

```
import { StackNavigator, TabNavigator } from 'react-navigation';

// ... die restlichen import-Anweisungen bleiben unverändert ...

import ItemScreen from './screens/ItemScreen';
```

Analog zu TabNavigator stellt auch StackNavigator eine Funktion zur Verfügung, mit der ein konkretes StackNavigator-Objekt erzeugt werden kann. Ebenso haben die Argumente für diese Funktion eine ähnliche Form wie bereits bei TabNavigator:

```
StackNavigator(RouteConfigs, StackNavigatorConfig)
```

Bei TabNavigator haben wir die einzelnen Tabs in Form von Screens angegeben, sodass diese durch die Tableiste erreichbar wurden. Im Fall von StackNavigator werden wir zunächst zwei Navigationsziele bzw. Routen im Argument RouteConfigs angeben. Eine Route wird zu ItemScreen für die Detailansicht führen. Bei dem anderen Navigationsziel wird es sich nicht um einen Screen handeln, sondern um den bereits vorhandenen TabNavigator. Navigatoren können also in *react-navigation* wiederum als Routen verwendet werden. Führen Sie nun in *AppNavigator.js* die Änderungen wie in Beispiel 9-3 angegeben durch.

Beispiel 9-3: In AppNavigator.js wird ein StackNavigator verwendet.

```
const Tabs = TabNavigator(
  // ... Tabs bleiben unverändert ...
);

// ein StackNavigator mit zwei Routen
// die erste führt zum TabNavigator
// die zweite hat ItemScreen als Ziel
const AppNavigator = StackNavigator({
  Root: {
    screen: Tabs
  },
  Item: {
    screen: ItemScreen
  }
});

// anstatt export default Tabs;
export default AppNavigator;
```

Die in Beispiel 9-3 enthaltenen Änderungen weisen der Konstanten AppNavigator einen StackNavigator zu. Mit AppNavigator verwenden wir hier einen allgemeinen Namen, weil dies das Navigator-Objekt für unsere App ist und weil es aus zwei verschiedenen Navigatoren besteht. AppNavigator wird nun anstatt Tabs als Default exportiert.

Das zugrunde liegende StackNavigator-Objekt besteht aus zwei Routen. Die erste wird hier als Root bezeichnet, und ihr wird der TabNavigator in der Konstanten Tabs zugeordnet. Da das die erste Route im StackNavigator ist, wird sie bei einem Start der App aktiviert. Dadurch bleibt die bisherige Navigation mit Tableiste auf der obersten Ebene der App erhalten. Wenn Sie die App nun testen, sollte sie wie in Abbildung 9-2 dargestellt aussehen.

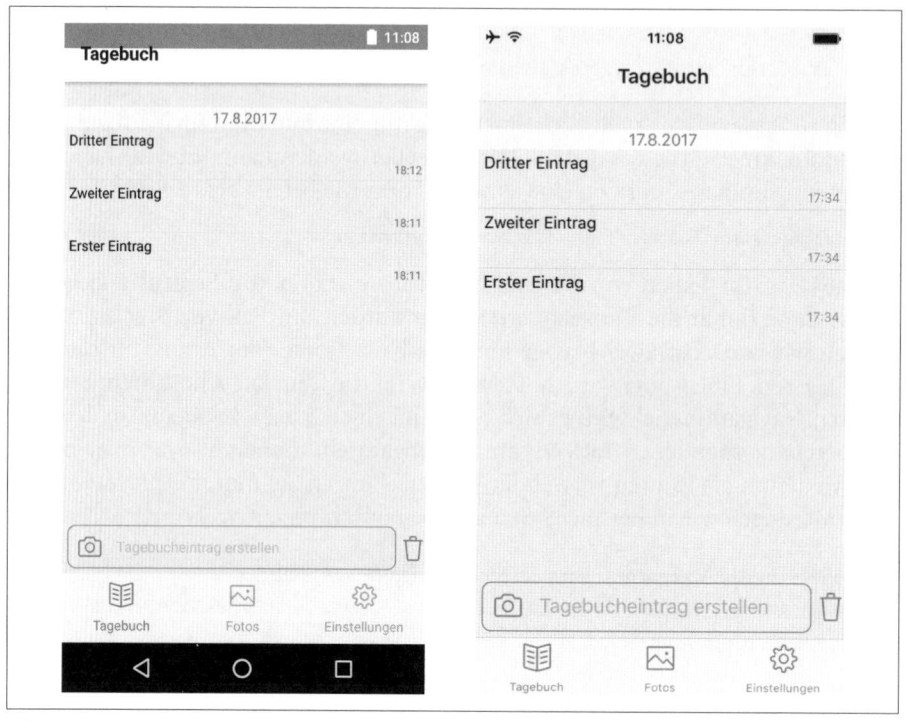

Abbildung 9-2: Durch StackNavigator erhält die App eine Kopfleiste.

Die Verwendung von StackNavigator hat Auswirkungen auf das Aussehen der App. So wird nun eine Kopfleiste am oberen Bildschirmrand angezeigt, wodurch bei einer Eingabe das Textfeld von der Tastatur bedeckt wird. Außerdem gibt es einige Veränderungen in Bezug auf Abstände und Farben. Im Laufe des Kapitels werden wir diese Sachverhalte korrigieren.

Die zweite Route lautet Item und führt zur Detailansicht (ItemScreen). Dadurch sind wir nun in der Lage, die Detailansicht durch Anweisungen im Code anzusteuern, was wir als Nächstes umsetzen werden.

Eine Route im StackNavigator ansteuern

Durch die Änderung des Navigators in Beispiel 9-3 ist der Screen für die Detailansicht mit dem Namen Item als Route bzw. Navigationsziel im StackNavigator erreichbar. In *react-navigation* stellen die Navigatoren eine Funktion navigate bereit, mit der eine Route per Namen angesteuert werden kann, z. B. für eine Route namens MyScreen:

```
navigate('MyScreen');
```

Wird eine Komponente dargestellt, weil sie durch einen Navigator angesteuert wurde, stehen uns durch *react-navigation* in dieser Komponente »Navigations-Props« in this.props.navigation zur Verfügung. Die Navigations-Props wiederum enthalten die Funktion navigate. JournalScreen ist im TabNavigator enthalten und wird daher durch diesen Navigator angesteuert, sodass wir in dieser Komponente die Funktion navigate in den Navigations-Props einsetzen können. Der Code in Beispiel 9-4 zeigt, wie das funktioniert.

Beispiel 9-4: In JournalScreen.js wird für die Deklaration von JournalItems ein Callback in onPress definiert. Dieser führt navigate aus, um zur Detailansicht zu navigieren.

```
render() {
  // Funktion navigate wird aus den Navigations-Props ausgelesen
  const { navigate } = this.props.navigation;
  const { items, refresh, onSubmit } = this.props.screenProps;
  const sections = this._getItemsWithSections(items);
  // JournalItems.onPress erhält Callback mit navigate('Item')
  return (
    <View style={styles.container}>
      <JournalItems items={sections} onPress={() => navigate('Item')} />
      <JournalItemInput onSubmit={onSubmit} refresh={refresh} />
    </View>
  );
}
```

In render weisen wir die Funktion navigate aus den Props einer gleichnamigen Konstanten zu und verwenden diese im Callback onPress, den wir als Prop an die Komponente JournalItems übergeben. Der Callback besteht aus einer anonymen Pfeilfunktion ohne Argumente, die bei einem Aufruf die Anweisung navigate ('Item') ausführt, wodurch wiederum eine Navigation zur Detailansicht (Item Screen) im StackNavigator stattfindet. Setzen Sie nun die Änderungen aus Beispiel 9-4 in *js/screens/JournalScreen.js* um.

Schlussendlich soll die Navigation zum ItemScreen dann geschehen, wenn ein Eintrag in der Liste des Tagebuch-Screens angetippt wird. Dazu müssen wir den Callback über mehrere Ebenen von Komponenten an JournalItemRow weiterreichen, denn dort wird das relevante Touchelement deklariert.[1] Wir führen nun mehrere

---

[1] Es ist in React Native durchaus üblich, Props über mehrere Ebenen in der Komponentenhierarchie weiterzureichen.

Änderungen an unterschiedlichen Dateien durch, die für Sie möglicherweise erst dann Sinn ergeben, wenn Sie sie in der App nachvollziehen können.

Öffnen Sie die Datei *js/components/JournalItems.js* im Editor. In dieser Komponente steht uns nun mit this.props.onPress der in Beispiel 9-4 implementierte Callback zur Verfügung. In der JSX-Deklaration von JournalItemRow weisen wir diesen Callback einem Attribut onPress zu, damit der Listeneintrag ihn als Prop erhält. Ändern Sie also den Code so, wie in Beispiel 9-5 dargestellt.

Beispiel 9-5: In JournalItems.js wird der Callback an JournalItemRow weitergereicht.

```
render() {
  // ... der Rest in render bleibt unverändert ...
  return (
    <SectionList
      style={styles.list}
      sections={this.props.items}
      renderItem={({ item }) => (
        <JournalItemRow item={item} onPress={this.props.onPress} />
      )}
      // ... der Rest in render bleibt unverändert ...
}
```

Schließlich erreicht uns der Callback mit der Funktion navigate in der Komponente js/components/JournalItemRow, sodass wir diesen dort in onPress von Touch ableItem einsetzen können. Dies wird im Code in Beispiel 9-6 aufgelistet. Ändern Sie also auch diese Komponente entsprechend.

Beispiel 9-6: Durch die Änderung in JournalItemRow.js kann schließlich von einem Tagebucheintrag zu seiner Detailansicht navigiert werden.

```
render() {
  // ... der Rest in render bleibt unverändert ...

  return (
    <TouchableItem onPress={this.props.onPress}>
      // ... der Rest in render bleibt unverändert ...
}
```

Wir haben den Aufruf von navigate über mehrere Ebenen via Props an das relevante Touchelement in JournalItemRow weitergereicht. Jetzt können wir in der App nachvollziehen, wie eine Navigation mit StackNavigator ausgeführt wird. Durch Antippen eines Tagebucheintrags wird zur statischen Detailansicht navigiert, das heißt, der Text des Eintrags wird noch nicht angezeigt (dies setzen wir bald um). Wenn die Detailansicht dargestellt wird, erscheint in der Kopfleiste ein Knopf, mit dem zum vorherigen Screen zurückgekehrt werden kann. Wird dieser Knopf gedrückt, wird der aktuellen Screen sozusagen vom Stapel (*Stack*) entfernt, und der vorherige Screen im Stapel wird aktiv (hier der Tagebuch-Screen). In der Android-Version kann das auch zusätzlich mit dem Zurück-Button erreicht werden. Für die Android-Version werden die Möglichkeiten zur Navigation vom Tagebuch-Screen zur Detailansicht und zurück in Abbildung 9-3 dargestellt. In der iOS-

Variante kann nur mit dem Button in der Kopfleiste zum vorherigen Screen navigiert werden.

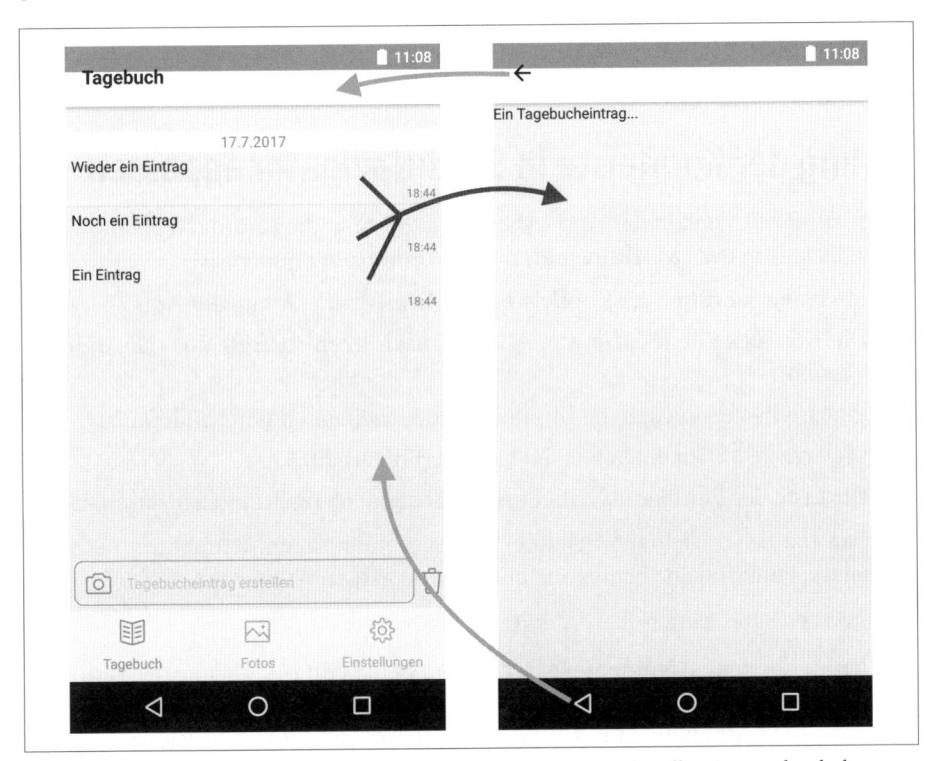

Abbildung 9-3: Die Navigation mit StackNavigator ersetzt den aktuellen Screen durch das Navigationsziel. Mit dem Pfeil in der Kopfleiste wird der vorherige Screen wieder aktiv. In Android ist das auch mit dem Zurück-Button möglich.

StackNavigator fügt der App eine Kopfleiste hinzu, die zusätzlichen Platz im Screen einnimmt. Das kann dazu führen, dass das Texteingabefeld nun nicht mehr sichtbar ist, wenn eine Eingabe erfolgen soll und die Tastatur erscheint. Durch einen vertikalen Versatz (*Offset*) mit keyboardVerticalOffset kann KeyboardAvoidingView in JournalItemInput erweitert werden, sodass das Eingabefeld wieder oberhalb der Tastatur dargestellt wird. Die dafür nötigen Änderungen finden Sie in Beispiel 9-7.

Beispiel 9-7: JournalItemInput mit keyboardVerticalOffset für KeyboardAvoidingView zur Sichtbarkeit des Eingabefelds

```
render() {
  // ... der Rest in render wird nicht geändert ...
  return (
    <KeyboardAvoidingView
      keyboardVerticalOffset={64}
      behavior="padding"
    >
    // ... der Rest bleibt unverändert ...
```

Diese Lösung ist jedoch nur vorübergehend relevant, damit Sie weiterhin in der Lage sind, neue Einträge zu erstellen. Wir werden noch in diesem Kapitel die Eingabe und Bearbeitung von Tagebucheinträgen auf einem eigenen Screen umsetzen. Dadurch fällt der Einsatz von `KeyboardAvoidingView` weg, und dieses Problem wird nicht mehr auftauchen.

Styling der Kopfleiste in StackNavigator anpassen

In der aktuellen Version der App (Abbildung 9-3 zeigt die Android-Version) fallen einige Details in der Gestaltung auf, die wir verbessern können:

- Ein blaue Schrift in der Kopfleiste passt besser zum Design der App.
- Die Kopfleiste benötigt etwas Abstand nach oben (betrifft nur die Android-Version).
- In der iOS-Version soll die Kopfleiste einen weißen Hintergrund haben.
- Die Screens sollen einen weißen Hintergrund erhalten.
- Die Liste der Einträge soll direkt ohne Abstand an die Kopfleiste anschließen.

Navigatoren lassen sich auf vielfältige Weise konfigurieren. Betrachten wir noch einmal die Funktion zur Erzeugung eines `StackNavigator`-Objekts:

```
StackNavigator(RouteConfigs, StackNavigatorConfig)
```

Wir haben das erste Argument (`RouteConfigs`) bereits für die Angabe der verfügbaren Routen eingesetzt. Das zweite Argument (`StackNavigatorConfig`) kann weitere Einstellungen enthalten. Mit der Eigenschaft `navigationOptions` lassen sich alle Screens konfigurieren, die im `StackNavigator` beteiligt sind.[2] Erweitern Sie den Aufruf der Funktion `StackNavigator` in *AppNavigator.js*, wie in Beispiel 9-8 aufgeführt.

Beispiel 9-8: In AppNavigator.js geben wir für StackNavigator globale Einstellungen in navigationOptions an.

```
// StatusBar importieren für Berechnung des Abstands der Kopfleiste
import { Platform, StatusBar } from 'react-native';

// ... der Rest bleibt unverändert ...

const AppNavigator = StackNavigator(
  {
    Root: {
      screen: Tabs
    },
    Item: {
      screen: ItemScreen
    }
  },
  {
```

---

2   TabNavigator stellt ähnliche Optionen zur Verfügung.

```
    navigationOptions: {
      headerTintColor: 'deepskyblue',
      headerStyle: {
        ...Platform.select({
          android: { marginTop: StatusBar.currentHeight },
          ios: { backgroundColor: 'white' }
        })
      }
    },
    cardStyle: {
      backgroundColor: 'white'
    }
  }
);
```

Der Code in Beispiel 9-8 zeigt, wie ein `StackNavigator` mit verschiedenen Optionen durch `navigationOptions` konfiguriert wird. Beispielsweise kann die Kopfleiste gestaltet werden. Zunächst färben wir die Schrift der Kopfleiste mit `headerTint Color` blau. Der Eigenschaft `headerStyle` weisen wir für Android und iOS jeweils eigene Stylings zu. Für die Android-Version geben wir hier einen Abstand nach oben an, der so hoch ist wie die Statusleiste am oberen Rand des Bildschirms. Hierzu verwenden wird die Konstante `currentHeight` aus der Komponente `Status-Bar`, die wir zuvor am Anfang der Datei importiert haben. Zusätzlich wird in iOS für die Kopfleiste ein weißer Hintergrund festgelegt (in Android ist Weiß bereits vorgegeben). Mit `cardStyle` lassen sich alle Screens stylen, die im `StackNavigator` als Navigationsziel angegeben sind. Wir geben für diese Weiß als Hintergrundfarbe an. Zu beachten ist, dass `cardStyle` nicht Teil der `navigationOptions` ist, sondern eine von einigen weiteren Optionen zur visuellen Gestaltung, die in der Dokumentation zu `StackNavigator` beschrieben werden (siehe *reactnavigation.org/docs/navigators/stack*).

Nun fehlt nur noch eine Anpassung, damit die Liste der Tagebucheinträge ohne Abstand an die Kopfleiste anschließt. Dafür sind Änderungen in *js/components/JournalItems.js* nötig. Löschen Sie dort in der Deklaration der `SectionList` das Attribut `style` und entfernen Sie aus dem `style`-Objekt die Eigenschaft `list`. Diese Änderungen werden in Beispiel 9-9 dargestellt.

Beispiel 9-9: In JournalItems.js können Styles entfernt werden.

```
// ... der Rest bleibt unverändert ...

// in render das style-Attribut in SectionList entfernen
<SectionList
  sections={this.props.items}
  renderItem={(({ item }) =>
    <JournalItemRow item={item} onPress={this.props.onPress} />)}

  // ... der Rest bleibt unverändert ...

const styles = StyleSheet.create({
```

```
    // im style-Objekt die Deklaration list: {...} entfernen
});
```

Jetzt ist zwischen der Kopfleiste und der Liste aller Tagebucheinträge kein Abstand mehr zu sehen, und MyJournal erscheint wie in Abbildung 9-4.

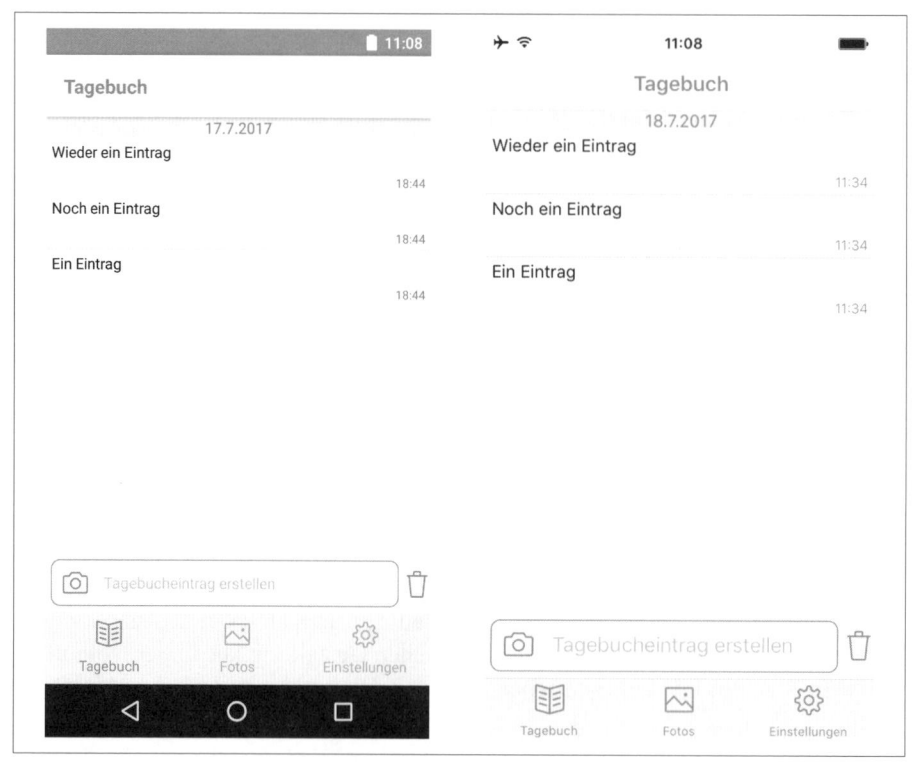

Abbildung 9-4: Anpassungen und Vereinheitlichungen am Styling, unter anderem für die Kopfleiste

Tagebucheintrag in der Detailansicht darstellen

Wir werden nun die Detailansicht fertigstellen, sodass dort der vollständige Text und eine möglichst große Version des Fotos angezeigt werden. Dafür müssen wir bei der Navigation sicherstellen, dass dem Screen für die Detailansicht der darzustellende Eintrag übergeben wird.

Ändern Sie zunächst in *js/components/JournalItems.js* den Callback in onPress, der in der SectionList beim Antippen eines Tagebucheintrags ausgeführt wird. Der Code in Beispiel 9-10 zeigt die relevante Änderung im Prop renderItem. Wir übergeben dort mit onPress einen Callback an die Komponente JournalItemRow, die für die Darstellung eines Listeneintrags zuständig ist und die den übergebenen Callback bei der Auswahl des Listeneintrags aufruft. Dieser Callback erhält jetzt item als Argument, sodass er beim Antippen eines Eintrags in der Liste mit dem betroffenen Tagebucheintrag als item aufgerufen wird.

Beispiel 9-10: Callback onPress in JournalItems.js mit einem Eintrag parametrisieren

```
<SectionList
  sections={this.props.items}
  renderItem={(({ item }) =>
    <JournalItemRow
      item={item}
      onPress={() => this.props.onPress(item)}
    />}
  // ... der Rest der SectionList bleibt unverändert ...
```

Die in Beispiel 9-10 dargestellte Änderung am Callback im Prop renderItem der SectionList wirkt sich auf *js/screens/JournalScreen.js* aus, sodass uns dort mit item der durch Antippen ausgewählte Tagebucheintrag zur Verfügung steht. Ändern Sie also JournalScreen wie in Beispiel 9-11 zu sehen, indem Sie in der Methode render den Prop onPress in der JSX-Deklaration von JournalItems entsprechend anpassen.

Beispiel 9-11: Navigation mit Parameter in JournalScreen.js

```
render() {
  // ... der Rest in render bleibt unverändert ...
  return (
    <View style={styles.container}>
      <JournalItems
        items={sections}
        onPress={item => navigate('Item', { item: item })}
      />
      <JournalItemInput onSubmit={onSubmit} refresh={refresh} />
    </View>
  );
}
```

Die Funktion navigate kann zusätzliche Parameter erhalten, um Informationen bzw. Daten an das Navigationsziel mitzuliefern. Wenn aus der Liste aller Tagebucheinträge in JournalItems zur Detailansicht eines bestimmten Eintrags navigiert werden soll, kann der Aufruf von navigate, wie in Beispiel 9-11 gezeigt, mit einem Parameter erweitert werden, der den betroffenen Tagebucheintrag als item enthält.

Wird ein Screen mit navigate angesteuert, stehen dort zur Laufzeit die bei der Navigation an navigate übergebenen Parameter in this.props.navigation.state.params bereit. Findet also eine Navigation zur Detailansicht durch die Änderung in Beispiel 9-11 statt, erhalten wir in dem angesteuerten Screen das Objekt für den darzustellenden Tagebucheintrag durch this.props.navigation.state.params.item:

```
// Tagebucheintrag verfügbar als Parameter item im Navigationsziel
const item = this.props.navigation.state.params.item;
```

Wir werden diese Anweisung in der Methode render von *js/screens/ItemScreen.js* verwenden, um auf den aktuellen Eintrag zuzugreifen, der bei der Navigation zu diesem Screen mit navigate übergeben wurde. Ersetzen Sie dazu die Implementierung von ItemScreen durch den Code in Beispiel 9-12 (der auch auf der Webseite zum Buch bereitsteht).

Beispiel 9-12: ItemScreen.js mit Detailansicht für Foto und Text

```
import React, { Component } from 'react';
import {
  Dimensions,
  Image,
  ScrollView,
  StyleSheet,
  Text
} from 'react-native';

export default class ItemScreen extends Component {
  render() {
    // item wird durch navigate() an diesen Screen geliefert
    const item = this.props.navigation.state.params.item;
    const photo = item.photo ? (
      <Image
        style={styles.photo}
        source={{ uri: item.photo }}
        resizeMode="cover"
      />
    ) : null;

    return (
      <ScrollView>
        {photo}
        <Text style={styles.text}>{item.text}</Text>
      </ScrollView>
    );
  }
}

const { width } = Dimensions.get('window');

const styles = StyleSheet.create({
  photo: {
    width: width,
    height: width
  },
  text: {
    fontSize: 16,
    padding: 15
  }
});
```

Wir erhalten somit eine Detailansicht, die den Text und das Foto darstellt. Falls ein Foto vorhanden ist, wird es oberhalb des Texts angezeigt. Ähnlich wie bei der Fotogalerie im vorigen Kapitel setzen wir hier die API Dimensions ein, um bei der Darstellung des Fotos die ganze Breite des Bildschirms unter Berücksichtigung des

Seitenverhältnisses auszunutzen. Dies wird dadurch erreicht, dass wir in den Styles für die Breite und die Höhe der Image-Komponente den Wert der Bildschirmbreite verwenden. Mit der ScrollView-Komponente werden auch längere Texte lesbar, ohne dass sie für die Anzeige gekürzt werden müssen. Die Detailansicht funktioniert nun in der App und sollte wie in Abbildung 9-5 erscheinen.

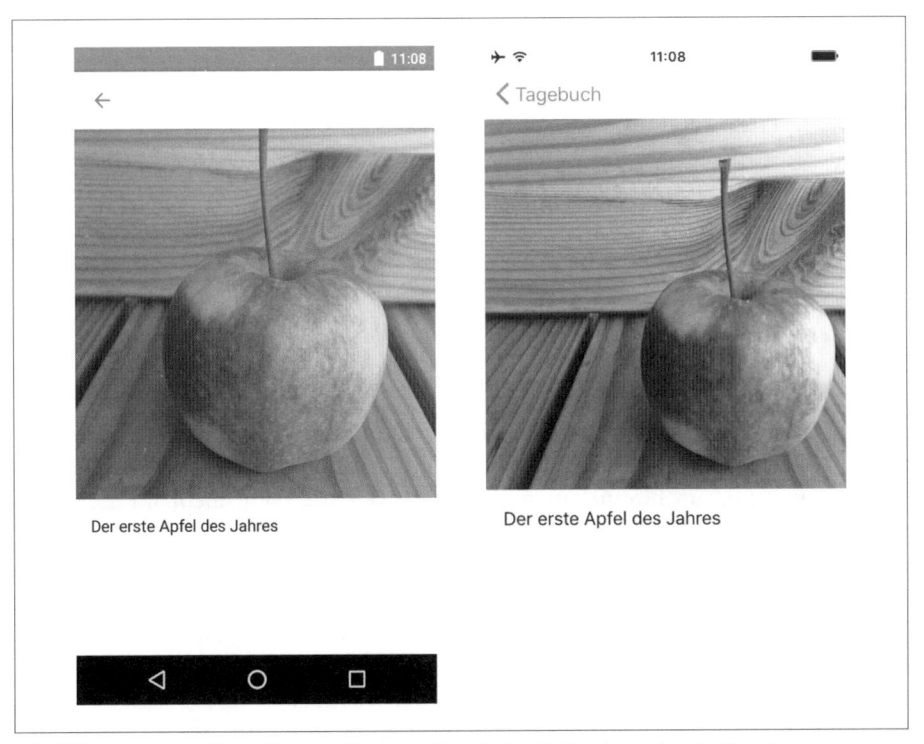

Abbildung 9-5: Detailansicht eines Eintrags. Die Android-Version zeigt ein Foto im Hochformat, und die iOS-Variante stellt ein Foto im Querformat dar.

Von der Fotogalerie zur Detailansicht navigieren

Ist eine Navigationsstruktur vorhanden, ist es leicht, weitere Navigationsziele innerhalb dieser Struktur zu deklarieren. Wir werden es nun ermöglichen, durch Antippen eines Fotos in der Fotogalerie zur Detailansicht des zugehörigen Eintrags zu navigieren. Die dafür benötigten Anpassungen finden ausschließlich in *js/screens/PhotosScreen.js* an der Methode _getPhotos statt und sind in Beispiel 9-13 aufgelistet.

Beispiel 9-13: In PhotosScreen.js wird beim Antippen eines Fotos zur Detailansicht navigiert.

```
// ... die übrigen import-Anweisungen bleiben unverändert ...
import TouchableItem from '../components/TouchableItem';
```

```
export default class P
  hotosScreen extends Component {
    _getPhotos(items) {
      return items.map(item =>
        <TouchableItem
          key={item.date}
          onPress={() =>
            this.props.navigation.navigate('Item', { item: item })}
        >
          <View>
            <Image
              style={styles.photo}
              source={{ uri: item.photo }}
              resizeMode="cover"
            />
          </View>
        </TouchableItem>
      );
    }
    // ... der Rest bleibt unverändert ...
```

Wir importieren am Anfang unsere Komponente `TouchableItem`, mit der jedes darzustellende `Image`-Element in der Hilfsmethode `_getPhotos` umgeben wird. Das key-Attribut wird nun im Elternelement `TouchableItem` und nicht mehr im `Image`-Element angegeben. Im Prop `onPress` von `TouchableItem` wird ein Callback deklariert, der die Navigation zur Detailansicht ausführt. Weil `PhotosScreen` stets durch die Tableiste und damit den `TabNavigator` angesteuert wird, stehen uns in diesem Screen die Navigations-Props (`this.props.navigation`) und somit die Funktion navigate zur Verfügung. Der Aufruf entspricht der Navigation zur Detailansicht durch einen Parameter item für den zum darzustellenden Foto zugehörigen Tagebucheintrag. Das `View`-Element zwischen `TouchableItem` und `Image` wird zur korrekten Funktionsweise der Android-Variante von `TouchableItem` benötigt. Wenn Sie diese Änderung in der App testen, können Sie von einem Foto in der Fotogalerie zur Detailansicht und wieder zurück zu den Fotos navigieren.

Editor für Tagebucheinträge erstellen

Wir werden jetzt einen weiteren Screen einführen, mit dem es möglich sein wird, neue Tagebucheinträge zu erstellen und später zu bearbeiten. Dieser Screen wird also eine Art Editor für Tagebucheinträge sein und das Textfeld am unteren Rand des Tagebuch-Screens ersetzen. Zunächst werden wir den Editor als Screen implementieren, der Navigationsstruktur hinzufügen und ihn für die Erstellung neuer Tagebucheinträge verfügbar machen. Im nachfolgenden Abschnitt setzen wir die Möglichkeit zur Bearbeitung bestehender Einträge mit diesem Editor um. Der Editor-Screen wird wie in Abbildung 9-6 aussehen. Dort wird uns viel Platz zur Eingabe eines Texts zur Verfügung stehen, und mit einem größeren Kamera-Icon wird die Kamera-App des Smartphones gestartet.

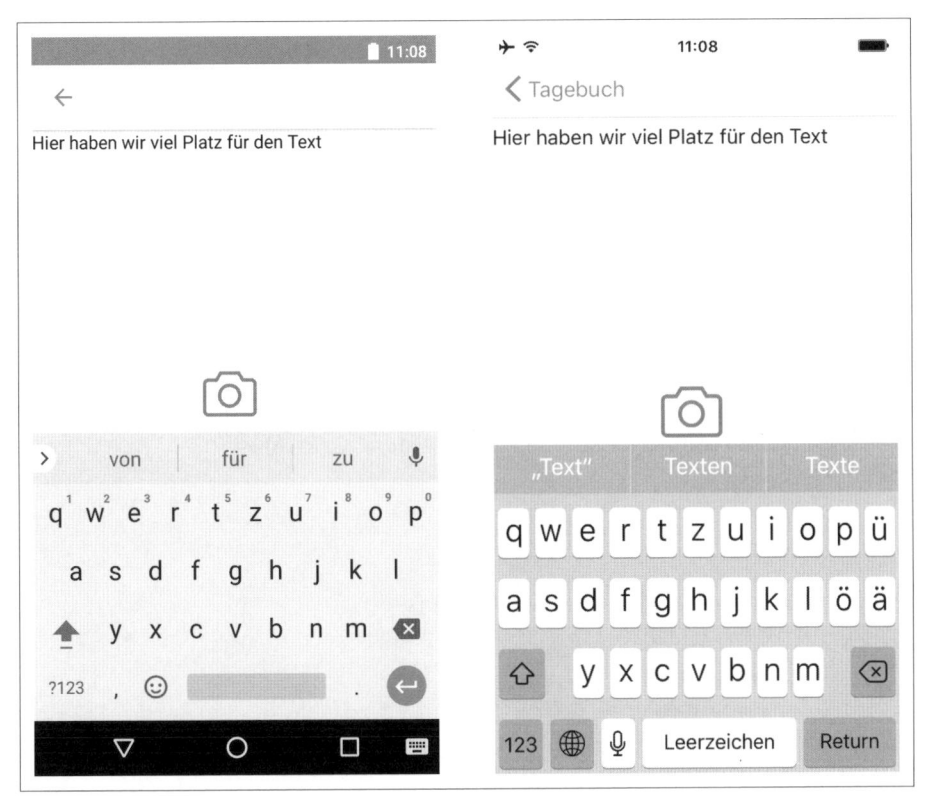

Abbildung 9-6: Der Editor-Screen, mit dem neue Einträge erstellt und bestehende bearbeitet werden können

Erstellen Sie in Ihrem Editor eine neue Datei, die Sie als *js/screens/EditScreen.js* abspeichern. In dieser Datei werden wir den neuen Editor für die Tagebucheinträge implementieren. Setzen Sie in dieser Datei den Code aus Beispiel 9-14 ein bzw. laden Sie die entsprechende Datei von der Webseite zum Buch herunter.

Beispiel 9-14: js/screens/EditScreen.js zur Erstellung und Bearbeitung von Einträgen

```
import React, { Component } from 'react';
import { Image, StyleSheet, TextInput, View } from 'react-native';

import { SimpleLineIcons } from '@expo/vector-icons';
import { ImagePicker } from 'expo';

import TouchableItem from '../components/TouchableItem';

export default class EditScreen extends Component {
  state = { item: this.props.navigation.state.params.item };
```

```
  _launchCamera = async () => {
    const result = await ImagePicker.launchCameraAsync();
    if (!result.cancelled) {
      const { item } = this.state;
      item.photo = result.uri;
      this.setState({ item: item });
    }
    this.textInput.focus();
  };

  componentWillUnmount() {
    this.props.screenProps.onSubmit(this.state.item);
  }

  render() {
    const { item } = this.state;
    const photoIcon = item.photo ? (
      <Image style={styles.imagePreview} source={{ uri: item.photo }} />
    ) : (
      <SimpleLineIcons name="camera" size={48} color="deepskyblue" />
    );
    return (
      <View style={styles.container}>
        <TextInput
          style={styles.input}
          ref={input => (this.textInput = input)}
          autoFocus={true}
          multiline={true}
          underlineColorAndroid="transparent"
          onChangeText={text => {
            item.text = text;
            this.setState({ item: item });
          }}
          value={item.text}
        />
        <View style={styles.photoIcon}>
          <TouchableItem onPress={() => this._launchCamera()}>
            {photoIcon}
          </TouchableItem>
        </View>
      </View>
    );
  }
}

const styles = StyleSheet.create({
  container: {
    flex: 1
  },
  input: {
    fontSize: 16,
    height: '40%',
    textAlignVertical: 'top'
  },
```

```
  photoIcon: {
    alignSelf: 'center',
    marginLeft: 5,
    marginRight: 15
  },
  imagePreview: {
    width: 48,
    height: 48
  }
});
```

Betrachten Sie zunächst folgende initialisierende Anweisung:

```
state = { item: this.props.navigation.state.params.item };
```

Wir setzen für diese Komponente also voraus, dass sie durch eine Navigation angesteuert wird und dass daher die Navigations-Props (`this.props.navigation`) zur Verfügung stehen. Außerdem erwarten wir, dass bei der Navigation ein Tagebucheintrag als Parameter übergeben wurde, den wir mit `state.params.item` in den Navigations-Props erhalten und hier im state-Objekt des Editor-Screens ablegen. Änderungen am Text und am Foto werden wir im `state` festhalten.

Die Methode `render` legt zusammen mit den deklarierten Styles den Aufbau des Editors so fest, dass ein `TextInput`-Element oberhalb eines horizontal zentrierten Icons dargestellt wird. Die Funktionsweise des Editors basiert auf `JournalItem Input`, jedoch gibt es auch einige Unterschiede. Im `TextInput`-Element geben wir keinen Platzhaltertext vor, und mit `autoFocus={true}` wird das Eingabefeld sofort aktiviert, wenn der Editor dargestellt wird. Somit können wir direkt mit der Eingabe beginnen. Der eingegebene Text kann nun mehrzeilig sein (`multiline={true}`), und daher passen wir die Return-Taste nicht an, denn bei längeren Texten soll es möglich sein, Zeilenumbrüche zu erstellen. Anstatt `onSubmitEditing` verwenden wir nun `onChangeText` mit einem Callback, sodass sich jede Änderung am Text auf den Eintrag im state-Objekt des Editors auswirkt. Schließlich wird es später möglich sein, bestehende Einträge zu bearbeiten, sodass mit `value={item.text}` der Inhalt des Eingabefelds mit dem Text des Eintrags befüllt wird.

Das Icon wird größer dargestellt und zeigt entweder das Kamerasymbol oder die Aufnahme der Kamera. Beim Antippen des Icons wird wie bereits in `JournalItem Input` die Hilfsfunktion `_launchCamera` ausgeführt, die das Foto für den Tagebucheintrag im state-Objekt setzt. Die Klasse `EditScreen` implementiert außerdem die React-Lebenszyklusmethode `componentWillUnmount`, die z. B. dann ausgeführt wird, wenn wir zu einem anderen Screen navigieren. Durch den Aufruf des Callbacks in `onSubmit` wird der bearbeitete Eintrag abgespeichert, wenn dieser Screen verlassen wird. Der Callback in `onSubmit` wird allen Screens der Navigationsstruktur in *App.js* durch die `screenProps` übermittelt.

Mit dem Code in Beispiel 9-14 funktioniert der Editor für die Erstellung und Bearbeitung von Tagebucheinträgen bereits. Um die Grundfunktionalität des Editors leichter nachvollziehen zu können, haben wir das Hinzufügen des Standorts und der Wetterdaten noch nicht implementiert. Im Laufe dieses Kapitels werden wir das für den Editor umsetzen.

Nun steht uns also mit dem Editor ein weiterer Screen zur Verfügung, den wir der Navigationsstruktur hinzufügen werden. Öffnen Sie dazu *js/AppNavigator.js*, importieren Sie `EditScreen` und fügen Sie `EditScreen` mit dem Namen `Edit` als weiteres Navigationsziel dem `StackNavigator` hinzu (siehe Beispiel 9-15).

Beispiel 9-15: Der Editor wird in AppNavigator.js der Navigationsstruktur hinzugefügt.

```
// ... die übrigen import-Anweisungen bleiben unverändert ...
import EditScreen from './screens/EditScreen';

// ... der Rest bleibt unverändert ...

const AppNavigator = StackNavigator(
  {
    Root: {
      screen: Tabs
    },
    Item: {
      screen: ItemScreen
    },
    Edit: {
      screen: EditScreen
    }
  },
  {
    navigationOptions: { // ...
    // ... der Rest bleibt unverändert ...
```

Durch die Änderungen in Beispiel 9-15 kann der Editor jetzt als Navigationsziel im `StackNavigator` mit `navigate('Edit')` angesteuert werden. Zuvor haben wir mit der Implementierung des Editors in Beispiel 9-14 festgelegt, dass bei einer Navigation zum Editor ein Eintrag übergeben wird. Wir werden daher für einen Eintrag `item` mit `navigate('Edit', {item: item})` zum Editor navigieren müssen. Dies ist auch im Fall der Erstellung eines neuen Eintrags zu berücksichtigen, wobei wir dann einen »leeren« Eintrag wie folgt mit `navigate` übergeben könnten:

```
const newItem = { text: null, photo: null, date: null };
navigation.navigate('Edit', { item: newItem });
```

Es stellt sich nun die Frage, wie der Editor in der App angesteuert werden soll. Wir werden dafür in die Kopfleiste der App auf der rechten Seite einen Knopf platzieren, der beim Drücken eine Navigation zum Editor mit einem leeren Eintrag ausführt, sodass dort ein neuer Eintrag erstellt werden kann. Dieser Knopf wird wie in vielen Apps üblich durch ein Pluszeichen dargestellt (siehe Abbildung 9-7).

Die Kopfleiste in MyJournal wird durch den Einsatz von `StackNavigator` in der Navigationsstruktur erzeugt und kann für jeden Screen individuell konfiguriert werden. Dafür stellt `StackNavigator` verschiedene Optionen zur Verfügung, die in *react-navigation* als *Screen Navigation Options* bezeichnet werden. Diese Optionen werden in der Eigenschaft navigationOptions angegeben, und wir haben diese bereits in Beispiel 9-8 eingesetzt, um unter anderem die Schriftfarbe in der Kopfleiste global für alle Screens zu bestimmen.

In der Navigationsstruktur von MyJournal, die in *AppNavigator.js* festgelegt wird, haben wir die Tabs in TabNavigator als eigenen Screen mit dem Namen Root angegeben, sodass wir diesen mit navigationOptions konfigurieren können. Dabei ist es möglich, diese Optionen mit einer Funktion zu deklarieren, die eine dynamische Konfiguration als Rückgabewert zur Laufzeit erzeugt:

```
const AppNavigator = StackNavigator(
  {
    Root: {
      screen: Tabs,
      navigationOptions: ({ navigation }) => ({
        // ... hier werden die Optionen angegeben ...
      })
    },
    Item: // ... usw. ...
```

Mit dem Argument navigation stehen uns in der Funktion die Navigations-Props zur Verfügung, denen wir in diesem Kapitel schon mehrfach begegnet sind. Somit haben wir z. B. die Möglichkeit, mit navigate eine Navigation auszuführen. Wir werden nun in den navigationOptions des Root-Screens mit der Option headerRight einen Knopf erzeugen, der rechts in der Kopfleiste angezeigt wird. Dieser Option weisen wir ein JSX-Element zu, das aus einem TouchableItem-Element für den Knopf besteht und das in onPress die Navigation zum Editor als Callback ausführt. Setzen Sie also in *AppNavigator.js* die entsprechende Konfiguration der navigationOptions für den Root-Screen um, wie Beispiel 9-16 zeigt.

Beispiel 9-16: In AppNavigator.js führt für die Erstellung eines neuen Eintrags ein Knopf in der Kopfleiste zum Editor.

```
// View und TouchableItem kommen bei den import-Anweisungen hinzu.
import { Platform, StatusBar, View } from 'react-native';

import TouchableItem from './components/TouchableItem';

// ... der Rest bleibt unverändert ...

// Die Screens in den Tabs erhalten einen Knopf in der Kopfleiste.
const AppNavigator = StackNavigator(
  {
    Root: {
      screen: Tabs,
      navigationOptions: ({ navigation }) => ({
        headerRight: (
          <TouchableItem
            onPress={() => {
              const newItem = { text: null, photo: null, date: null };
              navigation.navigate('Edit', { item: newItem });
            }}
```

```
              >
                <View>
                  <SimpleLineIcons
                    style={{ padding: 10 }}
                    name="plus"
                    size={24}
                    color="deepskyblue"
                  />
                </View>
              </TouchableItem>
            )
          })
        },
        Item: {
          screen: ItemScreen
        },
        Edit: {
          screen: EditScreen
        }
      },
      {
        navigationOptions: { // ...
        // ... der Rest bleibt unverändert ...
```

In der App können nun neue Tagebucheinträge mit dem Editor erstellt werden. Wir benötigen daher die Komponente *js/components/JournalItemInput.js* nicht mehr. Im Code von *js/screens/JournalScreen.js* können Sie JournalItemInput aus den import-Anweisungen und der JSX-Deklaration in render entfernen, wie es Beispiel 9-17 andeutet. Die Datei *js/components/JournalItemInput.js* können Sie vorerst im Projektordner belassen, da wir am Ende dieses Kapitels die Methode _get Weather in den Editor übernehmen und anpassen werden.

Beispiel 9-17: In js/screens/JournalScreen.js wird JournalItemInput nicht mehr verwendet.

```
// Bei den import-Anweisungen kann JournalItemInput entfernt werden.

// JournalItemInput wird in render nicht mehr verwendet.
render() {
  const { navigate } = this.props.navigation;
  const { items } = this.props.screenProps;
  const sections = this._getItemsWithSections(items);
  return (
    <View style={styles.container}>
      <JournalItems
        items={sections}
        onPress={item => navigate('Item', { item: item })}
      />
    </View>
  );
}
```

Das Textfeld am unteren Rand ist nun nicht mehr zu sehen, und die App mit dem Knopf zur Erstellung neuer Einträge erscheint jetzt wie in Abbildung 9-7 dargestellt. Zu beachten ist, dass die Kopfleiste in allen drei Screens erscheint, die durch die Tableiste angesteuert werden können (Tagebuch, Fotogalerie und Einstellungen). Dies wurde durch die Angabe der `navigationOptions` für den `Root-Screen` in *AppNavigator.js* erreicht, denn das wirkt sich auf alle Tabs aus.

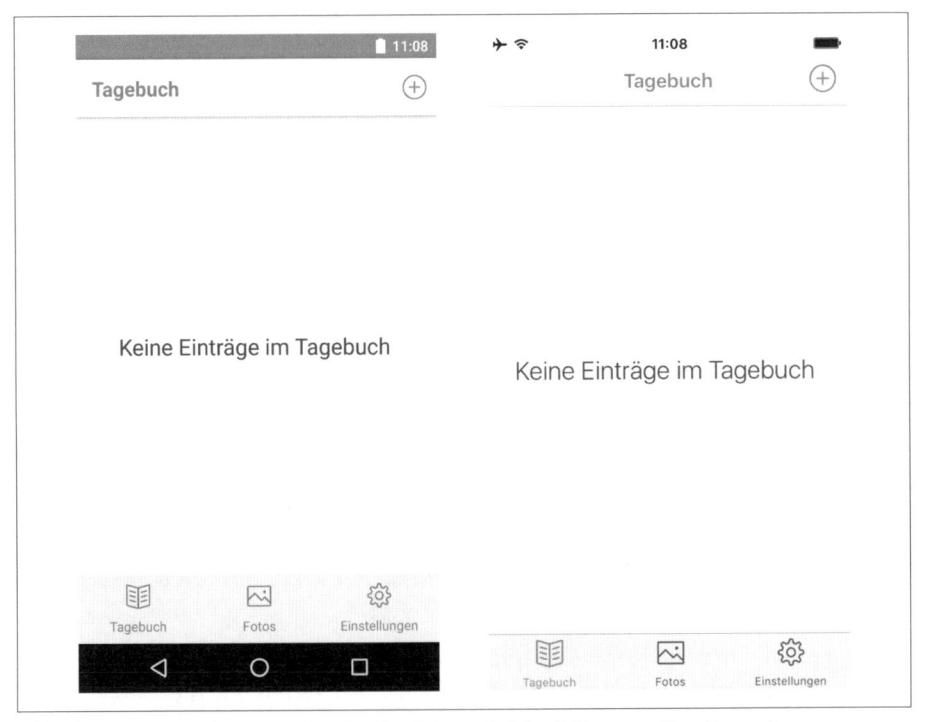

Abbildung 9-7: Mit dem Knopf in der Kopfleiste wird der Editor zur Erstellung eines neuen Eintrags angesteuert.

Sie können jetzt neue Tagebucheinträge mit dem Editor-Screen erstellen. Diese werden bei einer Navigation zurück zum vorherigen Screen abgespeichert.

Bearbeiten von Tagebucheinträgen ermöglichen

Mit dem Editor soll es ebenfalls möglich sein, bestehende Einträge zu bearbeiten. Die Implementierung des Editors in *EditScreen.js* deckt diesen Anwendungsfall bereits ab. Es muss lediglich der zu bearbeitende Eintrag bei der Navigation an den Editor mit der Funktion `navigate` übergeben werden. Wir werden dazu in der Detailansicht rechts in der Kopfleiste einen Knopf einfügen, der eine Navigation zum Editor ausführt, sodass der aktuell dargestellte Tagebucheintrag dort bearbeitet werden kann. Dieser Knopf wird mit dem Text *Bearbeiten* beschriftet, wie in Abbildung 9-8 dargestellt.

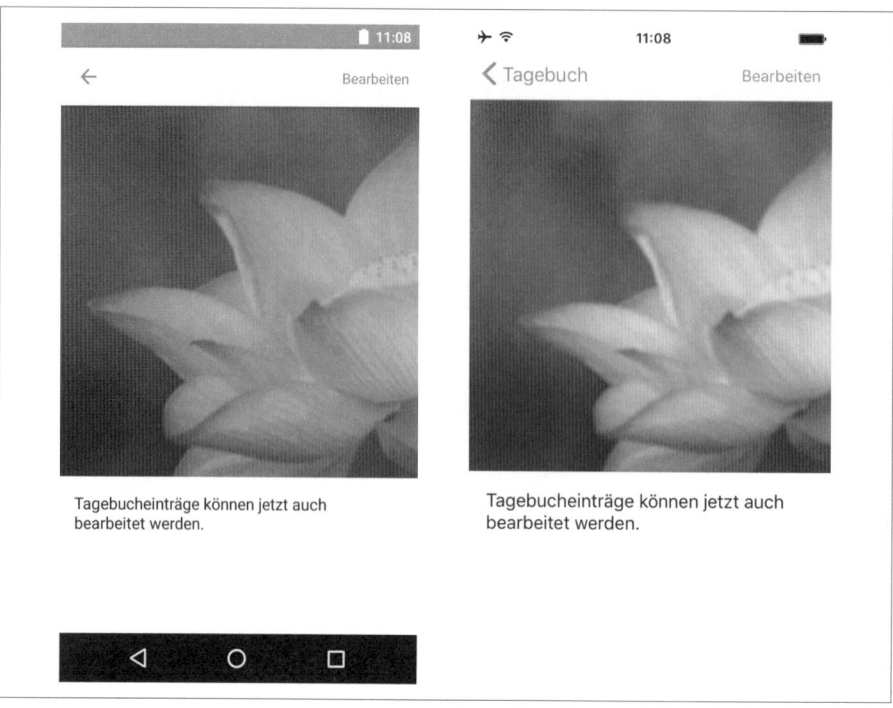

Abbildung 9-8: Die Detailansicht bietet in der Kopfleiste einen Knopf zum Bearbeiten des Eintrags.

In diesem Fall wird die Kopfleiste nur für einen Screen angepasst, sodass wir die relevanten Änderungen in der Datei *js/screens/ItemScreen.js* für die Detailansicht durchführen. Wie in Beispiel 9-18 zu sehen, deklarieren wir die navigationOptions als statische Eigenschaft der Klasse ItemScreen. Die Angabe der navigationOptions mit der Eigenschaft headerRight für den Knopf zum Bearbeiten eines Eintrags ist ähnlich aufgebaut wie die für den Knopf zur Erstellung von Tagebucheinträgen in Beispiel 9-16. Allerdings wird hier beim Aufruf von navigate der aktuell dargestellte Eintrag übergeben, der in den Navigations-Props in navigation.state.params.item enthalten ist. Die Navigations-Props wiederum werden dynamisch an die Funktion übergeben, mit der die navigationOptions erzeugt werden. Setzen Sie nun die Änderungen wie in Beispiel 9-18 angegeben um.

Beispiel 9-18: js/screens/ItemScreen.js mit Button zum Bearbeiten des Eintrags in der Kopfleiste

```
import React, { Component } from 'react';
import {
  Dimensions,
  Image,
  ScrollView,
  StyleSheet,
  Text,
  View
} from 'react-native';
```

```
import TouchableItem from '../components/TouchableItem';

export default class ItemScreen extends Component {
  static navigationOptions = ({ navigation }) => {
    const { navigate, state } = navigation;
    return {
      headerRight: (
        <TouchableItem
          onPress={() =>
            navigation.navigate('Edit', { item: state.params.item })}
        >
          <View>
            <Text style={styles.headerAction}>Bearbeiten</Text>
          </View>
        </TouchableItem>
      )
    };
  };

  // ... render bleibt unverändert ...
}

// Etwas Abstand und blaue Farbe für den neuen Knopf
const styles = StyleSheet.create({
  headerAction: {
    padding: 10,
    color: 'deepskyblue'
  },
  // ... die restlichen Styles bleiben unverändert ...
});
```

Damit sich das Bearbeiten von Einträgen auch auf den lokalen Speicher in Async Storage auswirkt, müssen wir die Methode _addItem in *App.js* erweitern. Dort ersetzen wir in der Liste der Einträge bestehende Einträge, die bearbeitet wurden. Passen Sie also diese Methode wie in Beispiel 9-19 gezeigt an.

Beispiel 9-19: Die Methode _addItem in App.js wird für geänderte Einträge angepasst.

```
_addItem(item) {
  let { items } = this.state;
  if (item.date === null) {
    // Neuer Eintrag am Anfang der Liste eintragen und speichern
    item.date = Date.now();
    items = [item, ...items];
  } else {
    // Bestehenden Eintrag in der Liste aktualisieren
    const index = items.findIndex(i => i.date === item.date);
    items[index] = item;
  }
  this.setState({ items: items });
  Store.saveItems(items);
}
```

Nun sollte auch das Ändern von bestehenden Tagebucheinträgen in der App funktionieren.

Wetterdaten und Standort im Editor anfragen

Wir haben die Umstellung auf den neuen Editor fast abgeschlossen. Es fehlt lediglich noch eine Anpassung, damit Tagebucheinträge Daten zum Standort und zum Wetter erhalten. Sie können dazu die Methode _getWeather aus der Komponente *js/components/JournalItemInput.js* in den Screen *js/screens/EditScreen.js* kopieren und dort anpassen. In Beispiel 9-20 ist die für den Editor geänderte Methode zu sehen. Zusätzlich müssen wir die APIs Location und Permission des Expo-SDK importieren.

Beispiel 9-20: EditScreen.js fragt vor der Darstellung für neue Einträge die Wetterdaten ab.

```
// ... die restlichen import-Anweisungen bleiben unverändert ...
import { ImagePicker, Location, Permissions } from 'expo';

// ... der Rest bleibt unverändert ...

_getWeather = async item => {
  try {
    const { status } = await Permissions.askAsync(Permissions.LOCATION);
    if (status !== 'granted') {
      console.log('Permission to access location was denied');
      return null;
    }
    const position = await Location.getCurrentPositionAsync({});
    const { longitude, latitude } = position.coords;
    const location = `lon=${longitude}&lat=${latitude}`;
    const apiKey = 'APPID='; // OpenWeatherMap API-Key einsetzen
    const url =
      'http://api.openweathermap.org/data/2.5/weather?' +
      location +
      '&' +
      apiKey +
      '&units=metric&lang=de';
    const response = await fetch(url);
    const weatherJSON = await response.json();
    const { weather, main, name } = weatherJSON;
    item.location = name;
    item.weather = `${Math.floor(main.temp)}°C ${weather[0]
      .description}`;
    this.setState({ item: item });
  } catch (error) {
    console.log('Error fetching weather', error);
  }
};
```

Folgende Anpassungen in _getWeather sind nötig:

- Die Methode erhält nun ein Argument item.
- Es wird kein Ergebnis am Ende der Methode zurückgeliefert, sodass die Variable result wegfällt.

- In der if-Verzweigung am Anfang der Methode wird mit return null der weitere Ablauf beendet, falls der Standort nicht abgefragt werden darf.
- Am Ende des try-Blocks werden die Daten zum Wetter und zum Standort in item gesetzt, und mit setState wird der Tagebucheintrag im state-Objekt aktualisiert.

Hierdurch wird sichergestellt, dass der momentan im Editor bearbeitete Tagebucheintrag, der im state-Objekt verwaltet wird, die Daten zum Wetter und zum Standort erhält. Denken Sie daran, dass Sie im Code der Methode _getWeather Ihren API-Key für die Verwendung von OpenWeatherMap der relevanten Stelle einsetzen (die App ist aber auch ohne diese Funktionalität nutzbar).

Nun müssen wir noch die Methode _getWeather auf geeignete Weise aufrufen. Dies wird nur einmalig geschehen, nämlich sobald ein neuer Tagebucheintrag erstellt wird. Auch wenn ein Eintrag später bearbeitet werden kann, sind die Wetterdaten und der Standort nur für den Zeitpunkt der Erstellung relevant, da der Eintrag mit dem Datum zu diesem Zeitpunkt im Tagebuch eingeordnet wird. Bei einer Bearbeitung des Eintrags müssen diese Daten daher nicht aktualisiert werden.

Die Abfrage der Daten soll automatisch geschehen, wenn ein neuer Eintrag erstellt wird. Dafür eignet sich die Lebenszyklusmethode componentWillMount, die in React Native ausgeführt wird, bevor eine Komponente dargestellt wird. Fügen Sie also die Implementierung der Methode componentWillMount in EditScreen zusätzlich zu der schon vorhandenen Methode componentWillUnmount so ein, wie es Beispiel 9-21 zeigt. Wie Sie sehen können, rufen wir dort _getWeather nur dann auf, wenn für den zu bearbeitenden Eintrag im state-Objekt die Bedingung item.date === null gilt, was lediglich bei neuen Einträgen der Fall ist. Somit wird _getWeather für jeden Eintrag nur einmal bei seiner Erstellung aufgerufen.

Beispiel 9-21: In EditScreen.js erhalten ausschließlich neue Einträge die Daten zum Wetter und zum Standort. Das geschieht, bevor dieser Screen dargestellt wird.

```
// componentWillMount in EditScreen einfügen
componentWillMount() {
  const { item } = this.state;
  if (item.date === null) this._getWeather(item);
}

componentWillUnmount() { // ... usw. ...
```

Nachdem wir den Code der Methode _getWeather übernommen und angepasst haben, können Sie nun die Datei *js/components/JournalItemInput.js* im Projektordner löschen.

> Es dauerte etwa zwei Jahre, bis nach der Vorstellung von React Native mit *react-navigation* eine plattformübergreifende Lösung zur Erstellung von Navigationsstrukturen erschienen ist. *react-navigation* befand sich im November 2017 noch im Betastatus. Achten Sie also bei der Verwendung dieser Bibliothek auf mögliche Neuerungen oder Inkompatibilitäten mit den Codebeispielen in diesem Buch.

Zusammenfassung

Dies war ein langes Kapitel, in dem wir viele Änderungen am Code durchgeführt haben. Insgesamt haben wir uns in zwei Kapiteln mit der Navigationsstruktur in MyJournal beschäftigt und dabei einige Screens eingeführt. Es kann eine Weile dauern, bis man sich mit *react-navigation* vertraut gemacht hat, aber sobald eine Navigationsstruktur vorhanden ist, ist der Aufwand gering, diese zu erweitern. Wir könnten in MyJournal z.B. weitere Tabs hinzufügen oder zusätzliche Screens im StackNavigator verwalten, sodass wir auf flexible Art zu diesen navigieren können. Ein Beispiel dafür ist die Detailansicht, die wir aus der Liste der Tagebucheinträge und der Fotogalerie heraus ansteuern.

React Native stellt auch eigene Komponenten zur Verfügung, mit denen eine Navigationsstruktur implementiert werden kann. Dazu gehören z.B. TabBarIOS für iOS und DrawerLayoutAndroid für Android, die jedoch nur für die jeweilige Plattform eingesetzt werden können. Außerdem sind bei einer »handgemachten« Lösung für die Navigation einige Aspekte zu beachten, wie z.B. das Verhalten des Zurück-Buttons in Android. Dieser wird in *react-navigation* automatisch unterstützt.

MyJournal ist inzwischen ein recht komplexer Prototyp einer plattformübergreifenden mobilen App, mit der wir ein Tagebuch auf dem Smartphone führen können. Allerdings gibt es einige Einschränkungen, die zu beachten sind. So werden z.B. in der Fotogalerie alle Fotos geladen, was bei vielen Fotos sicherlich die Performance der App beeinträchtigen wird. Da wir uns in den letzten beiden Kapiteln hauptsächlich mit *react-navigation* befasst haben, wurden diese Aspekte bewusst vernachlässigt.

Übungen

- Wenn einem Eintrag ein Foto zugeordnet wurde, ist es nicht möglich, das Foto dieses Eintrags zu entfernen. Dazu könnte im Editor ein kleines TouchableItem mit passendem onPress-Callback neben dem Foto-Icon angezeigt werden. Bevor das Foto gelöscht wird, sollte dieser Vorgang in einem Dialog mit einer Nachfrage (*Sind Sie sicher?*) bestätigt werden.
- Erweitern Sie die Detailansicht so, dass auch die Wetterdaten und der Standort des Tagebucheintrags angezeigt werden, sofern diese vorhanden sind.
- Erweitern Sie die Detailansicht für Tagebucheinträge so, dass das Datum und die Uhrzeit des Eintrags in der Kopfleiste angezeigt werden. Sie finden dafür die passende Option im Bereich *Screen Navigation Options* in der Dokumentation zu StackNavigator (*reactnavigation.org/docs/navigators/stack*), mit der Sie die navigationOptions in *js/screens/ItemScreen.js* erweitern können. Wenn Sie das Datum und die Uhrzeit in einem bestimmten Format anzeigen möchten, wird erneut der umständliche Umgang mit Datumsangaben in JavaScript deutlich. In der Komponente JournalItemRow können Sie im Code sehen, wie das Format angepasst werden kann.

KAPITEL 10
Auf Touchgesten reagieren und Animationen anzeigen

Smartphones haben als Softwareplattform einige Rahmenbedingungen, die bei der Programmierung von Apps zu berücksichtigen sind. Dazu gehören äußere Faktoren wie die kleine Bildschirmgröße und eingeschränkte Ressourcen in Bezug auf Batterie und Prozessor (besonders bei älteren Geräten). Außerdem bestehen durch die Multitouchscreens spezielle Möglichkeiten der Interaktion, die bei der Bedienung von Anwendungen mit einer Maus keine Rolle spielen. Apps können es ermöglichen, dass mittels verschiedener Gesten mit einem oder mehreren Fingern (damit sind Touchgesten gemeint) bestimmte Aktionen in der Benutzeroberfläche ausgeführt werden.

Manche Komponenten haben bereits ein einfach zu kontrollierendes oder automatisches Verhalten, das betrifft z.B. das Drücken eines Knopfs oder die vertikale Wischbewegung zum Blättern bzw. Scrollen einer Liste. Zusätzlich liefern Apps bei der Ausführung von Touchgesten in vielen Fällen ein visuelles Feedback in Form von Animationen, die häufig den Gesetzmäßigkeiten der physikalischen Welt nachempfunden sind.

Wir werden in diesem Kapitel die APIs in React Native kennenlernen, mit denen ein Verhalten bei Touchgesten programmiert werden kann, das zusätzlich mit einer Animation ausgestattet wird. Dabei handelt es sich um die plattformübergreifenden APIs `PanResponder` und `Animated`. Wir werden eine Funktionalität implementieren, mit der ein Eintrag in der Liste des Tagebuch-Screens durch eine Wischbewegung nach links gelöscht werden kann, wie in Abbildung 10-1 dargestellt.

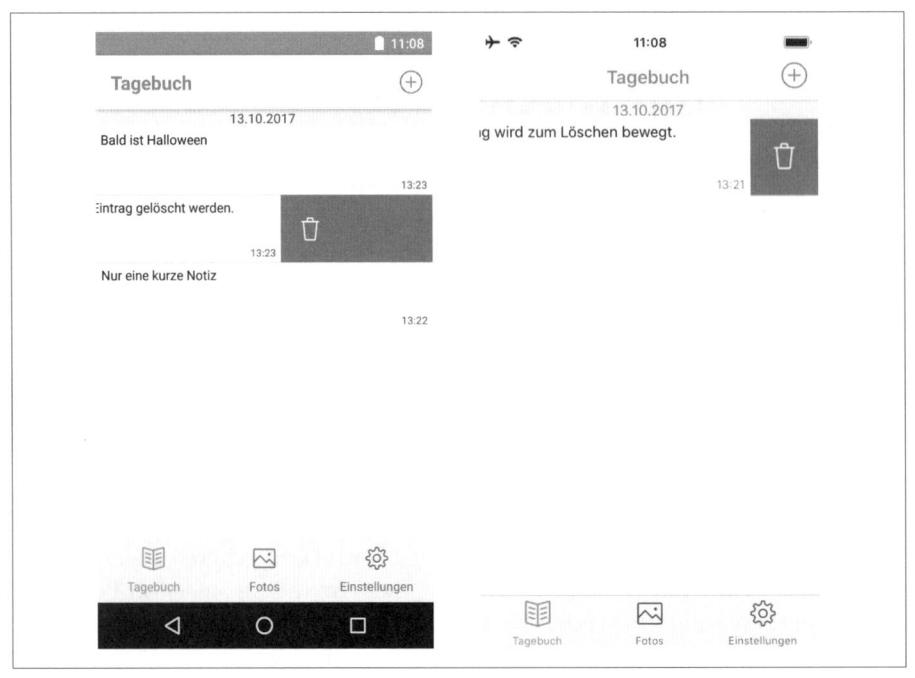

Abbildung 10-1: Die Wischbewegung zum Löschen eines Tagebucheintrags wird animiert.

Gesture Responder System

In React Native kann View-Elementen programmatisch ein Verhalten für Touchgesten hinzugefügt werden. Dies wird durch das sogenannte *Gesture Responder System* ermöglicht, das eine allgemeine API für den Umgang mit Touchgesten zur Verfügung stellt (siehe *facebook.github.io/react-native/docs/gesture-responder-system.html*). Dieses System definiert einen Lebenszyklus zur Gestenerkennung, der vereinfacht dargestellt wie folgt ablaufen könnte:

1. Soll das View-Element bereits auf das Antippen (*tap*) oder erst bei Bewegung z. B. mit dem Finger (*pan*) reagieren?
2. Angenommen, letzterer Fall tritt ein (also *pan*), dann kann ein Verhalten zu Beginn der Geste festgelegt werden, z. B. um dem Benutzer die Aktivierung der Geste mit visuellem Feedback zu signalisieren.
3. Solange die Geste aktiv ist, kann bei jeder Änderung der Fingerposition eine bestimmte Aktion ausgeführt werden.
4. Die Gestenerkennung kann auf zwei Arten beendet werden:
   - Der Benutzer beendet die Bewegung (z. B. durch Anheben des Fingers), oder
   - das Betriebssystem weist die Zuständigkeit der Gestenerkennung einem anderen UI-Element zu (z. B. könnte eine wichtige Benachrichtigung erscheinen).

Für jeden der eben geschilderten Fälle im Lebenszyklus bzw. für die auszuführenden Aktionen definiert das *Gesture Responder System* einen bestimmten Prop in der Komponente View, mit dem über eine anonyme Callback-Funktion das gewünschte Verhalten implementiert werden kann. Folgendes Codefragment veranschaulicht das:

Beispiel 10-1: View-Komponenten stellen Props zur Gestenerkennung zur Verfügung.

```
<View
  onMoveShouldSetResponder={evt => true}
  onResponderGrant={evt => console.log('Bewegung beginnt')}
  onResponderMove={evt => console.log('Finger bewegt sich')}
  onResponderRelease={evt => console.log('Bewegung beendet')}
/>
```

Mit dem Prop onMoveShouldSetResponder wird zunächst festgelegt, dass auf Bewegungen per Touch in diesem View-Element reagiert werden soll. Dies wird durch eine Callback-Funktion mit dem Rückgabewert true ausgedrückt. Den übrigen Props werden passende Callback-Funktionen zugewiesen, um in der Konsole auszugeben, dass die Gestenerkennung beginnt (onResponderGrant), dass eine Bewegung stattfindet (onResponderMove) und dass schließlich das Ende der Geste eingetreten ist, wenn der Finger angehoben wird (onResponderRelease). Im Argument evt stehen Informationen zum aktuellen Touchevent bereit, die wir hier zunächst ignorieren. Außerdem ist es grundsätzlich möglich, komplexere Gesten zu behandeln, an denen mehrere Finger beteiligt sind. Ich habe das Beispiel für unseren Anwendungsfall dargestellt, bei dem wir lediglich eine einfache Wischbewegung mit einem Finger implementieren werden.

Das *Gesture Responder System* wirkt auf den ersten Blick etwas kompliziert. Deshalb empfehle ich Ihnen, das Codefragment in Beispiel 10-1 in einer App oder in Expo Snack (*snack.expo.io*) auszuprobieren.[1] Dadurch erhalten Sie einen Eindruck von der Funktionsweise dieses Systems. Das *Gesture Responder System* ist integraler Bestandteil von React Native, und wir müssen daher keine spezielle API im Code importieren, um es zu gebrauchen.

Auf Touchgesten mit PanResponder reagieren

Das allgemeine *Gesture Responder System* in React Native ist zwar flexibel, aber etwas umständlich zu verwenden. Im Codebeispiel Beispiel 10-1 deutet sich das durch die Props bereits an. Einen abstrahierten und dadurch einfacheren Zugang zum *Gesture Responder System* bietet die Wrapper-API PanResponder.

PanResponder definiert einen eigenen Lebenszyklus für Gesten, der sich jedoch stark am *Gesture Responder System* orientiert, nicht zuletzt weil PanResponder auf diesem basiert. Einige der Methoden im Lebenszyklus tragen einen ähnlichen Namen mit dem Zusatz »Pan«, wie z. B. onMoveShouldSetPanResponder, die im Prinzip der allge-

---

[1] In Expo Snack werden die Ausgaben der Konsole durch einen Klick unten links in der Fußleiste angezeigt.

meinen Methode onMoveShouldSetResponder des *Gesture Responder System* entspricht. Folgende Methoden der API PanResponder werden wir einsetzen:

- onMoveShouldSetPanResponder legt fest, dass wir an einer Bewegungsgeste interessiert sind (muss also true zurückgeben).
- onPanResponderGrant enthält einen Callback, der einmal zu Beginn der Geste ausgeführt wird.
- onPanResponderMove ruft bei jeder Änderung der Fingerposition die zugewiesene Funktion auf.
- onPanResponderRelease ist der Callback am Ende der Geste.
- onPanResponderTerminate tritt ein, wenn die Gestenerkennung »von außen« beendet wurde (z. B. durch das Betriebssystem).

Zusätzlich gibt es weitere Methoden in PanResponder, die für unseren Anwendungsfall des Löschens per Wischbewegung nicht relevant sind. Die offizielle Dokumentation enthält dazu Informationen (siehe *facebook.github.io/react-native/docs/ panresponder.html*).

Analog zum *Gesture Responder System* wird jeder Methode des Lebenszyklus, für die ein Verhalten implementiert werden soll, eine passende Callback-Funktion zugewiesen. Dieser wiederum werden zur Laufzeit zwei Parameter übergeben:

```
onPanResponderMove: (evt, gestureState) => {
  // Verhalten bei einer Bewegung des Fingers
}
```

Das Argument evt besteht hier aus dem nativen Event-Objekt, das unter anderem Informationen zur Position des Touchevents enthält. Erfahrungsgemäß wird selten innerhalb des Callbacks auf dieses Objekt zugegriffen, denn das Argument gestureState stellt aufbereitete Daten des aktuellen Touchevents bereit. Diese sind für die Implementierung des gewünschten Verhaltens nützlich, sodass z. B. eine Animation während der Fingerbewegung dargestellt werden kann. gestureState enthält folgende Eigenschaften:

x0 y0	Die Koordinaten des Ausgangspunkts für die aktuelle Touchgeste. Der Punkt mit den Koordinaten *(0,0)* befindet sich in der linken oberen Ecke des Bildschirms.
moveX moveY	Die Koordinaten der Position, an der sich die zuletzt durchgeführte Bewegung befindet.
dx dy	Der Abstand der aktuellen Position zum Ausgangspunkt der Touchgeste in horizontaler (dx) und vertikaler (dy) Richtung mit möglicherweise negativen Werten, falls die Position sich jetzt links (dx) oder oberhalb (dy) des Ausgangspunkts befindet.
vx vy	Die Bewegungsgeschwindigkeit der Geste in die jeweilige Richtung. Negative Werte in vx drücken eine Bewegung nach links aus, und negative Werte in vy stehen für eine Bewegung nach oben.
numberActiveTouches	Die Anzahl der momentan erkannten Berührungen auf dem Bildschirm.
stateID	Die ID des Objekts in gestureState.

Wir können also z. B. in der Callback-Funktion von onPanResponderMove durch gestureState.vx bei jeder Änderung der Fingerposition in der aktuellen Geste in Erfahrung bringen, wie schnell die Bewegung in horizontaler Richtung bzw. auf der »x-Achse« erfolgte.

Setzen wir PanResponder ein, werden, anders als im *Gesture Responder System*, die einzelnen Methoden einem View-Element nicht als Props zugewiesen. Stattdessen steht uns eine statische Hilfsmethode PanResponder.create zur Verfügung, die ein Objekt erzeugt, das zur Konfiguration für PanResponder dient. Als Argument wird PanResponder.create ein Objekt übergeben, das für jede relevante Lebenszyklusmethode das gewünschte Verhalten als Callback deklariert. In unserem Fall sind das die eben aufgeführten fünf Methoden:

```
// PanResponder-API importieren
import { PanResponder, View } from 'react-native';

// Konfigurationsobjekt für PanResponder erzeugen
this._panResponder = PanResponder.create({
  onMoveShouldSetPanResponder: (evt, gestureState) => true,
  onPanResponderGrant: (evt, gestureState) => {
    console.log('Bewegung beginnt');
  },
  onPanResponderMove: (evt, gestureState) => {
    console.log('Bewegung ausgeführt');
    console.log('Abstand zum Start (x-Achse): ' + gestureState.dx);
  },
  onPanResponderRelease: (evt, gestureState) => {
    console.log('Bewegung vom Benutzer beendet');
  },
  onPanResponderTerminate: (evt, gestureState) => {
    console.log('Gestenerkennung verloren');
  }
});

// Objekt mit der Konfiguration des PanResponder in View
// durch Spread-Operator einsetzen, wodurch Props erzeugt werden
<View {...this._panResponder.panHandlers}>
  // ... Inhalt des View-Elements ...
</View>
```

Offensichtlich müssen wir die PanResponder-API importieren, bevor wir sie einsetzen können. Wir rufen dann PanResponder.create mit einem Objekt als Argument auf, in dem die für uns relevanten Lebenszyklusmethoden der Gestenerkennung implementiert werden. So gibt die Callback-Funktion für onMoveShouldSetPanResponder den Wert true zurück, womit auf eine Bewegungsgeste reagiert werden soll. Die übrigen Callbacks geben lediglich einen Hinweis ihres Aufrufs in der Konsole aus. Nur in der Funktion für onPanResponderMove wird zusätzlich eine weitere Information angegeben, nämlich der Wert für den horizontalen Abstand zum Ausgangspunkt der Touchgeste. Das Objekt zur Konfiguration von PanResponder weisen wir dann this._panResponder zu. Diese Konfiguration ist in der Eigenschaft panHandlers enthalten und wird einer View-Komponente mithilfe des Spread-Operators im öffnenden Tag zugewiesen (`<View {...this._panResponder.panHandlers}>`). Dadurch erhält das `View`-Element auf kompakte und übersichtliche Weise die passenden Props, anstatt diese einzeln zu deklarieren, wie für das *Gesture Responder System* in Beispiel 10-1 geschehen.

Wischbewegung auf Tagebucheinträgen erkennen

Wir werden nun die Erkennung einer Wischbewegung auf Tagebucheinträgen mit `PanResponder` in MyJournal implementieren. Da wir an Bewegungen interessiert sind, geben wir im Callback zu `onMoveShouldSetPanResponder` den Wert `true` zurück. Wenn ein Eintrag in der Liste mit dem Finger bewegt wird, soll er zunächst eine gelbe Hintergrundfarbe erhalten, damit wir sehen können, dass die Gestenerkennung begonnen hat. Dafür setzen wir im Lebenszyklus von `PanResponder` die Methode `onPanResponderGrant` ein. Während der Bewegung überprüfen wir in `onPanResponderMove`, wie weit die Bewegung nach links stattgefunden hat. Falls die Bewegung mehr als ein Drittel der Bildschirmbreite vom Ausgangspunkt nach links wegführt, wechselt die Hintergrundfarbe auf Rot. Schließlich setzen wir die Farbe zurück, wenn die Bewegung endet (`onPanResponderRelease`) oder vom Betriebssystem abgebrochen wird (`onPanResponderTerminate`). Somit können wir die Funktionsweise von `PanResponder` in MyJournal einerseits nachvollziehen, und andererseits bereiten wir das Löschen eines Eintrags per Wischbewegung vor. In Beispiel 10-2 werden entsprechende Konfigurationen umgesetzt, und das gewünschte Verhalten wird mit Kommentaren angedeutet.

Beispiel 10-2: Andeutung der Gestenerkennung für eine Wischbewegung, die den Hintergrund färbt

```
this._panResponder = PanResponder.create({
  onMoveShouldSetPanResponder: (evt, gestureState) => true,
  onPanResponderGrant: (evt, gestureState) => {
    // Bewegung beginnt, färbe Hintergrund des Eintrags gelb
  },
  onPanResponderMove: (evt, gestureState) => {
    // Falls Bewegung nach links, weiter als Hälfte des Bildschirms
    // färbe Hintergrund des Eintrags rot
  },
  onPanResponderRelease: (evt, gestureState) => {
    // Bewegung beendet, setze Farbe auf Ursprungswert
  },
  onPanResponderTerminate: (evt, gestureState) => {
    // Bewegung abgebrochen, setze Farbe auf Ursprungswert
  }
});
```

Im Code von MyJournal werden wir das in der Datei *js/components/JournalItemRow.js* implementieren. Öffnen Sie also jetzt diese Datei im Editor und führen Sie die Änderungen aus Beispiel 10-3 durch. Alternativ können Sie sich diese Datei von der Webseite zum Buch herunterladen.

Beispiel 10-3: In js/components/JournalItemRow.js eine Wischbewegung für einen Eintrag mit PanResponder erkennen und visualisieren

```
import React, { Component } from 'react';
import {
  Dimensions,
  Image,
  PanResponder,
  StyleSheet,
  Text,
  View
} from 'react-native';

import TouchableItem from './TouchableItem';

export default class JournalItemRow extends Component {
  state = { backgroundColor: 'transparent' };

  componentWillMount() {
    this._panResponder = PanResponder.create({
      onMoveShouldSetPanResponder: (evt, gestureState) => true,
      onPanResponderGrant: (evt, gestureState) => {
        this.setState({ backgroundColor: 'yellow' });
      },
      onPanResponderMove: (evt, gestureState) => {
        if (gestureState.dx < -(Dimensions.get('window').width / 3)) {
          this.setState({ backgroundColor: 'red' });
        } else {
          this.setState({ backgroundColor: 'yellow' });
        }
      },
      onPanResponderRelease: (evt, gestureState) => {
        this.setState({ backgroundColor: 'transparent' });
      },
      onPanResponderTerminate: (evt, gestureState) => {
        this.setState({ backgroundColor: 'transparent' });
      }
    });
  }

  render() {
    const { item } = this.props;
    const { text, location, weather } = item;
    const date = new Date(item.date);
    const minutes =
      (date.getMinutes() < 10 ? '0' : '') + date.getMinutes();
    const time = `${date.getHours()}:${minutes}`;
    const photo = item.photo ? (
      <Image style={styles.image} source={{ uri: item.photo }} />
    ) : null;

    return (
      <View {...this._panResponder.panHandlers}>
        <TouchableItem onPress={this.props.onPress}>
          <View
            style={[
```

```
            styles.container,
            { backgroundColor: this.state.backgroundColor }
          ]}
        >
          {photo}
          <View style={styles.itemText}>
            <Text numberOfLines={3}>{text}</Text>
            <Text style={styles.time}>
              {`${location || ''} ${weather || ''}    ${time}`}
            </Text>
          </View>
        </View>
      </TouchableItem>
    </View>
  );
  }
}

// ... die Styles haben sich nicht verändert ...
```

Damit wir `PanResponder` einsetzen können, müssen wir diese API importieren. Gleichzeitig nehmen wir auch `Dimensions` in die `import`-Anweisung auf, um später die Länge der Bewegung in Bezug auf die Breite des Bildschirms bestimmen zu können.

Wir implementieren die konkrete Konfiguration von `PanResponder`, wie zuvor durch Kommentare in Beispiel 10-2 angedeutet. Der Einsatz von `PanResponder.create` wird dafür in der React-Lebenszyklusmethode `componentWillMount` stattfinden, damit die Gestenerkennung vor der Darstellung der Benutzeroberfläche bereitsteht. Zusätzlich setzen wir die Eigenschaft `backgroundColor` im initialen Zustand von `state` auf den Wert `'transparent'`.

Damit der Code möglichst übersichtlich ist, verwenden wir hier `state`, um die aktuelle Hintergrundfarbe eines Eintrags seiner Bewegung anzupassen. Dadurch wird `render` möglicherweise ziemlich häufig aufgerufen, was unter Umständen zu Einbußen in der Performance der App führt. Da dies jedoch nur ein Zwischenschritt in diesem Kapitel ist, soll uns das nicht stören. Im Zusammenhang mit der Animation der Wischbewegung werden wir diesen Code noch weiter anpassen.

Beachten Sie insbesondere die Umsetzung des Callbacks in `onPanResponderMove`. Dort weisen wir `backgroundColor` im `state`-Objekt den Wert `'red'` zu, wenn die Bewegung einen ausreichend großen Abstand nach links zum Ausgangspunkt hat. Der Abstand soll mehr als ein Drittel der Bildschirmbreite betragen. Da die Bewegung nach links erfolgen soll, wird der relevante Wert von `gestureState.dx` also negativ sein, und im Vergleich wird überprüft, ob er kleiner `-(Dimensions.get('window').width / 3)` ist.

Zuletzt müssen wir lediglich die Konfiguration für `PanResponder` übernehmen. Dazu umgeben wir den bisherigen JSX-Code in `render` mit einem weiteren `View`-Element, das mit `{...this._panResponder.panHandlers}` im öffnenden Tag ausgestattet wird. Bei der View-Komponente, die den eigentlichen Tagebucheintrag enthält, erweitern

wir das style-Attribut, um die Hintergrundfarbe anhand von this.state.back
groundColor zu setzen.

Nun können Sie auf einen Tagebucheintrag tippen, den Finger gedrückt halten und
ihn bewegen. Der Hintergrund des Eintrags sollte jetzt gelb erscheinen. Bei einer
längeren Bewegung nach links färbt sich der Hintergrund rot.

Wenn Sie diese Änderungen auf einem iPhone testen, werden Sie vielleicht feststellen, dass sich die Färbung des Eintrags nur dann ändert, wenn die Bewegung des
Fingers strikt horizontal verläuft. Bei Abweichungen der Bewegung nach oben oder
unten verschwindet die Färbung, weil in iOS die SectionList per Default vertikal
»ausdehnbar« ist. Wird daher eine Bewegung nach oben oder unten ausgeführt,
übernimmt die Liste die Kontrolle über diese Touchgeste. In Android ist das nicht
der Fall. Um dieses Verhalten der Liste zu deaktivieren, können Sie bei der Deklaration der SectionList den Prop bounce={false} angeben.[2] Diese Änderung wird in
der Komponente *js/components/JournalItems.js* durchgeführt, wie in Beispiel 10-4
zu sehen.

*Beispiel 10-4: Änderung an js/components/JournalItems.js, um das Scrollen der Liste
auszuschalten (nur für iOS relevant)*

```
render() {
  // ... SectionList in render mit Prop bounces erweitern ...

  return (
    <SectionList
      bounces={false}
      sections={this.props.items}
      // ... der restliche Code bleibt unverändert ...
```

Animationen in React Native einsetzen

Für mobile Apps spielen Animationen eine wichtige Rolle, um Benutzern visuelles
Feedback für bestimmte Vorgänge zu geben. Dabei geht es nicht nur darum, die
App mit interessanten optischen Effekten attraktiver zu gestalten. Vielmehr sind
Animationen oft nötig, um die Auswirkungen von Benutzeraktionen auf nachvollziehbare Weise darzustellen. Die Multitouchscreens von Smartphones erfordern es
insbesondere, dass während der Ausführung einer Touchgeste durch eine visuelle
Rückmeldung erkennbar ist, was diese bewirkt.

Animationen stellen ein wichtiges, aber auch komplexes und umfangreiches
Thema dar. Sowohl in Android als auch in iOS gibt es viele Möglichkeiten, mit
Animationen zu arbeiten, und die meisten erfolgreichen Apps setzen diese auf
unterschiedliche Weise ein. In React Native gibt es zwei APIs für Animationen, die
plattformübergreifend einsetzbar sind. Mit LayoutAnimation lassen sich Veränderungen im Layout eines Screens animieren. Zusätzlich gibt es die API Animated, die

---

[2] SectionList und FlatList können mit allen Props der Komponente ScrollView konfiguriert werden.

viel flexibler als `LayoutAnimation` ist und mehr Kontrolle über die Animationen zulässt. Daher wollen wir hier ausschließlich `Animated` behandeln und einsetzen.

Ich werde Ihnen die grundlegende Funktionsweise der API `Animated` anhand eigenständiger Codebeispiele veranschaulichen, die nicht Teil der Implementierung von MyJournal sind. Betrachten Sie den Code in Beispiel 10-5. Durch diese Komponente wird ein flaches, orange gefärbtes Rechteck in der Mitte des Bildschirms dargestellt.

Beispiel 10-5: Ein flaches, orangefarbenes Rechteck wird in der Mitte des Bildschirms dargestellt.
```
import React, { Component } from 'react';
import { StyleSheet, View } from 'react-native';

export default class SimpleAnimation extends Component {
  render() {
    return (
      <View style={styles.container}>
        <View style={styles.box} />
      </View>
    );
  }
}

const styles = StyleSheet.create({
  container: {
    flex: 1,
    alignItems: 'center',
    justifyContent: 'center',
  },
  box: {
    backgroundColor: 'orange',
    height: 50,
    width: 250,
  },
});
```

Animationen werden häufig genutzt, um die Überführung eines UI-Elements aus einer Ausgangssituation in einen bestimmten Zielzustand visuell nachvollziehbar zu animieren. Wir werden das Rechteck aus dem Codebeispiel in Beispiel 10-5 graduell in vertikaler Richtung vergrößern und dies durch eine Animation darstellen. Weitere Beispiele für Zustandsänderungen, die animiert werden könnten, sind Drehungen, Verschiebungen, Farbübergänge oder das Aus- bzw. Einblenden von Elementen.

React Native bietet die Möglichkeit, die Komponenten `View`, `Text`, `Image` und `ScrollView` zu animieren. Dazu stehen in `Animated` die entsprechenden Komponenten `Animated.View`, `Animated.Text`, `Animated.Image` und `Animated.ScrollView` zur Verfügung.[3] Soll also z. B. ein `Image`-Element animiert werden, kann dies durch die Verwendung von `Animated.Image` ersetzt werden. In unserem Beispiel ist das Recht-

---

[3] Eigene Komponenten können mithilfe der Methode `Animated.createAnimatedComponent()` zu animierbaren Komponenten konfiguriert werden.

eck zu animieren, sodass wir in der JSX-Deklaration in Beispiel 10-5 Animated.View anstelle des inneren View-Elements verwenden werden. Somit bereiten wir das Rechteck für die Animation vor.

In unserem Beispiel wollen wir eine Veränderung der Höhe des Rechtecks animieren. Da die Höhe des Rechtecks durch die Styling-Eigenschaft height festgelegt wird, könnten wir in JavaScript eine Funktion schreiben, die über einen bestimmten Zeitraum den Wert von height schrittweise erhöht und diesen Wert zusätzlich im Zustand der Komponente mit setState aktualisiert. Dies würde jedoch dazu führen, dass die Komponente mit render sehr oft in kurzer Zeit neu dargestellt wird, was bei komplexeren Komponenten Einbußen in der Performance bewirkt und Unterbrechungen in der Animation ergeben kann. Daher gibt es in React Native mit Animated.Value einen optimierten Ansatz zur Ausführung von Animationen.

Betrachten Sie den Code in Beispiel 10-6. Wir importieren dort zunächst die API Animated und definieren den Anfangszustand für diese Komponente, indem wir der Eigenschaft animHeight im state-Objekt den Wert 50 als Animated.Value zuweisen. Das View-Element für das Rechteck wandeln wir in eine Animated.View-Komponente um, sodass diese animierbar wird. Der Animated.Value-Wert in animHeight wird im style-Attribut des Animated.View-Elements verwendet. Dadurch wird die Styling-Eigenschaft height an this.state.animHeight gebunden und kann animiert werden.

Beispiel 10-6: Animated.Value im state und in Animated.View verwenden

```
import React, { Component } from 'react';
import { Animated, StyleSheet, View } from 'react-native';

export default class SimpleAnimation extends Component {
  // Anfangswert in animHeight: 50
  state = { animHeight: new Animated.Value(50) };

  render() {
    return (
      <View style={styles.container}>
        <Animated.View // View-Element kann animiert werden
          style={[
            styles.box,
            {
              // Höhe ist gebunden an den animierten Wert
              height: this.state.animHeight
            },
          ]}
        />
      </View>
    );
  }
}

// ... die Styles bleiben unverändert ...
```

Nun soll die Höhe des Rechtecks vom Anfangswert 50 schrittweise mit einer Animation auf den Wert 300 erhöht werden. Der Code in Beispiel 10-7 zeigt, wie das umgesetzt werden kann. Nach Darstellung der Komponente wird die Lebenszyklusmethode componentDidMount ausgeführt, in der wir mit der Funktion Animated.timing eine Animation deklarieren, die den Wert in this.state.animHeight über einen Zeitraum von acht Sekunden (duration: 8000) flüssig auf 300 erhöht (toValue: 300). Mit start wird diese Animation ausgeführt. Sie können das Beispiel online als Expo Snack unter *snack.expo.io/@behrends/einfache-animation* ausprobieren und mit verschiedenen Werten in der Deklaration von Animated.timing nachvollziehen. Schalten Sie in Expo Snack die Option *Preview* ein, um die App direkt im Browser in einem virtuellen Smartphone zu testen.

Beispiel 10-7: Ein flaches, orangefarbenes Rechteck wird durch eine Animation vertikal vergrößert, online als Expo Snack unter snack.expo.io/@behrends/einfache-animation zu finden.

```
import React, { Component } from 'react';
import { Animated, StyleSheet, View } from 'react-native';

export default class SimpleAnimation extends Component {
  // Anfangswert in animHeight: 50
  state = { animHeight: new Animated.Value(50) };

  componentDidMount() {
    Animated.timing(
      this.state.animHeight, // Wert wird dynamisch verändert
      {
        toValue: 300, // Endwert von animHeight: 300
        duration: 8000 // Dauer: 8 Sekunden
      }
    ).start(); // Animation wird gestartet
  }

  render() {
    return (
      <View style={styles.container}>
        <Animated.View // View-Element kann animiert werden
          style={[
            styles.box,
            {
              // Höhe ist gebunden an den animierten Wert
              height: this.state.animHeight
            },
          ]}
        />
      </View>
    );
  }
}

const styles = StyleSheet.create({
  container: {
    flex: 1,
    alignItems: 'center',
```

```
    justifyContent: 'center'
  },
  box: {
    backgroundColor: 'orange',
    height: 50,
    width: 250
  },
});
```

`Animated.timing` ist die einfachste Art, Animationen über einen bestimmten zeitlichen Ablauf zu definieren. Der Ablauf kann mit verschiedenen »Easing-Kurven« konfiguriert werden (siehe *facebook.github.io/react-native/docs/easing.html*). Mit `Animated.decay` und `Animtated.spring` stehen Alternativen zu `Animated.timing` zur Verfügung. So können Sie die Methode `componentDidMount` des Beispielcodes aus Beispiel 10-7 in Expo Snack mit dem Code in Beispiel 10-8 ersetzen, um die Ausdehnung des Rechtecks durch `Animated.spring` sprunghaft zu animieren.

Beispiel 10-8: Die Höhe wird durch eine sprunghafte Animation mit Animated.spring ausgedehnt.

```
componentDidMount() {
  Animated.spring(
    this.state.animHeight, // Wert wird dynamisch verändert
    {
      toValue: 300, // Endwert von animHeight: 300
      speed: 4,
      bounciness: 45,
    }
  ).start(); // Animation wird gestartet
}
```

Zusätzlich gibt es Funktionen, mit denen Animationen kombiniert werden können. Beispielsweise führt `Animated.sequence` mehrere Animationen nacheinander aus, und mit `Animated.parallel` können Animationen nebeneinander ablaufen. Es gibt noch weitere Aspekte zu Animationen, auf die wir im Rahmen dieses Buchs nicht eingehen können. Dazu gehören unter anderem die Interpolation von Werten während des Ablaufs einer Animation und die Verwendung nativer Gerätefunktionen zur Optimierung von Animationen mit `useNativeDriver`.

Eine Wischbewegung animieren

Wir werden nun die Wischbewegung auf Einträgen in der Liste des Tagebuch-Screens, die wir zuvor in diesem Kapitel mit `PanResponder` implementiert haben, mit Animationen ausstatten. Die zu implementierenden Animationen und das zugrunde liegende Verhalten für die Wischbewegung werden auf ähnliche Weise in einigen bekannten Apps eingesetzt, z. B. um in Apples Mail-App in iOS oder in der Gmail-App von Google eine E-Mail zu löschen bzw. zu archivieren.

In MyJournal soll einerseits die Listenzeile synchron zur Bewegung des Fingers verschoben werden, sodass erkennbar wird, dass diese Touchgeste eine konkrete Auswirkung hat. Wird das bewegte Element nach links verschoben, soll von rechts in roter Farbe ein Bereich eingeblendet werden, der den Platz einnimmt, der durch die Verschiebung der Zeile nach links entstanden ist. Ab einer gewissen Größe dieses roten Bereichs wird ein Mülleimer-Icon sichtbar. Es ist auch möglich, den roten Bereich mit einer Verschiebung nach rechts wieder zu verkleinern. Eine Verschiebung nach rechts über den Bildschirmrand hinaus ist nicht möglich. Wird allerdings eine Verschiebung nach links ausgeführt, die mehr als ein Drittel der Bildschirmbreite beträgt, wird der Eintrag gelöscht, sobald die Bewegung durch das Anheben des Fingers beendet wird. Dies wird in Abbildung 10-1 am Anfang des Kapitels angedeutet.

Wir werden die Animationen schrittweise in *js/components/JournalItemRow.js* umsetzen. Der erste Schritt besteht darin, Vorbereitungen für die Animationen zu treffen und ist in Beispiel 10-9 zu sehen.

Beispiel 10-9: js/components/JournalItemRow.js für Animationen vorbereiten

```
import React, { Component } from 'react';
import {
  Animated,
  Dimensions,
  Image,
  PanResponder,
  StyleSheet,
  Text,
  View
} from 'react-native';

import { SimpleLineIcons } from '@expo/vector-icons';

import TouchableItem from './TouchableItem';

const WINDOW_WIDTH = Dimensions.get('window').width;

export default class JournalItemRow extends Component {
  // Animated.Value verwenden
  state = { animSwipe: new Animated.Value(0) };

  // ... der Rest bleibt vorerst unverändert ...

  render() {
    // ... Code vor return wird nicht verändert ...

    return (
      <View
        {...this._panResponder.panHandlers}
        style={styles.panContainer}
      >
        <TouchableItem
```

```
        onPress={this.props.onPress}
        style={styles.touchableRow}
      >
        <Animated.View
          style={[
            { transform: [{ translateX: this.state.animSwipe }] },
            styles.container
          ]}
        >
          {photo}
          <View style={styles.itemText}>
            <Text numberOfLines={3}>
              {text}
            </Text>
            <Text style={styles.time}>
              {`${location || ''}  ${weather || ''}    ${time}`}
            </Text>
          </View>
        </Animated.View>
      </TouchableItem>
      <Animated.View
        style={[
          { transform: [{ translateX: this.state.animSwipe }] },
          styles.delete
        ]}
      >
        <SimpleLineIcons
          name="trash"
          size={24}
          color="white"
          style={{ paddingLeft: 20 }}
        />
      </Animated.View>
    </View>
  );
 }
}

const styles = StyleSheet.create({
  panContainer: {
    flexDirection: 'row'
  },
  touchableRow: {
    flex: 1
  },
  delete: {
    justifyContent: 'center',
    backgroundColor: 'orangered',
    width: WINDOW_WIDTH,
    marginRight: -WINDOW_WIDTH
  },
  // ... die restlichen Styles bleiben unverändert ...
});
```

Zu Beginn importieren wir Animated und SimpleLineIcons. Das state-Objekt wird nun mit einem Animated.Value in der Eigenschaft animSwipe initialisiert. Mit diesem Wert werden wir die Wischbewegung nach rechts und links animieren. Dafür ersetzen wir das View-Element des Listeneintrags mit Animated.View, und in seinem style-Attribut entfernen wir die Angabe von backgroundColor. Zusätzlich erweitern wir style mit folgender Deklaration:

```
{ transform: [{ translateX: this.state.animSwipe }] }
```

Mit transform können Styles mithilfe von Animated.Value dynamische Werte erhalten. Durch translateX geben wir an, dass eine horizontale Verschiebung entsprechend dem Wert in this.state.animSwipe stattfinden soll.[4]

Wird der Listeneintrag nach links verschoben, soll von rechts ein roter Bereich eingeblendet werden, der die Löschaktion darstellt. Dazu haben wir ein weiteres Animated.View-Element hinter der TouchableItem-Komponente eingefügt. Dieses Element wird mit der gleichen transform-Deklaration ausgestattet wie das eben beschriebene Animated.View-Element für die Listenzeile. Es besteht aus einem Mülleimer-Icon und wird durch die Styles in delete mit orangered gefärbt. Zusätzlich erhält es die Breite des Bildschirms, jedoch wird es zu Beginn durch marginRight: -WINDOW_WIDTH im styles-Objekt so weit nach rechts verschoben, dass es zunächst nicht sichtbar ist. Die weiteren Anpassungen in den Styles sind notwendig, damit das Element für die Löschaktion neben dem Listeneintrag dargestellt wird. Dazu wird im äußersten View-Element das Attribut style={styles.panContainer} hinzugefügt.

Die Wischbewegung wird nach diesen ersten Änderungen zur Umsetzung der Animationen vorübergehend nicht funktionieren und zu Fehlern in der App führen. Als Nächstes passen wir die PanResponder-Deklaration in componentWillMount an, sodass die Wischbewegung animiert wird. Die relevanten Änderungen sind in Beispiel 10-10 aufgelistet.

Beispiel 10-10: PanResponder mit Animationen in JournalItemRow.js

```
// Animation, die die Zeile nach rechts zurückspringen lässt
_cancelSwiping() {
  Animated.spring(this.state.animSwipe, { toValue: 0 }).start();
}

componentWillMount() {
  this._panResponder = PanResponder.create({
    onMoveShouldSetPanResponder: (evt, gestureState) => true,
    onPanResponderMove: (evt, gestureState) => {
      if (gestureState.dx < 5) {
        this.state.animSwipe.setValue(gestureState.dx);
      }
    },
```

---

4   Mit transform können neben Verschiebungen auch andere dynamische Transformationen wie z.B. Drehungen und Skalierungen ausgeführt werden (siehe *facebook.github.io/react-native/docs/transforms.html*).

```
      onPanResponderRelease: (evt, gestureState) => {
        if (gestureState.dx < -(WINDOW_WIDTH / 3)) {
          Animated.spring(this.state.animSwipe, {
            toValue: -WINDOW_WIDTH,
            speed: 100
          }).start();
          // hier muss der Eintrag gelöscht werden
        } else {
          this._cancelSwiping();
        }
      },
      onPanResponderTerminate: (evt, gestureState) => {
        this._cancelSwiping();
      }
    });
}
```

Die lokale Hilfsmethode `_cancelSwiping` führt eine Animation aus, die den Listeneintrag mit `Animated.spring` nach rechts zurückspringen lässt. Erreicht wird das dadurch, dass `this.state.animSwipe` auf den Wert 0 gesetzt wird, was sich entsprechend in den beiden `Animated.View`-Elementen auf die `transform`-Deklaration auswirken wird. Es gibt zwei Fälle, in denen `_cancelSwiping` aufgerufen wird: in `onPanResponderTerminate` (Abbruch der Touchgeste durch das Betriebssystem) und in `onPanResponderRelease`, wenn die Wischbewegung nach links nicht mehr als ein Drittel der Bildschirmbreite ausgeführt wurde. Wird in `onPanResponderRelease` jedoch festgestellt, dass das Wischen nach links mehr als ein Drittel der Bildschirmbreite betrug, wird eine schnelle Animation mit `Animated.spring` ausgeführt (`speed: 100`), die `animSwipe` auf den Endwert `-WINDOW_WIDTH` setzt. Dadurch wird die Listenzeile nicht mehr sichtbar sein, und stattdessen wird der rote Bereich die gesamte Bildschirmbreite einnehmen.

In `onPanResponderMove` aktivieren wir die Animation für die Wischbewegung. Dies erfolgt dadurch, dass `animSwipe` mit `setValue` auf den Wert der horizontalen Bewegungsrichtung gesetzt wird (`gestureState.dx`). Allerdings sind wir nur an Bewegungen nach links und gegebenenfalls zurück interessiert, sodass `setValue` nur dann aufgerufen wird, wenn `gestureState.dx < 5` gilt. Mit dem Wert 5 stellen wir sicher, dass der bewegte Eintrag wieder ganz nach rechts und ein kleines Stück weiter verschoben werden kann, damit der rote Bereich komplett verschwindet. Würden wir hier 0 verwenden, kann es passieren, dass ein kleiner Teil des roten Bereichs sichtbar bleibt. Außerdem wird die Deklaration von `onPanResponderGrant` nicht mehr benötigt.

Die Veränderungen des `Animated.Value` in `this.state.animSwipe` durch die Aufrufe von `setValue` in `onPanResponderMove` bewirken die synchrone Verschiebung der beiden `Animated.View`-Elemente, weil diese jeweils mit der Deklaration von `transform` unter Verwendung von `translateX` an `this.state.animSwipe` gebunden sind. Sie können die Animationen mit der Wischbewegung nun in der App ausprobieren und nachvollziehen. Das Löschen des Eintrags werden wir gleich umsetzen.

Listeneintrag mit Animation ausblenden und löschen

Findet eine vollständige Bewegung bzw. Verschiebung des Listeneintrags nach links statt, soll der Eintrag anschließend gelöscht werden. Zunächst werden wir den Eintrag ausblenden, was wiederum mit einer Animation geschieht. Dazu animieren wir das Setzen der Höhe eines Eintrags auf den Wert 0 unter Verwendung eines weiteren Animated.Value im state-Objekt, wie der Code in Beispiel 10-11 zeigt.

Beispiel 10-11: Eintrag mit Animation ausblenden

```
export default class JournalItemRow extends Component {
  state = {
    animSwipe: new Animated.Value(0),
    animHeight: new Animated.Value(75)
  };

  // _cancelSwiping ändert sich nicht

  componentWillMount() {
      // ... nur onPanResponderRelease wird geändert ...

      // zwei Animationen nacheinander ausführen
      // Die zweite Animation blendet den Listeneintrag aus
      onPanResponderRelease: (evt, gestureState) => {
        if (gestureState.dx < -(WINDOW_WIDTH / 3)) {
          Animated.sequence([
            Animated.spring(this.state.animSwipe, {
              toValue: -WINDOW_WIDTH,
              speed: 100
            }),
            Animated.timing(this.state.animHeight, {
              toValue: 0,
              duration: 50
            })
          ]).start();
          // Hier muss der Eintrag gelöscht werden
        } else {
          this._cancelSwiping();
        }
      },
      // ... usw. ...
  }

  render() {
    // ... der Rest in render bleibt unverändert ...

    // Äußeres View-Element wird durch Animated.View ersetzt
    // Die Höhe dieses Elements wird durch eine Animation verändert
    return (
      <Animated.View
        {...this._panResponder.panHandlers}
        style={[{ height: this.state.animHeight }, styles.panContainer]}
      >
```

```
            // ... der Rest der JSX-Deklaration bleibt unverändert ...

        </Animated.View>
    );
  }
}

// ... die Styles bleiben unverändert ...
```

Im state-Objekt erhält animHeight einen Anfangswert, der der Höhe eines Listeneintrags entspricht. Soll der Eintrag ausgeblendet werden, wird eine Animation ausgeführt, die diesen Wert auf 0 setzen wird. Dadurch wird der Listeneintrag in der Benutzeroberfläche ausgeblendet. Wir ersetzen dafür die äußere View-Komponente in der JSX-Deklaration durch ein Animated.View-Element und binden die Höhe (height) im style-Attribut an this.state.animHeight. Die Animation selbst wird in onPanResponderRelease mit Animated.timing umgesetzt, sodass dies dem zuvor behandelten Beispiel der Animation mit dem Rechteck ähnelt. Mit Animated.sequence werden dann zwei Animationen nacheinander ausgeführt: das vollständige Verschieben des Listeneintrags nach links und das Ausblenden dieses Eintrags.

Nun implementieren wir das tatsächliche Löschen des Eintrags im Speicher. Dazu müssen wir in *App.js* eine neue Methode _deleteItem einführen, die den Tagebucheintrag aus AsyncStorage entfernt und diese Methode für alle Screens durch die screenProps als deleteItem bereitstellt (siehe Beispiel 10-12).

Beispiel 10-12: Methode zum Löschen in App.js

```
_deleteItem(item) {
  let { items } = this.state;
  const index = items.findIndex(i => i.date === item.date);
  // Eintrag aus der Liste entfernen
  items.splice(index, 1);
  this.setState({ items: items });
  Store.saveItems(items);
}

render() {
  return (
    <AppNavigator
      screenProps={{
        items: this.state.items,
        refresh: this._refreshItems,
        onSubmit: item => this._addItem(item),
        deleteItem: item => this._deleteItem(item)
      }}
    />
  );
}
```

In *js/screens/JournalScreen.js* wird die Methode deleteItem an die Liste der Tagebucheinträge (JournalItems) weitergereicht, wie Beispiel 10-13 zeigt.

Beispiel 10-13: js/screens/JournalScreen.js übergibt Methode deleteItem an JournalItems
```
render() {
  const { navigate } = this.props.navigation;
  const { items, deleteItem } = this.props.screenProps;
  const sections = this._getItemsWithSections(items);
  return (
    <View style={styles.container}>
      <JournalItems
        items={sections}
        onPress={item => navigate('Item', { item: item })}
        deleteItem={deleteItem}
      />
    </View>
  );
}
```

Schließlich ist in Beispiel 10-14 zu sehen, wie in *js/components/JournalItems.js* beim Aufbau der SectionList die Methode deleteItem an den jeweiligen Tagebucheintrag gebunden und als anonymer Callback an JournalItemRow übergeben wird.

Beispiel 10-14: In js/components/JournalItems.js wird deleteItem an JournalItemRow übergeben.
```
render() {
  // ... der Rest bleibt unverändert ...

  return (
    <SectionList
      bounces={false}
      sections={this.props.items}
      renderItem={({ item }) =>
        <JournalItemRow
          item={item}
          onPress={() => this.props.onPress(item)}
          deleteItem={() => this.props.deleteItem(item)}
        />}
      // ... der Rest bleibt unverändert ...
    );
}
```

Der Aufruf von this.props.deleteItem findet als Callback der Animation in start() statt, die in onPanResponderRelease als Animated.sequence ausgeführt wird. Diese letzte Änderung an *js/components/JournalItemRow.js* betrifft nur den Callback onPanResponderRelease und ist in Beispiel 10-15 aufgeführt. Jetzt sollte das Löschen eines Tagebucheintrags per Wischbewegung in der App funktionieren.

Beispiel 10-15: Löschen des Eintrags in js/components/JournalItemRow.js
```
onPanResponderRelease: (evt, gestureState) => {
  if (gestureState.dx < -(WINDOW_WIDTH / 3)) {
    Animated.sequence([
      Animated.spring(this.state.animSwipe, {
        toValue: -WINDOW_WIDTH,
        speed: 100
      }),
      Animated.timing(this.state.animHeight, {
```

```
      toValue: 0,
      duration: 50
    })
  ]).start(() => this.props.deleteItem());
} else {
  this._cancelSwiping();
}
},
```

Zusammenfassung

`PanResponder` und `Animated` sind APIs, die nur durch ausreichende Praxis wirklich erlernt werden können. Es gibt viele verschiedene Anwendungsbereiche für Touchgesten und Animationen, und ich hoffe, dass ich Ihnen zumindest den Einstieg in diese beiden wichtigen Themen erleichtern konnte.

Animationen umfassen nicht nur Touchgesten, sondern können unter anderem auch bei Navigationen und Änderungen des Layouts eingesetzt werden. Im Rahmen des Buchs können wir das Thema der Touchgesten und Animationen nur in einem Kapitel behandeln, doch eigentlich ist dieses Thema umfangreicher und komplexer. Animationen spielen eine wichtige Rolle, um die Bedienung einer App erheblich attraktiver zu gestalten.

Übungen

- In der Android-Version der App kann durch eine Wischbewegung zwischen den Screens der Tableiste gewechselt werden. Da das im »Konflikt« mit der Wischbewegung zum Löschen von Einträgen steht, sollte dieses Verhalten deaktiviert werden. Setzen Sie dazu bei der Konfiguration von `TabNavigator` die Option `swipeEnabled: false` (siehe *reactnavigation.org/docs/navigators/tab*).
- Falls es im Tagebuch so viele Einträge gibt, dass diese nicht auf den Bildschirm passen, kann es vorkommen, dass eine Wischbewegung zum Löschen aufgrund des Scrollverhaltens der `SectionList` abgebrochen wird. In Listen können alle Props von `ScrollView` verwendet werden, und daher kann zu Beginn der Wischbewegung in der `SectionList` das Scrolling mit dem Prop `scrollEnabled` durch den Wert `false` ausgeschaltet werden. Versuchen Sie, dieses Problem durch das state-Objekt in `JournalItems` zu lösen, indem Sie einen Callback an `JournalItemRow` weiterreichen, der wiederum in der Konfigurationsmethode `onPanResponderGrant` zu Beginn der Wischbewegung aufgerufen wird. Die implementierte Lösung finden Sie im github-Repository von MyJournal (*github.com/behrends/MyJournal*).
- Ermöglichen Sie, dass das Löschen eines Eintrags wieder rückgängig gemacht werden kann. Dazu kann in der App z.B. nach dem Löschvorgang oberhalb der Tableiste im unteren Bereich des Bildschirms ein UI-Element angezeigt werden, in dem ein Knopf mit einem passenden Text erscheint und das nach einigen Sekunden wieder ausgeblendet wird.

KAPITEL 11
Abschluss und Ausblick

Gratulation, Sie haben es bis zum Ende des Buchs geschafft! Sie haben die wesentlichen Aspekte von React Native kennengelernt und angewendet, indem wir gemeinsam MyJournal entwickelt haben, eine relativ umfangreiche, plattformübergreifende App. Ich bin sicher, dass Sie nun in der Lage sind, Prototypen mobiler Apps mit React Native für Android und iOS zu programmieren.

Ich habe versucht, mich in diesem Buch auf die wichtigsten Inhalte für den Einstieg in die Programmierung mit React Native zu beschränken. Es gibt jedoch weitere bedeutende Themen, für die der Umfang des Buchs nicht ausgereicht hat und von denen ich einige kurz beschreiben möchte.

Den Zustand global verwalten
   In MyJournal verwalten wir den Zustand der App ausschließlich mit dem state-Objekt und setState. Da der Zustand lediglich aus einer Liste von Tagebucheinträgen besteht, ist dieser Ansatz zunächst ausreichend. Wenn der Zustand einer App allerdings im Laufe der Entwicklung komplexer wird, kann eine globale Zustandsverwaltung dabei helfen, die Wartbarkeit des Codes langfristig zu verbessern – auch wenn solch eine Umstellung einen gewissen Aufwand mit sich bringt. Beliebte Bibliotheken, die die Verwaltung eines globalen Zustands in React und React Native ermöglichen, sind z.B. *Redux* (*redux.js.org*) und *MobX* (*mobx.js.org*).

Werkzeuge und Sprachen zur Verbesserung des Codes
   Es ist bekannt, dass die Programmiersprache JavaScript, die im Mai 1995 in wenigen Tagen konzipiert wurde, einige Schwächen hat – auch wenn seit ECMAScript 2015 mehrere sinnvolle Neuerungen eingeführt wurden. Vor allem ist JavaScript eine dynamisch typisierte und interpretierte Skriptsprache, sodass manche Fehler erst zur Laufzeit der Anwendung auftreten und somit zu spät festgestellt werden. Im JavaScript-Umfeld gibt es einige populäre Hilfsmittel, die für dieses Problem eine Verbesserung bieten können. *ESLint* (*eslint.org*) stellt ein Werkzeug zur statischen Analyse des Quellcodes dar, mit dem Typechecker *flow* (*flow.org*) kann JavaScript-Code durch Typdeklarationen erweitert werden, und *TypeScript* (*typescriptlang.org*) ist eine typi-

sierte Spracherweiterung für JavaScript. Zusätzlich sei noch das von Facebook initiierte Projekt *Reason* erwähnt (auch *ReasonML* genannt, *reasonml.github.io*), das eine an JavaScript angelehnte Syntax für die robuste, statisch typisierte Sprache *OCaml* (*ocaml.org*) definiert. Reason hat in letzter Zeit viel Aufmerksamkeit im Umfeld von React und React Native erfahren.

Besonderheiten mobiler Apps

Bei der Entwicklung mobiler Apps sind einige Besonderheiten zu beachten, die bei Software für Desktoprechner keine große Rolle spielen. Dazu gehören die oftmals schwankende Qualität der Netzwerkverbindung eines mobilen Geräts und die Interaktion des Multitouchscreens am Smartphone. Apps sollten diese Aspekte berücksichtigen, z.B. indem eine Offlineverwendung der App möglich ist und die Bedienung der App eine positive *User Experience* erzeugt. Einige der Bibliotheken zur globalen Zustandsverwaltung bieten Erweiterungen für die Implementierung einer Offlinefunktionalität. Zum Thema User Experience gibt es nützliche Hinweise in der offiziellen Dokumentation zu React Native (*facebook.github.io/react-native/docs/improvingux.html*). Diese Themen werden spätestens dann relevant, wenn eine App veröffentlicht werden soll.

Veröffentlichung in App-Stores

Um eine React-Native-App im Play Store (Android) oder App Store (iOS) zu veröffentlichen, ist in der Regel die gleiche Vorgehensweise nötig wie bei der Veröffentlichung einer nativen App, die auf herkömmliche Weise entwickelt wurde. Dazu stellen Apple und Google online in ihren Entwicklerportalen umfangreiche Dokumentationen zur Verfügung. Für MyJournal, die mithilfe von *create-react-native-app* und Expo entwickelt wurde, müssten dafür zunächst die nativen Projekte für Android Studio und XCode erzeugt werden. Dazu kann im Projektordner von MyJournal auf der Konsole der Befehl npm eject verwendet werden. Alternativ ist es möglich, Apps ohne native Abhängigkeiten wie z.B. MyJournal mit Expo zu veröffentlichen. In der Dokumentation zu Expo finden Sie mehr Informationen zu diesem Thema (*docs.expo.io*).

Es gibt also noch viel zu lernen. Auf der Webseite zum Buch (*www.behrends.io/react-native-buch*) finden Sie eine Linksammlung zu weiteren Themen wie Testen, Komponentenbibliotheken und UI-Toolkits.

Aus der großen Entwicklergemeinde im Umfeld von React Native sind schon einige Innovationen zum Framework hervorgegangen, sodass auch in Zukunft mit spannenden Neuerungen rund um React Native zu rechnen ist. Ich wünsche Ihnen viel Erfolg und Freude bei der Programmierung mobiler Apps mit React Native!

Index

A

Alert
  API 156
Animated
  Animated.decay 227
  Animated.parallel 227
  Animated.sequence 227
  Animated.spring 227
  Animated.start 226
  Animated.timing 226
  Animated.Value 225
  Animated.View 224
  animierbare Komponenten 224
  API 223
  useNativeDriver 227
Animationen
  transform 230
  translateX 230
  Zweck 223
App Stores 238
arrow functions 37
async und await 40
asynchrone Funktionen 40
AsyncStorage
  allgemein 149
  Einschränkungen 159
  Methoden 149

B

Button 77
  Android vs. iOS 77

C

componentDidMount 52
componentWillMount 52
componentWillUnmount 52
const 36

D

Destrukturierende Zuweisungen 41
  mit Arrays 41
  mit Objekten 41
Dimensions 187
DrawerNavigator 188

E

ECMAScript 30
ESLint 237
Expo
  allgemein 11
  Entwicklermenü 23
  ImagePicker 135
  Location 163
  Permissions 163
  QR-Code scannen 15
  Rückgabewert des ImagePicker 136
  Snack (App in Browser) 14, 27
export 30
export default 32

F

Fehlermeldungen 19
fetch 40, 160
FlatList 64
  data 64
  keyExtractor 65, 66
  renderItem 65
  Schlüssel 65
Flexbox
  alignItems 100

alignSelf 103
allgemein 99
Flex-Container 99
flexDirection 99
flexWrap 103
in CSS 99
justifyContent 99
flow 237

G

Geolocation
    API 165
Gesture Responder System
    Ablauf 216
    allgemein 216
    Lebenszyklus 216
    onMoveShouldSetResponder 217
    onResponderGrant 217
    onResponderMove 217
    onResponderRelease 217

H

Hot Reloading 22

I

Image 129
    aus dem Web laden 129
    einbinden mit require 127
    explizite Breite und Höhe 129
    resizeMode 187
    source 129
    Varianten verschiedener Auflösung 129
ImagePicker, API (Expo) 135
import 30

J

JavaScript
    async und await 40
    asynchrone Funktionen 40
    const 36
    destrukturierende Zuweisungen 41
    export 30
    export default 32
    extends (Vererbung) 34
    formatieren mit Prettier 69
    Hilfsbibliotheken für Date 77
    import 30
    Instance Properties 35
    Klassen 32
    Konstruktor 33
    let 36
    Module 30
    Neues in ES2015 29
    Object Spread 43
    Objekteigenschaften initialisieren 35
    Pfeilfunktionen 37
    Shorthand Methods 33
    Spread-Operator 42
    static 35
    Template-Strings 43
    this in Pfeilfunktionen 38
    Vererbung 33
JSX 45
    Attribute 47
    JavaScript einbetten 46

K

KeyboardAvoidingView 69
    keyboardVerticalOffset 195
Klassen in JavaScript 32
Komponente
    als Klasse 34
    extrahieren 85
    initialer Zustand 35
Komponenten
    Props 49
    Separation of Concerns 94
Konstruktor, für Objekteigenschaften 35

L

LayoutAnimation
    API 223
let 36
ListView, deprecated 64
Live Reload 22
Location, API (Expo) 163
Lokale Variablen mit let 36

M

MobX 237
Modal 88
MyJournal
    Darstellung des Texts anpassen 106
    Dateipfad zum Foto in state 137
    Einträge mit FlatList 65
    finale Version in Expo laden 56
    Foto im Listeneintrag 126

Foto-URI im state-Objekt 141
Kamera-Icon 132
Kamera-Icon wird touchfähig 134
KeyboardAvoidingView einsetzen 69
Komponente für die Eingabe 122, 130
Listeneintrag mit Touch 80
Mülleimer-Icon 157
Navigation in AppNavigator definieren 176
Ordnerstruktur für Komponenten 124
Projekt erstellen 56
StackNavigator einbinden 191
Store.js als Persistenzschicht 150
Tableiste für Android anpassen 181
Tagebuch-App 55
Texteingabefeld mit Rahmen 107
Texteingabefeld unten 103
TouchableItem als eigene Komponente 134
Trennlinie in der Liste 112
Uhrzeige anzeigen und stylen 126
Verwendung von Store.js in App 152
Vorschau des Fotos im Eingabefeld 138
Wischbewegung implementieren 220

N

Native App-Entwicklung
    Probleme 2
    Unterschiede 2
Navigation
    alternative Ansätze 167
    Beispiele für Expo App 169
Navigatoren 169
    Konfiguration 180
    Kopfleiste anpassen 206
    navigate (Funktion) 193
    navigate mit Parameter 199
    navigationOptions 175
    Parameter aus Navigation auslesen 199
    screenProps 175
npm eject 13, 238

P

PanResponder
    API 217
    create 219
    gestureState-Objekt 218
    Konfiguration mit create 219
    Lebenszyklus 217
    onMoveShouldSetPanResponder 217, 218

onPanResponderGrant 218
onPanResponderMove 218
onPanResponderRelease 218
onPanResponderTerminate 218
    Unterschied zu Gesture Responder System 219
Permissions, API (Expo) 163
Pfeilfunktionen 37
    this 38
Picker 88
Platform
    API 80
    Komponente aufteilen 81
    OS 80
    select 183
    Unterscheidung durch Dateinamen 81
    zur Laufzeit erkennen 80
Prettier, JavaScript formatieren 69
Props 47, 49
    Attribute 49
    Eigenschaften 49

R

Rahmen
    borderColor 108
    borderRadius 108
    borderStyle 108
    borderWidth 108
    underlineColorAndroid 108
React
    allgemein 44
    componentDidMount 52
    componentWillMount 52, 213
    componentWillUnmount 52, 205
    Datenfluss mit Props 48
    JSX 45
    Komponente deklarieren 47
    Lebenszyklus 52
    Prinzipien 44
    Programmiermodell 51
    Props 47, 49
    render 47
    und MVC 44
    Zustand mit setState setzen 51
    Zustand mit state 50
React Native
    allgemein 1
    Architektur 4
    Bridge 5
    create-react-native-app 13
    Dateien im Projektordner 17

Editor 10
Einschränkungen 3
Entwicklermenü 23
Installation 10
Listen als Komponenten 64
neues Projekt 14
Node.js installieren 12
Packager 15
reservierte Namen für Props 72
Styling 92
Vorteile 2
React Native Packager 15
react-navigation
    DrawerNavigator 188
    Installation 169
    navigationOptions 175
    Navigatoren 169
    screenProps 172, 175
Reason 237
ReasonML 237
Redux 237
ref 71
Referenzen, auf Komponenten mit ref 71

S

ScrollView 187, 188
SectionList 72
    bounces 223
    ItemSeparatorComponent 112
    renderSectionHeader 72, 73
    sections 72, 73
    stickySectionHeadersEnabled 77
setState 51
Shorthand Methods 33
SimpleLineIcons 132
Slider 88
Spread-Operator 42
    mit destrukturierender Zuweisung 43
    mit Objekten 43
StackNavigator
    cardStyle 197
    erstellen 191
    Funktionsweise 189
    headerRight 207
    headerStyle 197
    headerTintColor 197
    Kopfleiste anpassen 206
    navigate (Funktion) 193
    navigate mit Parameter 199
    navigationOptions 196
    Navigationsziele 191

    Parameter aus Navigation auslesen 199
static 35
StatusBar, currentHeight 197
StepCounter
    App in Expo Snack 27
    Button zum Zählen 26
    kompletter Code 27
    Projekt erstellen 14
    Styles anpassen 25
    Text und Button 17
    Vorstellung 9
    Zustand im state-Objekt 26
StyleSheet
    Array im style-Attribut 93
    create 92
    flexible Größe mit flex 97
    hairlineWidth 113
    position 116
    textAlign 113
    width und height 94
    width und height explizit 94
    width und height prozentual 96
Styling
    absolute Positionierung 116
    äußerer Abstand mit margin 110
    borderColor 108
    borderRadius 108
    borderStyle 108
    borderWidth 108
    Breite und Höhe 94
    color 106
    Farben 105
    Flexbox 99
    flexible Größe mit flex 97
    fontSize 106
    fontWeight 106
    im style-Attribut 92
    inline deklarieren 92
    innerer Abstand mit padding 110
    margin 110
    margin pro Seite 112
    marginHorizontal 112
    marginVertical 112
    mit JavaScript-Objekten 92
    padding 110
    padding pro Seite 112
    paddingHorizontal 111
    paddingVertical 112
    Rahmen 107
    relativer Abstand in Prozent 112
    Strichstärke 106
    StyleSheet API 92

StyleSheet.create 92
Text und Schrift 106
Text zentrieren mit textAlign 113
transparente Farbe 106
underlineColorAndroid 108
unsichtbare Komponente ohne Größe 98
Zusammenhang mit CSS 92
Switch 88

T

TabNavigator
   activeTintColor 181
   als Komponente verwenden 173
   navigationOptions 175
   screenProps 175
   tabBarOptions 180
   tabBarPosition 180
   Tableiste erzeugen 173
   Tabs deklarieren 172
Template-Strings 43
Text
   Komponente 57
   numberOfLines 125

TextInput
   autoFocus 205
   Komponente 59
   multiline 205
   onChangeText 205
   onSubmitEditing 62
   returnKeyType 61
   value 205
Touchable, verschiedene Komponenten 78
TouchableHighlight 79
TouchableNativeFeedback 79
TouchableOpacity 79
TouchableWithoutFeedback 79
TypeScript 237

V

View
   Komponente 58

W

Warnungen 20
WHATWG 40

Über den Autor

Erik Behrends ist Professor für Informatik an der DHBW Lörrach (Duale Hochschule Baden-Württemberg). Dort befasst er sich hauptsächlich mit Themen der praktischen Softwareentwicklung. Mehr als 15 Jahre hat er als Programmierer und Teamleiter Erfahrungen in unterschiedlichen Softwareprojekten gesammelt, z. B. bei IBM in Irland. Weitere Informationen und seine Kontaktdaten sind auf seiner Webseite *www.behrends.io* zu finden.

Kolophon

Das Tier auf dem Cover von »React Native« ist ein Graues Baumkänguru (Dendrolagus inustus). Diese Tiere aus der Familie der Kängurus leben nicht wie ihre Verwandten in Australien auf dem Boden, sondern haben sich an ein Leben in den Bäumen spezialisiert. Man findet sie vorwiegend im Norden von Neu-Guinea und auf einigen westlich davon vorgelagerten Inseln.

Der Körper ist rund mit einem kleinen Kopf und kräftigen Armen und einem langen Schwanz. Ausgewachsene Tiere haben eine Kopf-Rumpf-Länge von 75 bis 90 Zentimeter. Die Hinterbeine und Füße sind erstaunlich groß für ein baumbewohnendes Tier. Die Zehen sind mit starken Klauen versehen, mit denen sich die Tiere an die Äste klammern. Das Fell variiert zwischen grau und braun, mit helleren Abschnitten auf der Bauchseite. Die Ohren, die Füße und der Schwanz sind dunkler bis ganz schwarz.

Auch wenn Baumkängurus ab und zu auf den Boden kommen, so leben sie doch die meiste Zeit in den Wipfeln der Bäume. Geschickt klettern sie über die Äste von Baum zu Baum und legen sich zum Schlafen auf einen möglichst waagerechten Ast. Sie ernähren sich von Früchten (zum Beispiel Feigen), Blättern und Rinde. Wie alle Beuteltiere trägt das Weibchen ihr Junges bis zu neun Monate im Beutel mit sich herum, bis es ausgewachsen ist.

Aufgrund des massiven Raubbaus an der Natur im natürlichen Lebensraum der Baumkängurus gelten sie als in ihrem Bestand gefährdet. Besonders die Rodung des Dschungels für Palmölplantagen hat die Populationen stark schrumpfen lassen. Erst seit den letzten Jahren machen sich kommunale Initiativen für den Erhalt der Wälder und damit für das Überleben dieser speziellen Tierart stark.